HANNS-JOSEF ORTHEIL   Lo und Lu

HANNS-JOSEF ORTHEIL

Lo

Roman

und

eines Vaters

Lu

LUCHTERHAND

Das erste Mal

Heute bin ich zum ersten Mal mit Lu allein, denn am frühen Morgen kämmt La Mamma ihr schönes langes Haar, wählt die weiße Bluse und den weiten, knapp über dem Boden schwingenden Rock, legt die kleine Halskette an, greift nach ihrer schwarzen Aktentasche und verschwindet mit Lo, unserer Tochter, die gerade mal zwei Jahre alt ist. Lo wird den Vormittag bei einer Freundin verbringen, La Mamma aber wird ihr frisch gestrichenes und neu eingerichtetes Verlagsbüro mit dem blauen Fußboden beziehen und wieder mit der täglichen Verlagsarbeit beginnen. La Mamma ist Verlegerin und will es bleiben, auch wenn es neben Lo inzwischen auch Lu gibt, einen Sohn, der jetzt zwei Monate alt ist.

Lu liegt oben, im Kinderzimmer unseres Hauses, das wir nur das Gartenhaus nennen, weil es kein eigenes Haus ist, sondern ein Haus inmitten eines Gartens. Wenn man »Garten« sagt, stellt man sich darunter etwas Gebändigtes, Überschaubares vor, etwas mit schmalen Pfaden und Wegen, Rabatten und kleinen, nierenförmigen Teichen. So eine Art Garten ist unser Garten jedoch nicht, es ist vielmehr ein großes, überhaupt nicht zu bändigendes Stück Land, ein ehemaliger Weinberg, ein weites Gelände mit Obstbäumen und Wiesen, ein halber Bergrücken, hoch über der Stadt ... – aber was schreibe ich und was denke ich nach über Gärten?

Lu liegt oben, in seiner Wiege, die aus einem großen braunen Korb auf Rädern besteht, er liegt unter einem weißen Zelthimmel, von dessen Spitze ein Mobile zu ihm herab baumelt, er liegt in diesem Paradiesbett und schläft. Ich könnte die schmale Treppe zu ihm hinaufgehen, aber ich lasse das lieber, das Geräusch der knarrenden Holzstufen könnte ihn wecken.

Was aber mache *ich*? Ich könnte mich an meinen Schreibtisch setzen, um ein wenig zu arbeiten, aber auch das lasse ich lieber, weil ich für die Arbeit die Illusion brauche, zeitlich unbegrenzt arbeiten zu können, und weil allein der Gedanke daran, daß ich bei Lus ersten Regungen mit der Arbeit aufhören muß, das Arbeiten unmöglich macht.

Vielleicht gelingt es mir, etwas zu lesen, eine schwierige Lektüre darf es allerdings auch nicht sein, weil ich mich an diesem Morgen, an dem ich etwas aufgeregt und angespannt bin, nicht gut werde konzentrieren können. Eine leichte Lektüre also, vielleicht die Zeitung, das müßte gehen, aber als ich die Zeitung aufschlage, bemerke ich sofort, daß ich noch nie am frühen Morgen die Zeitung gelesen habe, sondern meist erst nach dem Essen am Mittag.

Die Stunde nach dem Essen am Mittag erschien mir immer als die ideale Stunde für meine Zeitungslektüre, denn am frühen Morgen möchte ich mir den Kopf nicht vollstopfen mit all den Meldungen und Kommentaren und den unterschiedlichen Themen, die sich am Mittag schon etwas gesetzt und beruhigt haben und bis zum Abend dann beinahe dramatisch altern.

Vielleicht sollte ich etwas aufräumen, in der Küche gäbe es reichlich Anlaß dazu, aber ein so frühmorgendliches Aufräumen, Wischen und Putzen würde mich sofort in die Rolle eines Hausmannes drängen. »Hausmann« ist ein schreckliches Wort, ich werde mich hüten, auch nur in die Nähe eines Hausmannsdaseins zu geraten, denn natürlich bin ich kein Hausmann, der kocht, putzt, wäscht, sondern ein Schriftsteller, der durch seine Arbeit ans Haus gebunden ist, aber nicht für das Haus, ausschließlich, als Hausmann, lebt.

Nun gut, ich sollte mich nicht zu sehr ereifern, ich werde mir einen zweiten Tee kochen, mich an den Eßtisch setzen und hinaus in den Garten schauen, der kein Garten ist, sondern ein Stück weiter Natur. Ich werde aus dem Fenster schauen, einfach so, lange habe ich nicht mehr ruhig und grundlos aus dem Fenster geschaut, weil es immerzu etwas zu tun, zu arbeiten, zu richten gibt, als bestünde das Leben aus lauter Aufräum- und Richtarbeiten, ein endloser Schwanz kleiner Erledigungen, die einen vom Wesentlichen nur abhalten.

Was aber wäre das Wesentliche, zum Beispiel? Ich werde mir einen zweiten Tee kochen und darüber nachdenken, was das Wesentliche ist. Ein ruhiges, langes Schauen in den Garten könnte zum Beispiel schon etwas Wesentliches sein, ein Sich-Abwenden vom Zufall der Tage, ein Sich-Hinwenden zum Dauerhaften und Unwandelbaren, nun ja, vielleicht sehe ich das etwas zu streng, ich muß noch genauer darüber nachdenken …

Lu scheint wirklich gut und tief zu schlafen. Seit er am Morgen getrunken hat, schläft er nun bereits zwei Stunden, er kann also nicht mitbekommen haben, daß La Mamma nicht mehr im Haus ist, nein, ausgeschlossen, die Frage ist nur, ob er es bemerken wird, wenn er aufwacht. Was mache ich dann? Was mache ich, wenn er nach niemand anderem verlangt als nach La Mamma, wenn er an ihrem schönen, langen Haar ziehen und sich an ihre Brust flüchten will, während er nur das kurze, kratzende Vaterhaar zu fassen bekommt und eine frontale, spröde und unzugängliche Männerbrust, an der es nichts zu entdecken gibt?

Jetzt höre ich ihn, die Wiege bewegt sich, ein leises Seufzen, oder irre ich mich? Auf Zehenspitzen gehe ich die wahrhaftig leicht knarrenden Treppenstufen hinauf, da liegt er und schläft, er schläft also immer noch, anscheinend hat er sich nur im Schlaf bewegt, das kommt schon einmal vor, auch Erwachsene bewegen sich ja im Schlaf, Schlafforscher haben sogar herausgefunden, daß wir uns ununterbrochen im Schlaf bewegen.

Kein Grund zur Beunruhigung also, Lu schläft noch immer tief, vielleicht aber schläft er bereits etwas zu lang, obwohl es ja ein gutes Zeichen sein soll, wenn kleine Kinder ungestört schlafen. Lus Schlaf ergibt übrigens ein sehr schönes Bild, viel schöner als die Natur draußen vor unserem Eßtischfenster, vielleicht hat das Bild von Lus Schlafen ja etwas vom Wesentlichen, beinahe kommt mir das jetzt so vor.

Ich werde nicht mehr hinuntergehen, ich werde mich hierhin, in die Nähe seiner Wiege, setzen, um dieses Bild zu betrachten, Lus kleinen, etwas nach hinten gereckten Kopf, das feine Lächeln um seinen Mund, den inneren Frieden, der ein Bild der Beruhigung und Entspannung hinterläßt und der doch in vielem an den Frieden des gelassenen Alters erinnert, wie ja überhaupt dieses Gesicht auch Züge des Alters und einer vorweggenommenen Weisheit hat, das ist seltsam, man bekommt die Augen ja gar nicht fort von diesem Gesicht und den kleinen Trauben von Luftbläschen, die wie ein feiner Schaum zwischen den Lippen nisten.

So dauerhaft anstarren kann ich Lu aber auch nicht, nein, ich kann ihm nicht stundenlang beim Schlafen zuschauen, das gehört sich doch nicht, wer will schon beim Schlafen beobachtet werden, ich jedenfalls nicht. Ab und zu aber werde ich einen begeisterten Blick in sein Bett werfen, ja, das schon, einen solchen Blick erlaube ich mir, so daß es vielleicht am besten ist, wenn ich eine Weile in mich selbst hineinblicke und über das Wesentliche nachdenke, zwischendurch aber zu ihm hinüberschaue, so ein hin und her wandernder Blick könnte das Richtige sein, eine Art Blickwechsel, oder wie soll ich das nennen?

Es ist gar nicht so leicht, in Gegenwart eines tief schlafenden Kindes eine angemessene Position einzunehmen, auch darüber muß ich einmal nachdenken und mich fragen, welche Positionen überhaupt in Frage kämen, um notfalls gleich die richtige Wahl treffen zu können. Kleine Kinder stellen einen schon durch ihre bloße Gegenwart vor die seltsamsten Fragen, auf die man sonst niemals kommen würde. Plötzlich beginnt man, sich eine Frage nach der anderen zu stellen, während man zuvor doch auch gut ohne diese Fragen auskommen konnte. Und jetzt? Nur noch Fragen, von denen alles abhängt, die Zukunft, ein Menschenleben …

Jetzt wacht Lu auf, es ist soweit, diesmal täusche ich mich nicht. Er wendet den Kopf mehrmals nach links und nach rechts, streckt sich, ein wenig zitternd, öffnet langsam die Augen, greift mit den Händen ins Leere und schluckt den Speichel herunter, während die Bläschen auf seinen Lippen sich auflösen. Ich sollte ihm Zeit lassen, zu sich zu kommen, und mich nicht sofort zeigen, ich könnte ihn sonst leicht erschrecken, zumal er ja vielleicht den Anblick von La Mamma erwartet, die aber jetzt in ihrem neuen Verlagsbüro sitzt und nichts von den Fragen ahnt, die sich mir stellen.

Die nächste Frage: Wie soll ich jetzt in Erscheinung treten, einfach aufstehen und mich über Lus Bett beugen, oder mich zunächst entfernen, um dann aus der Ferne näher zu kommen? Das plötzliche Aufstehen erscheint mir nicht richtig, Lu könnte den Eindruck bekommen, ich hätte die ganze Zeit neben seinem Bett auf sein Aufwachen gewartet, und damit vielleicht die Erwartung verbinden, daß ich von nun an immer neben seinem Bett auf sein Aufwachen warten werde. Vermuten könnte er auch, ich beobachtete ihn heimlich, obwohl ich nicht glaube, daß er bereits zu solchen Vermutungen und sich daran anschließenden Schlußfolgerungen fähig ist, aber was weiß ich schon, wozu er überhaupt in der Lage ist, vielleicht denkt es unaufhörlich in seinem Kopf, darüber sollte ich etwas wissen, allerdings lassen sich solche Fragen nicht durch bloßes Nachdenken beantworten, sie verlangen geradezu schreiend nach exaktem Wissen.

Warum denke ich aber gerade jetzt an exaktes Wissen, während doch die viel näherliegende Frage zu beantworten ist, wie ich mich Lu nähern soll. Ich könnte die knarrenden Treppenstufen auf allen vieren wieder hinunterkriechen und dann mit markantem, deutlichem Auftreten wieder hinaufgehen, das wäre eine Möglichkeit, obwohl es eine lächerliche Vorstellung abgäbe, auf allen vieren, geduckt, eine Treppe hinabzukriechen und sie auf beiden Füßen, hoch erhoben, wieder hinaufzugehen, ein heimlicher Beobachter könnte vermuten, ich spielte die Epochen der Evolution durch, vom Hüpfschritt zum aufrechten Gang.

Was also nun? Wie gebannt sitze ich auf meinem Stuhl neben der Wiege, und irgendwie muß ich es schaffen, mich unauffällig zu erheben und mich ihm in angemessener Langsamkeit zu nähern. Am besten, ich stehe einfach auf und gehe hinüber ins Nebenzimmer, das wird ihn aufhorchen lassen, und dann mache ich im Nebenzimmer kehrt und komme zurück und beuge mich über sein Bett und begrüße ihn, hallo Lu, nein, nicht hallo, guten Morgen, mein Lu, nein, so auch nicht, ich habe ihm ja schon guten Morgen gewünscht, mein Gott, irgendwas wird mir schon einfallen.

Jetzt, ja, jetzt schreit er. Er schreit verhalten, es ist eine Art Ankündigungsschreien, ein Ausprobieren eines kräftigeren Schreiens, wie die Vorübung eines Sängers kurz vor dem großen Auftritt. Ich mag nicht, wenn er schreit, wenn mich etwas unsicher und nervös macht, ist es Lus Schreien. Lo hat in ihren ersten Monaten sehr selten geschrien, und meist konnte man den Grund ihres Schreiens leicht herausfinden. Lu aber schreit anders, unerwartet, zu den seltsamsten Zeiten und wenn kein Mensch darauf kommt, was der Grund sein könnte.

Also los, was sitze ich da und höre mir an, wie Lu schreit? Aufgestanden, ein paar Schritte durch den Raum gemacht, die Tür zum Nebenzimmer geöffnet und theatralisch geschlossen und sich über die Wiege gebeugt! Er erkennt mich, natürlich erkennt er mich, womit hatte ich denn gerechnet?

Das Schreien hört auf, und anscheinend verlangt er auch nicht nach La Mamma, sondern nimmt vorlieb mit mir.

Er hat lange genug in seiner Wiege gelegen, ich nehme ihn jetzt einmal heraus, komm, kleines Früchtchen, komm auf die linke Schulter und laß dich tragen! Lu liebt es, so getragen zu werden, es heißt, alle Kinder seien in das Getragenwerden vernarrt. Lo zum Beispiel übertrieb die Sache so sehr, daß sie nur noch getragen werden wollte, am Ende ließ sie sich nicht einmal mehr in den Kinderwagen legen. Durch ganz Rom habe ich sie auf dem Rücken und auf meinen Schultern getragen, mitten im heißen Juli und im noch heißeren August, und ich habe geschwitzt, wie ich noch nie geschwitzt habe in meinem Leben. Manchmal blieben sogar Passanten stehen und schauten uns an, als gäbe es einen Anlaß zu Mitleid. Manche Passanten haben mich zu einem Glas Wasser eingeladen, und die mitleidigsten Wirte haben mir gleich ein großes Bier dazu spendiert, aber halt, ich bin jetzt nicht in Rom und bin nicht mit Lo unterwegs, es geht vielmehr um Lu, und Lu ist ganz anders als Lo, ich sollte erst gar nicht damit anfangen, beide Kinder miteinander zu vergleichen.

Ich gehe also mit Lu auf der linken Schulter durchs Haus, er liegt da wie ein weiches, warmes Bündel, das sich an das Schulterplateau anschmiegt, manchmal drückt er seinen Kopf auch gegen meinen, und dann rieche ich diesen betörenden Kinderhautduft, eine Mischung aus, ja aus was eigentlich? Es ist schwer, diesen Duft genau zu beschreiben, dominant ist jedenfalls etwas beinahe Geruchsneutrales und Warmes, so etwas wie eine Art Eigengeruch der Haut, zu dem sich die schwache Süße des Speichels gesellt, sehr genau ist das nicht, aber näher läßt es sich auch nicht sagen.

Ich kann nicht stumm mit ihm durch das Haus gehen, das geht nicht. Ich könnte uns mit Musik unterhalten, mit Mozart vielleicht oder mit Bach, nein, doch eher mit Mozart, aber warum habe ich jetzt etwas gegen Bach, natürlich habe ich nichts gegen Bach, er eignet sich nur nicht so sehr wie Mozart für das Ohr eines Kleinkindes, das …, ja was? Wie komme ich jetzt darauf, daß Bachs Musik nichts für Lu ist, wie komme ich auf so ein entschiedenes und doch durch nichts gerechtfertigtes Urteil? In diesem Urteil scheint sich eine instinktive Einschätzung von Bachs Musik zu verbergen, von der ich, seltsam, bisher nicht einmal ahnte, daß ich sie hatte.

Also keine Musik, besser keine Musik, bis ich mir darüber klargeworden bin, welches die richtige sein könnte, Mozart oder vielleicht Beethoven, nein, Beethoven ganz gewiß nicht, Beethoven ist nichts für Lu, auch nicht »Freude, schöner Götterfunken«, nein, auf keinen Fall, »Freude, schöner Götterfunken« kommt in der neunten Symphonie viel zu orchestral und gewaltig daher, ein viel zu großer Aufwand wird damit getrieben, wenn es ein schlichtes Lied wäre, dann könnte es passen, aber nicht dieser brüllende Chor, der aus dem schlichten Lied eine derart aufgedonnerte Sache macht, im Grunde ist »Freude, schöner Götterfunken« etwas für Cello solo, etwas Leises, Schlichtes, das unter die Haut geht. Bachs Suiten für Cello solo gehen übrigens unbedingt unter die Haut, die wären also wohl auch etwas für Lu, oder etwa nicht?

Aus, Schluß, ich werde mich jetzt nicht mit solchen Erwägungen abgeben, ich trage Lu durch das Haus und erzähle ihm etwas. Ich könnte ihm die Küche zeigen und die Gegenstände, die sich in der Küche befinden, das ist ein guter Gedanke, mein Gott, es kommt mir so vor, als wäre das heute der erste gute Gedanke. Es ist merkwürdig, daß ich in Lus Gegenwart derart viel nachdenke, mir fällt das oft auf, und ich weiß nicht, woher das kommt. Verlasse ich zum Beispiel das Haus, hört das Nachdenken scheinbar auf, es rumort noch eine Weile in meinem Kopf, dann wird es schwächer und erlischt.

Doch es braucht nur eine kurze Erinnerung, schon ist das Nachdenken wieder da. Mit einem abwesenden Gesicht laufe ich herum, wie ein Schlafwandler, ich werde Lus Bild einfach nicht los und noch viel weniger die Gedanken, die um dieses Bild unaufhörlich kreisen. Als Lo geboren wurde, begann diese Schlafwandelei, und bis heute hat sie nicht aufgehört, als wäre ich in meinem Kopf nicht mehr allein.

Andere Menschen, zum Beispiel Freunde, ja selbst die ältesten Freunde, ahnen von diesem merkwürdigen Zustand nichts. Man trifft und unterhält sich weiter mit ihnen, aber man ist manchmal nicht mehr ganz bei der Sache. Man spricht nicht davon, natürlich nicht, wie sollte man dieses Nachdenken auch erklären, manche Freunde, besonders die kinderlosen, reagieren sowieso schon gereizt, wenn man zuviel von Kindern spricht. Die Kinderthemen sollten das Gespräch unter Erwachsenen nicht dominieren, ich weiß, aber im Augenblick haben die Erwachsenenthemen nichts Anziehendes für mich, und ich muß mich anstrengen, unverhofft nicht wieder auf Kinderthemen zu kommen.

Der Schneebesen, der Kochlöffel, das gefällt Lu, ich hatte es mir ja gedacht! Ich werde ihm zeigen, was man mit einem Schneebesen und einem Kochlöffel alles anstellen kann, wie spät ist es eigentlich? Am Mittag kommt La Mamma kurz vorbei, sie soll einen guten Eindruck von uns bekommen. Einen glänzenden Eindruck würden wir hinterlassen, wenn wir in der Küche aufräumen würden. Irgendwer muß schließlich einmal aufräumen, und ich sollte das nicht ausschließlich La Mamma überlassen, schließlich ist Aufräumen auch für sie keine reine Freude.

Wenn ich aufräume, muß ich Lu allerdings kurz zurück in die Wiege legen, das gefällt ihm gar nicht, er beginnt gleich wieder zu schreien. Also gut, ich werde ihn weiter auf dem Rücken durchs Haus tragen, Gegenstände, die ich ihm zeigen könnte, gibt es im Haus zum Glück ja genug.

Am Mittag kommt dann La Mamma, sie bringt Lo mit. Lu und ich – wir verschweigen, daß ich nichts anderes getan habe, als ihn zwei Stunden lang durchs Haus zu tragen, sogar im Keller sind wir gewesen und haben mit leeren Flaschen gespielt, die wunderbar klirren, wenn man sie gegeneinander schlägt, und die singen können, wenn man sie etwas mit Wasser füllt und dann mit dem Finger ihre schmale Öffnung umkreist.

Wie war's, fragt La Mamma.

Sehr schön und ganz einfach, sage ich.

Und dann setzen wir uns hin, essen zu Mittag und hören dazu eine Cello-Suite von Bach.

Die Erfindung des Films

Ich will eine Videokamera kaufen, und da ich keine Erfahrung mit Videokameras habe, lasse ich mich von einem Freund etwas beraten. La Mamma, die in solchen Dingen viel gründlicher ist als ich, schlägt vor, daß ich mehrere Fachgeschäfte aufsuche, die Preise und Angebote vergleiche, einen Videokamera-Test der »Stiftung Warentest« hinzuziehe und mich so auf den Kauf vorbereite.

Ich habe mich noch nie auf einen Kauf vorbereitet. Wenn ich etwas kaufen will, muß sich alles von selbst ergeben: Ein Fachgeschäft betreten, den gewünschten Gegenstand auf den ersten Blick als den einzig richtigen erkennen, ihn bezahlen, verschwinden. Einkäufe solcher Art haben etwas von stürmischen und leidenschaftlichen Liebesaktionen, ich entreiße den Gegenstand der Tristesse seiner Warenumgebung und lasse ihn von nun an nicht mehr los.

Das Fachgeschäft, das ich betrete, sieht vertrauenerweckend

aus, nur der Verkäufer ist etwas zu jung. Ich mag keine allzu jungen Verkäufer, sie geben sich oft so kühl und überlegen, solche Anwandlungen können den Liebesansturm von vornherein dämpfen. Aber ich sollte nicht voreingenommen sein, auch jungen Verkäufern sollte man zutrauen, sich auf Ahnungslose einstellen zu können.

Zu ahnungslos wiederum sollte ich mich auch nicht geben, solche Bescheidenheit könnte ein Gefühl maßloser Überlegenheit in ihm entstehen lassen, das unser Verhandlungsgespräch nur belasten würde. Klar und entschieden sollte ich meine Wünsche anmelden und meine persönlichen Kaufmotive ins Spiel bringen. Ich will eine Videokamera kaufen, weil ich all die schönen Momente, die ich mit Lo und Lu verbringe, festhalten will. Eine Videokamera könnte genau das Richtige sein, vermute ich einmal, obwohl ich nicht einmal ahne, wie mit einer Videokamera gedrehte Filme ausschauen könnten. Meine Freunde haben keine Videokameras, sie finden sie häßlich, spießig und abstoßend. Jemand mit Videokamera neben dir auf dem Bergmassiv des Monte Frattino, das bringt dich um den ganzen Panoramablick, meint etwa Peter.

Er hat ja recht, bis vor kurzem dachte ich auch nicht einmal im Traum daran, eine Videokamera zu kaufen. Seit Lo und Lu auf der Welt sind, sind jedoch gewisse Überzeugungen ins Wanken geraten. Manchmal vermute ich sogar, daß meine Überlegungen regelrecht auf den Kopf gestellt werden.

Ich werde darüber nachdenken, jetzt ist nicht die Zeit dazu, der junge Verkäufer lächelt und erwartet, daß ich etwas sage.

Ich möchte eine Videokamera kaufen, sage ich ruhig.

Sie meinen einen Camcorder, sagt der Verkäufer.

Einen Videocorder, sage ich.

Dann meinen Sie einen Recorder, sagt der Verkäufer.

Nein, sage ich, meine ich nicht. Ich meine eine Videokamera, und so nenne ich sie auch.

Wie Sie meinen, sagt der Verkäufer. An was haben Sie gedacht, an einen 8-mm-Camcorder oder an etwas Anspruchsvolleres?

An etwas Anspruchsvolleres, sage ich, nur zu anspruchsvoll sollte es auch nicht sein.

Wofür brauchen Sie es denn, fragt der Verkäufer.

Ich möchte meine beiden kleinen Kinder damit filmen, sage ich.

Aha, sagt der Verkäufer, dafür reicht ein 8-mm-Camcorder.

Nein, sage ich, etwas anspruchsvoller sollte es schon sein.

Dann empfehle ich einen Hi8-Camcorder, der hat ein HiFi-Stereo-Tonsystem, sagt der Verkäufer.

Das ist etwas zu anspruchsvoll, sage ich. Was habe ich davon, wenn ich meine beiden kleinen Kinder in HiFi-Stereo erlebe?

Viel, sagt der Verkäufer und lächelt. Etwas Besseres kann der Markt zur Zeit nicht bieten.

Dann lassen Sie einmal sehen, sage ich.

Er hat, denke ich, bestimmt keine Kinder und interessiert sich nicht einmal für sie. Für ihn bin ich nichts weiter als ein unbeholfener Amateur, der seine tapsigen Finger ausgerechnet an das heilige Gehäuse eines Hi8-Camcorders legen möchte.

Dieses Modell hier kann ich empfehlen, sagt er, mit Instant-Zoom-Taste und motorgetriebenem Zoom-Objektiv.

Wo ist die Augenmuschel, frage ich, und er schaut rasch und kurz zu mir auf.

Hier, sagt er, sie ist bewußt unauffällig plaziert, man zieht sie heraus.

Das Unauffällige gefällt mir, sage ich.

Mir auch, sagt er und lächelt wieder.

Ich nehme sie, würde ich jetzt am liebsten sagen, ich nehme diese Kamera, sie hat eine so unauffällig und schön plazierte Augenmuschel, aber so einfach geht es natürlich nicht. Der Verkäufer will sehen, daß ich mich bemühe, der Kauf ist noch nicht in eine dramatische Phase getreten, und dazu gehört, daß ich den Zweifler spiele, den unberechenbaren Käufer und Abwäger, eine Rolle, die mir durch und durch zuwider ist.

Die Farbe des Handgurts gefällt mir nicht, sage ich.

Sie ist neutral, sagt er, schwarz und dadurch neutral.

Der Handgurt ist widerwärtig, sage ich, ohne Handgurt sähe es viel besser aus.

Sie können den Handgurt abmontieren, sagt der Verkäufer, aber ich rate Ihnen nicht dazu.

Warum nicht, frage ich.

Erst ein straff gespannter Handgurt vereinigt die Hand mit dem Gerät, ohne Handgurt bleibt die Verbindung sehr lose, Sie spüren das Gerät dann nicht derart sinnlich, sagt er.

Jetzt schaue ich zu ihm auf, solche Gedanken hätte ich ihm nicht zugetraut, selbst zu so etwas Lächerlichem wie einem Handgurt fällt ihm etwas Verblüffendes ein.

Dann ist der Handgurt gewissermaßen die erotische Komponente der ganzen Sache, sage ich.

Er ist das Erotischste überhaupt, sagt der junge Verkäufer.

Aber warum gestaltet man ihn dann derart neutral, frage ich.

Er müßte als leuchtendes Zeichen zur Geltung kommen, grellrot.

Schon ein schwaches Aquamarinblau würde es bringen, sagt der junge Verkäufer.

Wir sollten an die Hersteller schreiben, sage ich.

Habe ich längst getan, sagt der junge Verkäufer.

Und, frage ich.

Vergessen Sie es, sagt er und lächelt.

Ich bin mit ihm einig, denke ich, wie einig man für Sekunden selbst mit einem derart jungen Verkäufer sein kann. Er ist klug, gebildet, er hat ein hohes sensuelles Empfinden, ich nehme diese Kamera, was braucht es noch weitere dramatische Phasen?

Wollen Sie nicht einmal durchschauen, fragt der junge Verkäufer.

Richtig, sage ich, durchschauen wäre nicht schlecht.

Sie sehen die Welt jetzt in Schwarz-Weiß, sagt der junge Verkäufer, erschrecken Sie nicht.

Ich liebe schwarz-weiß, sage ich, noch heute fotografiere ich lieber schwarz-weiß als in Farbe.

Farbige Bilder sind Fotos, sagt der junge Verkäufer, Schwarz-Weiß-Bilder sind Fotografien.

Wir gehen gemeinsam nach draußen und bleiben vor dem Geschäft in der belebten Fußgängerzone stehen. Ich lasse meine gestreckte Hand in den anschmiegsamen und empfänglichen Handgurt gleiten, ziehe die unauffällige Augenmuschel heraus und drücke auf die gut sichtbare Aufnahme- und Start-Taste. Das Bild ist enttäuschend. Ein matter Schwarz-Weiß-Film, ohne Kontraste, wie Szenen eines unprofilierten Pubertätstraums.

Es ist enttäuschend, nicht wahr, fragt der junge Verkäufer.

Nun ja, sage ich.

Geben Sie nichts drauf, sagt der Verkäufer, wenn Sie's in Farbe sehen, sind Sie begeistert.

Sind Sie da sicher, frage ich.

Absolut, sagt der junge Verkäufer, und wir gehen wieder hinein.

Ich nehme sie, sage ich.

Ich könnte ihnen noch andere Modelle zeigen, sagt der Verkäufer.

Nein, sage ich, ich nehme die hier, genau die.

Das freut mich, sagt der Verkäufer, ich verwende sie übrigens auch, genau die.

Und was filmen Sie, frage ich.

Meine Kinder, sagt der Verkäufer, ich habe alles dokumentiert, von der Geburt bis jetzt, lückenlos.

Gratuliere, sage ich und versuche, bewundernd zu lächeln.

Zu Hause ziehe ich mich in mein Arbeitszimmer zurück, niemand soll meine erste Kontaktaufnahme mit dem neuen Gerät miterleben. Ich packe die Kamera aus und lege sie vor mich hin auf den Tisch. Dann gehe ich die umfangreiche Gebrauchsanweisung durch, das heißt, ich fange an, sie versuchsweise zu lesen, obwohl ich genau weiß, daß ich sie nie ganz durchlesen werde.

Als es mir reicht, schiebe ich eine Filmkassette ein und lasse meine rechte Hand in den Handgurt gleiten. Ich werde mit ihr hinausgehen, in die frische Luft, um die ersten Probeaufnahmen zu machen, wir wollen versuchen, uns aneinander zu gewöhnen, die Gebrauchsanweisung kann mir gestohlen bleiben.

Vorsichtshalber verstecke ich sie unter meinem Mantel, es gelingt mir noch nicht, mich offen mit ihr zu zeigen. Wir gehen zusammen den schmalen Pfad hinauf zur Höhe, ich schaue hinab ins Tal, ein Zug fährt gerade vorbei: das wäre eine gute Gelegenheit, die ersten Aufnahmen zu machen. Wenn ich mich recht erinnere, waren die ersten Filmaufnahmen ebenfalls Aufnahmen von einem fahrenden Zug, die Lokomotive soll frontal auf die Betrachter zugerast sein, so daß unter den ersten Zuschauern Panik ausbrach, war es nicht so?

Leider kommen gerade ein paar Spaziergänger vorbei, so daß ich die Kamera nicht hervorholen kann, schließlich kann ich mich nicht in diese freie Natur stellen, um sie mit einer Kamera zu fixieren. Aber warum nicht, warum stelle ich mich so an? Im Grunde werde ich hier konfrontiert damit, wie aufdringlich und zupackend der fotografische Blick ist. Ein wenig fühle ich mich zurückversetzt in die Rolle der ersten Filmpioniere, die erschrocken waren, als sie ihre eigenen Bilder anschauten.

Außerdem bin ich nicht richtig gekleidet. Dieser schwere Mantel eignet sich nicht für meine neue Passion, er ist zu steif und macht nicht gut mit, und wenn ich ihn heimlich öffne, um die Kamera herauszuzerren, komme ich mir vor wie ein Exhibitionist. Ich sollte eine leichte Windjacke tragen, etwas Sportliches, Wendiges, und ich sollte die Kamera offen in der Hand halten, als wäre ich mit ihr verwachsen. Schließlich sollte ich mich auch schneller oder jugendlicher bewegen, gute Kameramänner sind springlebendig und haben etwas Ruheloses und Bildsüchtiges, ich spüre schon etwas in dieser Richtung.

Obwohl es recht kühl ist, ziehe ich meinen Mantel aus und lege ihn auf die nächste Bank. Ich beginne jetzt mit den Aufnahmen, »Klappe« ruft etwas in mir, »Waldeinsamkeit, Klappe eins, die erste«, und dann sage ich es wirklich und laut: »Waldeinsamkeit, Klappe eins, die erste«.

Ich filme den schmalen Fußweg, der sich durch den Wald schlängelt, ich richte den Blick hinauf in die Baumwipfel und führe ihn in einem eleganten Schwenk wieder zu Boden, ich mustere die Grasbüschel zu beiden Seiten, als hätte ich noch nie Grasbüschel gesehen, und ich merke, wie ich die Luft anhalte, zwei, drei Minuten, bis ich diesen ersten Anlauf hinter mir habe.

Erst als ich das Gefühl habe, daß es nun wirklich genug ist, und endlich die Stop-Taste gedrückt habe, atme ich aus, wie nach einer schweren, auch körperlich schweren Anstrengung. Und, seltsam, es *ist* anstrengend, alles in einem zieht sich zusammen, liegt auf der Lauer, konzentriert sich, ich kannte so etwas noch nicht, beim Fotografieren ist die Konzentrationsphase viel kürzer und fällt mit der Zeit nicht mehr auf.

Ich streife dann noch eine Weile herum und filme weiter den mir völlig unbeweglich erscheinenden Wald und – als Bewegungskontrast – die ziehenden Wolken, und ich muß sagen, es ist ein Vergnügen. Man betrachtet die Umgebung viel aufmerksamer als sonst, man mustert sie wie eine Kollektion optischer Angebote, und ohne daß man es merkt, stellt sich eine gewisse Aufregung ein, mit klopfendem Herzen springt man durch diese Kulissen, wie ein Jäger, der herjagt hinter den scheuen Waldtieren …

Nach meiner Rückkehr ins Haus gelingt es mir, die Kamera offen und frei vor mir herzutragen, wir haben einander inzwischen gefunden und gehören zusammen, nur will man uns im Haus gleich wieder trennen. La Mamma zum Beispiel beharrt darauf, sie werde sich nur unter gewissen Bedingungen filmen lassen, keineswegs aber längere Zeit ununterbrochen, auch wolle sie die Sache nicht nur mir überlassen, sondern ein Wort mitreden, wenn es um die Auswahl der Drehorte im Haus gehe.

Es ist klar, La Mamma sieht sich als Darstellerin oder vielleicht sogar als Schauspielerin oder am Ende gar als große Aktrice, unsere Ansichten vom Film gehen, wie es scheint, so weit auseinander, daß ich mich gedrängt fühle, mit einigen Brocken Filmtheorie aufzuwarten.

Ich erkläre ihr also, daß Film so etwas sei wie die Errettung der äußeren Wirklichkeit und es deshalb darauf ankomme, die Kamera ganz zu vergessen, das Kameraauge sollte mit der Zeit etwas Alltägliches werden, nur dann gelinge es, das Leben unverstellt einzufangen, dokumentarisch, als Aufzeichnung des Ephemeren und Zufälligen, so in etwa formuliere ich mein theoretisches Credo, das übrigens von den Theorien einiger bedeutender Vorläufer angeregt wurde, ich breite das hier nicht weiter aus, so etwas würde zu weit gehen.

La Mammas Bedürfnisse richten sich denn auch gar nicht so sehr auf das theoretische Rüstzeug, La Mamma sieht die Sache sehr pragmatisch und trocken, und ihre Entgegnung, ich könne reden, solange ich wolle, sie habe es einfach nicht gern, wenn man mit der Kamera hinter ihr her sei und sie auf Schritt und Tritt wie eine Beute verfolge, enttäuscht mich, so daß ich zunächst einmal schweige, desillusioniert.

Neue Medien trafen bei ihrer ersten Erprobung immer auf starke Widerstände, sage ich mir weiter, ich hätte mit so etwas rechnen müssen, den Kindern jedenfalls wird mein Filmen gefallen, Kinder halten viel weniger am Hergebrachten fest, weil sie noch keine Vorurteile haben und die neuen Medien eher als Spielzeug betrachten.

Als ich dann aber im Kinderzimmer erscheine, die Kamera gleich vor dem Auge und mit der Linken vor mir her fuchtelnd wie ein Blinder, der Hindernisse ertasten und ihnen ausweichen möchte, beginnt Lu sofort zu schreien, als habe ein böses Phantom den Raum betreten.

Nur Lo sitzt stumm da und betrachtet mich mit offenem Mund wie einen Fremden. Sie regt sich nicht, sie hat die Augen weit geöffnet, anscheinend erlebt sie einen Moment der Überwältigung, von dem sie noch nicht weiß, wie sie ihn einschätzen soll. Dreißig, vierzig Sekunden lang filme ich Los verzückte Erstarrung, dann taucht La Mamma auf und bereitet dem schönen Moment ein vorzeitiges Ende.

In der Nacht aber, als alle schlafen, schließe ich meine Kamera mit einem Verbindungskabel an den Fernseher an. Und plötzlich ist alles da, wie Gottes Schöpfung am siebenten Tag, nur daß es gewaltig rauscht in meinem Wald und das Keuchen meines Atems so laut zu hören ist, als arbeitete ich mit einer Axt. Ein zittriger, hektischer Blick rast durch die Baumwipfel und stolpert hinab ins Grün, die Grasbüschel blicken überdimensional trotzig und drohend zurück, und in regelmäßigen Abständen schreit im Orkan des Windes eine Stimme in Seenot: »Waldeinsamkeit, Klappe eins, die erste, die zweite …«
Die ganze gefilmte Welt, kommt es mir vor, ist aus dem Häuschen, alles bewegt sich, gibt Laut, schwankt und rülpst, ich habe anscheinend immer wieder vergessen, die Stop-Taste zu drücken, so daß lauter Bilder erscheinen, die meine Filmtheorie feixend verhöhnen, der pure Zufall bricht sich

Bahn, tanzende Himmelssplitter und dann wieder der nackte Waldboden, und weiter alles so, als hätte ich vorgehabt, einen Experimentalfilm zu drehen.

Dann aber, Schnitt, neue Sequenz, ist La Mamma zu sehen, in einem unbeobachteten Moment, in dem ich einige ihrer fast schwerelosen und schwebenden Schritte in der Küche von hinten erwischt habe, und dann sehe ich Lo ..., es ist wirklich Lo, so plastisch und nah, als wäre sie durch die Kamera neu erschaffen worden, ein schwacher Lichtschimmer liegt auf ihrem Gesicht wie Spuren des goldenen Lichts auf den Mädchengesichtern Vermeers, mein Gott, flüstere ich, das ist unfaßbar, diese Filmbilder übertreffen an Genauigkeit und Schärfe den eigenen Blick, und so lasse ich sie einfrieren zu einem Standbild, ›Die junge Lo, in Betrachtung eines Phantoms, unbekannter Meister des späten 20. Jahrhunderts‹, von dem ich gleich weiß, daß ich es suchen, aber niemals wiederfinden werde, nachts, in meinen Träumen.

Rosebud

Schnee, den ganzen Morgen fällt Schnee. Lo steht vor dem Fenster, schaut hinaus und trampelt mit den Füßen auf der Stelle, als wollte sie zu diesem unablässigen Schneefall den Takt treten und immer mehr Weiß hervorlocken aus den grauen Himmelslandstrichen. Dann den Pullover, die Mütze, den Schal, nichts wie raus, rausraus, treibt sie mich an, und ihre Backen sind so weit und gierig gebläht, als wollte sie lauter Schneekristalle zum zweiten Frühstück verzehren.

Ich ziehe mich also auch gleich warm an und gehe mit ihr hinaus, gelassen wie jemand, dem Schnee nichts ganz Fremdes mehr ist. Ich vermute, daß Lo jetzt gleich anfangen wird, den Schnee einzufangen oder einen Schneemann zu bauen, und ich überlege, wie ich mich davor drücken könnte, ihr dabei zu helfen. Dieses Bauen von Schneemännern ist mir aus der Kindheit noch gut in Erinnerung, es war eine lange, sich stundenlang hinziehende, anstrengende Arbeit, an deren Ende man durchnäßt und verschwitzt ein mollig-drolliges, aber meist auch etwas autistisches Wesen betrachtete, das nach der Fertigstellung gleich sentimental zu tropfen begann, ja so war es.

Gerade rechtzeitig fällt mir ein, daß ein alter Schlitten irgendwo in einem Keller auf uns wartet, vor einigen Wochen ist er mir dort begegnet, ich muß ihn finden, das könnte die Rettung sein. Schlittenfahren ist etwas ganz anderes als Schneemänner bauen, mit Schlittenfahren verbinden sich nur die besten Erinnerungen, obwohl ich, wenn ich mich ganz genau zu erinnern versuche, nur eine steile Wiese sehe und eine rasante Abfahrt, nach der ich den steilen Hang wieder hinaufstapfen mußte. Immer beim Hinaufziehen des Schlittens hatte ich das Mißverhältnis zwischen der kurzen Fahrtlust und dem sich unendlich dehnenden Schleppfrust gespürt, das Ziehen und Schleppen hatte etwas von einer Bestrafung gehabt, als sollte einem mit strenger Hand deutlich gemacht werden, daß auch ein leichtes Vergnügen immer auf harter Arbeit beruhe.

Als ich den alten Schlitten gefunden habe, kommt er mir sehr fremd vor, »Davos« steht in schon etwas verwitterter Schrift auf einer der schmalen Leisten, der sonst dicke Lack ist dort gesprungen, irgendwer hat an diesen Buchstaben gekratzt. Ich habe keine Ahnung, wem der Schlitten früher gehörte, ich glaube, wir fanden ihn beim Einzug ins Gartenhaus neben anderen verlassenen Spielsachen unten im Keller, gut, daß wir ihn aufbewahrt haben, er gefällt mir in seiner sachlichen Holzehrlichkeit, keine Farbe, kein Schnickschnack, aber auch nicht die verzagte Blässe von frischem Holz, also kein fades Ikea-Gesicht.

Gut also, der Schlitten hat etwas Freundliches, und mir fällt auch gleich ein, wo er zum Einsatz kommen könnte, wir müssen nur einige hundert Meter weiter den Hang hinaufsteigen bis zum früheren Aussichtsturm auf der Höhe, von dort könnte dann eine temporeiche Hahnenkammabfahrt mit wenigen gut auszufahrenden kleineren Kurven steil hinab ins Tal führen.

Fahren, fahren …, ruft Lo neben mir, während ich den Schlitten den Berg hinaufziehe, sie benutzt jetzt oft diese einfachen Infinitive als Befehle, ich meine das jetzt rein sachlich, als bloße Feststellung also, ich höre aufmerksam hin, wenn meine Tochter mit mir spricht, außerdem sollte man bei einem derartig anstrengenden Schlittenschleppen etwas zu denken haben.

Oben angekommen, wenden wir den Schlitten und versuchen, hintereinander auf ihm Platz zu nehmen, es ist etwas eng, aber es klappt. Für einen Moment kommt es mir beinahe so vor, als wüßte ich gar nicht, wie Schlitten fahren geht, aber ich habe keine Zeit, solche dummen Überlegungen zu pflegen, es geht einfach los.

Fahren, losfahren …, ruft Lo, und schon fahren wir, beschleunigen, nehmen Fahrt auf, legen zu, donnern und rasen zu Tal, ich hatte ganz vergessen, wie schnell sich ein Schlitten bewegt, wie ein Gesteinsbrocken, der zu Tal kracht, das hatte ich völlig vergessen und auch, was Geschwindigkeit ist, dieser Kitzel des kühlen Luftstroms am Hinterkopf und das Klatschen der Backpfeifen des Fahrtwinds, vielleicht fahren wir sogar etwas zu schnell, ich sollte die Herrschaft über das Gefährt nicht verlieren, aber was soll das heißen, wir fahren nicht in einer Kutsche aus alten Tagen, sondern rasen ohne unser Zutun zu Tal.

Ich höre Lo schreien, ein wenig Angst ist in diesem Schrei, aber auch sehr viel Glück, es ist eine Befreiung vom langsamen Trott, und plötzlich höre ich auch mich schreien, ja, es ist so, ich schreie, ein wenig Angst ist in meinem Schrei, aber auch sehr viel Glück, seit Jahrzehnten, kommt es mir vor, habe ich mich nicht mehr so schnell und so lustvoll bewegt, wo war diese Lust bloß all die Jahre, wo hatte sie sich versteckt?

Als wir unten sind, lachen wir, wir lachen und schütteln uns aus, als hätten wir zwei Komikern beim Schlittenfahren zugeschaut, uns kommen sogar vor Lachen die Tränen, was für ein seltsames Befreiungslachen, das führt uns langsam zurück in die Welt.

Noch mal, schreit Lo, ja, natürlich noch mal, das werden wir wiederholen, wenn nur das Hinaufschleppen nicht wäre. Lo kümmert sich nicht weiter darum, sie ist schon voraus, ohne Schlitten kommt man mühelos den Hang hinauf, während ich den alten Gesellen an einer ebenso alten Kordel hinaufziehe, sie ist speckig und schneidet leicht in die Finger. Schon als Kind hat mich so eine Kordel geärgert, es war immer die gleiche, denn auch wenn ich sie ausgetauscht hatte, war die neue gleich wieder alt und speckig und schnitt leicht in die Finger. Heutzutage wird man solche Kordeln bestimmt nicht mehr verwenden, aber was verwendet man denn, ich glaube, Schlitten sind auch aus der Mode, erst recht aber Kordeln, früher waren es Geschenkpaketkordeln, die Kordeln der bescheidenen 50er Jahre, und wir bewahrten sie in einem Küchenfach auf, dort lagen sie wie kleine Tiere, die man einsperren muß, widerspenstig und nicht aufgewickelt, man zog sie wie eklige Würmer heraus.

An genau so einer alten Kordel also habe ich früher meinen Schlitten einen Hang hinaufgezogen, das ist seltsam, und plötzlich ist auch der alte Hang wieder gegenwärtig, er war nicht so steil wie dieser hier, eher ein Abhang, eine Art Böschung, ich trudelte inmitten eines Rudels von Freunden auf meinem Schlitten ins Tal, und dann stapften wir langsam wieder hinauf, und mein Freund Rainer fragte, was heißt »Davos«, auf Deinem Schlitten steht ja »Davos«, auf meinem steht »Bergisches Land«. Und ich schaute auf meinen Schlitten, ich wußte nicht, was »Davos« meinte, »Bergisches Land« wäre mir lieber gewesen, und abends habe ich dann heimlich das fremde »Davos« fortzukratzen versucht, aber es gelang nicht, der Lack splitterte und setzte sich unter den Nägeln fest.

Lo ist schon wieder oben am Turm angekommen, sie winkt, nochmal, bitte nochmal, ich winke zurück, aber insgeheim winke ich jemand anderem, und als ich mich beim Hinaufgehen umdrehe und sehe, wie »Davos« mir ohne allzu sichtbare Spuren des Alters brav folgt, muß ich schlucken. Und plötzlich macht es mir nichts mehr aus, einen Schlitten diesen steilen Hang hinaufzuziehen, ich ziehe schließlich »Davos«, das ist etwas anderes.

Mein lieber »Davos« …, ich sollte es ihm so leicht machen wie möglich, vielleicht sollte ich ihn den Berg hinauf tragen oder die Kufen mit Schmirgelpapier glänzend reiben, oder übertreibe ich jetzt?

In einem Film von Orson Welles kreist eine ganze Lebensgeschichte um einen Schlitten, ja, so war es, es war die Geschichte eines amerikanischen Mediengiganten, dessen letztes Wort »Rosebud« gewesen war, ein dunkles, geheimes Vermächtnis, auf dessen Spur sich die Reporter gemacht hatten, denen es aber trotz aller Nachforschungen nicht gelungen war, das Rätsel zu lösen. Erst in der Schlußeinstellung des Films war zu sehen gewesen, daß »Rosebud« der Name des Kinderschlittens war, auf dem der später vereinsamte Mann seine glücklichsten Tage verbracht hatte, der Name einer sentimentalen Erinnerung also, des letzten Blicks zurück auf die verlorenen Tage der Kindheit.

Wie rührselig war mir dieser Filmschluß früher erschienen, als ich noch nichts wußte von den Eigenheiten der Lebensalter. Obwohl: »Davos« ist ganz und gar nicht mein »Rosebud«, denn vereinsamt bin ich weiß Gott nicht, sondern reise mit Lo, meiner springlebendigen Tochter, nur kurz in meine Kindheit zurück, um hier, in der Gegenwart, anzukommen. Und weil »Davos« lebt, will er auch nicht den Hang hinaufgetragen oder mit Schmirgelpapier bearbeitet werden, er will nichts anderes als zu Tal donnern!

Nochmal, nochmal, schreit Lo, als ich oben angekommen bin, und trampelt mit beiden Füßen auf der Stelle, und auch ich schreie, nochmal, los, mein Lieber, und dann donnern wir wieder zu Tal, als wollten wir es Orson Welles beweisen ...

Die alltägliche Arbeit

Lu wacht gegen halb sieben am Morgen auf, so daß auch Lo gegen halb Sieben aufwacht. Seit sie beide so früh aufwachen, wache ich gegen sechs auf, was mir eine halbe Stunde Vorsprung verschafft. Ich habe lange nachgedacht, wie ich die halbe Stunde wohl nutzen könnte, aber mit einer halben Stunde läßt sich nicht viel anfangen, es sei denn, ich verzichtete darauf, gegen halb sieben gleich bei Lo und Lu hineinzuschauen und ihnen einen guten Morgen zu wünschen.

Ich weiß nicht, ob ihnen viel an meinen Morgenwünschen gelegen ist, ich könnte das alles auch einfach lassen und sie etwas später begrüßen, aber noch zieht es mich gegen halb sieben hinein in ihr Zimmer, wo ich dann hängen bleibe. Meist nehme ich mir vor, nur kurz einen guten Morgen zu wünschen, doch immer wieder verwickelt mich einer der beiden in ein Spiel oder treibt seine Albernheiten mit mir, so daß ich schon bald völlig eingewickelt bin und erst aus der Sache herauskomme, wenn wir in der nächsten Tagesphase angelangt sind.

Erst seit Lo und Lu auf der Welt sind, weiß ich, was Tagesphasen sind, Lo und Lu haben diese Phasen, ohne es zu ahnen, für La Mamma und mich entworfen, und nun kommt alles darauf an, sich diese Phasen zu eigen zu machen. Meist geht es nicht anders, und man unterwirft sich ihnen freiwillig. Wenn man sich aber stark fühlt und mutig, versucht man, seine eigenen Tagesphasen mit den Lo und Lu-Phasen geschickt zu koppeln, und nur wenn man einmal wieder verrückt ist und überreizt und eigensinnig und trotzig und einem alles zuviel wird, beharrt man auf seinen eigenen Phasen, was sofort schiefgeht, sofort, jedes Mal.

Ich könnte also zum Beispiel meine erste Tagesphase mit dem Aufstehen gegen sechs Uhr beginnen und mich sofort an den Schreibtisch setzen, wie ich das jahrelang getan habe. Gegen sechs Uhr am Schreibtisch kam mein Arbeiten rascher als zu jeder anderen Tageszeit in Gang, oft schaffte ich es, bis neun oder zehn Uhr zu schreiben, und wenn ich dann frühstückte, hatte ich das meiste vom Tag schon getan und konnte frühstücken wie ein spät aufgestandener und ausgeschlafener Herrscher über den Tag, für den die früh aufgestandenen Minister schon alle Arbeit getan hatten.

Meine erste Tagesphase dauerte im idealen Fall also drei bis vier Stunden am Morgen, so lange kann sie aber nicht dauern, seit Lo und Lu gegen halb sieben aufwachen. La Mamma verläßt das Haus gegen acht, ich hätte also wohl Zeit für eine frühe Arbeitsphase von sechs bis sagen wir halb acht, das bringt aber nichts, in anderthalb Stunden komme ich gerade erst mal in Schwung und müßte dann genau auf dem Leistungshöhepunkt aufhören, abbrechen und alles hinschmeißen. Ich habe es einmal versucht, aber das Ganze erinnerte mich an den Vorgang des Coitus interruptus, von dem ich als Schüler mit roten Ohren zum ersten Mal in den Kinsey-Reports las. Bisher bin ich ihm aus dem Weg gegangen, und das soll auch so bleiben, denn er hinterläßt, wenn ich mich richtig an die tiefen Sorgenfalten auf der Stirn von Mister Kinsey erinnere, schwere und nie mehr zu korrigierende Schäden.

Ich arbeite also nicht von sechs bis halb acht, ich wünsche Lo und Lu einen guten Morgen, und wenn noch etwas Zeit übrig ist, bis La Mamma das Haus verläßt, beantworte ich Briefe oder schneide irgendwo einen Artikel aus, den ich unbedingt aufheben will. Das alles aber ist natürlich keine richtige Arbeit, es ist eher ein Fummeln und Schnippeln, und jedes Mal, wenn ich daran sitze, denke ich, das könnte auch irgendein anderer tun.

Hat La Mamma dann aber wirklich das Haus verlassen, will vor allem Lo beschäftigt sein, und so steigen wir ein in die Tagesphase des Anspielens. Das Anspielen ist so etwas wie ein Anwärmen, wir holen also ein Spiel und einen Baukasten nach dem anderen hervor und fangen an, einen Zoo mit vielen Tieren oder einen Flughafen mit kleinen Gepäckwagen zu bauen. Nach einer Weile ist Lo so in das Bauen und Spielen vertieft, daß sie allein weiter baut. Ich muß nur den besten Moment finden und mich dann langsam davonstehlen, ganz vorsichtig und unauffällig, als wehte mich ein Wind wie ein Stück Papier um die nächstbeste Ecke.

Die nächstbeste Ecke ist ein ruhiger Platz, wo ich etwas zu lesen versuche, ich schlage ein Buch auf und lege los, manchmal lese ich zwanzig Minuten am Stück, an gewissen Tagen sogar dreißig bis vierzig.

Ich lese, doch meine beiden Ohren sind ganz woanders, sie lauschen nach Lo und dem ruhigen Murmeln, das ihr Bauen begleitet, und ich lausche hinein in die Stille, die Lus Wiege umgibt. Lu schläft, Lo und ich wissen, daß er etwa eine Stunde lang schläft, dann will auch er beschäftigt werden, und das meint, er möchte in den Wagen gesetzt werden und eine Morgentour machen.

Wenn wir gegen halb zehn zu dieser Morgentour aufbrechen, habe ich etwas gefummelt, etwas geschnippelt und einige Seiten gelesen, das ist nicht eben viel, beweist mir aber, daß ich mir den Willen zur Arbeit erhalten habe. Die Morgenfahrt ist ein Ritual, sie besteht aus lauter Stationen und kleinen Abenteuern, viele Ideen habe ich für diese Fahrt entwickelt, ich komme später noch einmal genauer darauf zurück, weil die Morgenfahrt so etwas ist wie ein Kunstwerk oder eine Performance, für die man ja bekanntlich ein eigenes ästhetisches Programm haben muß.

Gegen zwölf Uhr sind wir wieder zu Hause, ich bin nun, wie man so sagt, seit sechs Stunden auf den Beinen, und wer glaubt, daß man sich beim Bauen, Spielen und Fahren entspannen kann, kennt Bauen, Spielen und Fahren nicht richtig. Lo und ich bereiten nach unserer Rückkehr das Mittagessen vor, während Lu uns aus seiner leicht schräg gestellten, praktischen Liege dabei zuschaut.

Wie freuen wir uns, wenn gegen eins La Mamma erscheint! Lo tritt auf der Stelle, und Lus kleiner Körper vibriert in seiner Liege so heftig, als durchzuckten ihn Liebesschauer. Für einen wie mich, der den ganzen Morgen zur Stelle war, kommt es nun darauf an, diskret zur Seite zu gehen und den kleinen Film, der da zwischen La Mamma und ihren Kindern abläuft, nicht durch harte Schnitte zu unterbrechen.

Wenn La Mamma aber nach dem gemeinsamen Essen wieder verschwunden ist, sind Lo und Lu wahrhaftig müde. Ich schließe also die Fensterläden des Kinderzimmers und lege sie, selbst eine gewisse Entspannung genießend, zu Bett. Etwa anderthalb Stunden werden sie schlafen, so in etwa, es ist klar, daß man sich nicht darauf verlassen kann.

Ach, bin auch ich müde, so müde, ich verstehe, warum man

den Schlaf in alten Zeiten als etwas Süßes bezeichnet hat, Schlafen kann wirklich etwas Verführerisches haben und eine Art Verlockung sein, ein Sich-gehen-Lassen, Sich-Strecken, Sich-Aufgeben, schon der Gedanke daran, wie die Traumbilder langsam aus den letzten Tagesresten entstehen, verschafft so etwas wie ein Wonne-Gefühl, »Wonne« ist genau das richtige Wort, obwohl ja längst nicht mehr gebräuchlich, doch das macht nichts, ich bleibe bei »Wonne«, es erinnert ja auch ein wenig an »Wanne«, der Schlaf als »Wonnenwanne«, ich hoffe, ich werde verstanden.

Andererseits stehen mir jetzt anderthalb, im besten Fall sogar zwei Stunden zur Verfügung, um zu arbeiten, die einzigen Stunden des Tages, von der Nacht rede ich später. Ein Buch lesen, das geht allerdings nicht, ich würde schon nach den ersten Zeilen einschlafen, das weiß ich, und das Fummeln und Schnippeln habe ich im Grunde auch satt, ich sage das jetzt einmal so hart. Ich sehne mich ja auch nicht danach, mir die Zeit zu vertreiben und irgend etwas zu tun, ich will vielmehr arbeiten, konzentriert arbeiten.

Und so setze ich mich an den Schreibtisch und versuche zu schreiben. Todmüde, blockiert von einem Körper, der etwas ganz anderes will als mein Verstand, sitze ich auf einem Drehstuhl und drehe. Am liebsten würde ich den Kopf auf die Tischplatte legen und die Arme zu Boden hängen lassen, ich würde mich auch nicht scheuen, mich einfach auf den harten Boden zu legen, denn ich fühle mich wie der Wolf aus dem Märchen, dem man den Magen mit lauter Wackersteinen gepflastert hat. Diese Schwere, diese Last, es ist fast nicht zu ertragen!

Mit beiden Händen klammere ich mich an die Tischplatte, um nicht auf ihr zusammen zu sinken. Ich drücke das Kreuz durch und recke den Kopf in die Höhe, halte durch, sagt etwas in mir, du weißt doch, nach einer Weile wird es meist besser, du mußt durchhalten, es wird schon gehen. Konzentriert arbeiten allerdings kann ich in diesem Zustand nicht, ich sitze am Schreibtisch und bereite mich durch suggestives inneres Sprechen nur darauf vor, ich zeige, daß ich für die Arbeit bereit bin und daß ich versuche, die Bedingungen dafür so ideal wie möglich zu gestalten. Ohne zu wanken, ohne einzuknicken, sitze ich vor dem Schreibtisch und starre ins Nichts, das ist schon allerhand, es hat etwas Asiatisches, ich glaube, die alten ZEN-Meister haben auf ganz ähnliche Weise Schwächezustände bekämpft.

Mir liegt allerdings wenig daran, es mit ZEN-Meistern aufzunehmen, ich will nur arbeiten, aber das ist einfach nicht möglich, die Konzentration geht ja schon für den Kampf gegen die Müdigkeit drauf. In diesem Zustand regt sich rein gar nichts in mir, ich bin eine Art Medium, passiv und schwach, und wenn es mir dann schließlich doch gelingt, einen Bleistift zu halten, so reicht es gerade dafür, aufzuschreiben, daß ich hier zur Mittagszeit sitze und das aufschreibe, was ich eben so aufschreibe.

Anderthalb bis zwei Stunden habe ich also Zeit, mich einer Art Schreibarbeit zu widmen, ich führe Tagebuch, das ist so etwas wie die Schwundstufe von Arbeit, aber immerhin, ich schreibe, ich bäume mich auf und lasse nicht zu, daß mein Körper im Meer des Schlafes willenlos dumpf einfach versinkt.

Gegen drei wachen Lo und Lu auf, gut gestärkt, kräftig und schon bald wieder sehr munter, man sieht ihnen an, wie sehr sie sich darauf freuen, etwas mit mir zu unternehmen. Der Nachmittag ist etwas für längere Ausflüge, weit hinaus in die angrenzenden Wälder, hinab in die Stadt, oft sind Kinderspielplätze das Ziel. Aber auch im Haus verbringen wir einige Zeit, kriechen von Zimmer zu Zimmer, bauen kleine Verstecke und Zelte, zeichnen, malen, kleben, mit der Zeit habe ich das alles schließlich als meine Arbeit verstanden, ich muß lernen, Arbeit neu zu definieren, habe ich mir gesagt und hätte vor Müdigkeit schon beim bloßen Denken des Wortes »definieren« beinahe gestottert.

Wenn Lo und Lu einem Tag für Tag so nahe sind, hört man schließlich auf, Worte wie »definieren« überhaupt noch zu benutzen. Alles angestrengte und überzogene Reden bekommt vielmehr mit der Zeit etwas Lächerliches, so daß einem etwa die Auftritte von Politikern im Fernsehen schon bald wie Komik-Sendungen vorkommen, bei Auftritten von Künstlern ist es übrigens nicht anders.

La Mamma erscheint dann gegen sechs Uhr am Abend, und meist ist der Wunsch, dann einmal für einige Momente allein zu sein, wie ein heftiger, animalischer Trieb, von dem ich früher gar nicht wußte, daß ich ihn hatte. Es reicht schon, ein paar Schritte allein durch den Garten zu gehen und sich irgendwo hin, auf eine Bank oder einen Holzstumpf, zu setzen. Die Abendluft streicht einem wie die fürsorglich-dankende Hand einer höheren Macht durch das Haar, ich vermute, daß Marathonläufer nach ihren Glanzleistungen ähnliche Erlebnisse haben, erst jetzt spürt man, daß es einem gelungen ist, zwölf Stunden lang die eigenen Nerven so zu beherrschen, daß es trotz vieler Störungen nicht zu explosiven Entgleisungen kam.

Alles fällt von dir ab, jetzt darfst du dich für eine halbe, dreiviertel Stunde entspannen, La Mamma hat mir geraten, es mit einem Waldlauf zu versuchen, aber ich mußte zugeben, zu solchen Selbstüberwindungen noch nicht fähig zu sein. Ein disziplinierter, nicht zu schneller, aber auch nicht zu langsamer Waldlauf, sagte La Mamma, könne mich rasch wieder aufbauen und den müden Kreislauf präparieren für die Abend- und Nachtstunden, die für meine eigentliche Arbeit reserviert sind.

La Mammas Vorschlag leuchtet mir ein, aber als ich ihn meiner müden Seele einzutrichtern versuche, beginne ich bei »disziplinieren« und »präparieren« vor Erschöpfung wieder zu stottern. Besser also ich überfordere mich vorläufig nicht, sondern setze mich einfach hin und lese die Zeitungen, so vergehen die kritischen Minuten bis zum Abendessen beinahe von allein.

Gegen acht Uhr gehen Lo und Lu dann zu Bett, bis sie wirklich schlafen, ist es halb neun. Jetzt nahen die Stunden der Nachtarbeit. Soll wirklich etwas entstehen, dann brauche ich von ihnen drei, besser noch vier. Und so sitze ich wieder an meinem Schreibtisch, und mein Zustand ist beinahe der wie am Mittag, nur etwas schlimmer, und ich denke wieder an die alten ZEN-Meister, denen es genügte, still dazusitzen, in Meditationen versunken.

Meditationen allerdings helfen mir leider nicht weiter. Um mir Mut zu machen, lese ich im Tagebuch nach, was ich am Mittag geschrieben habe, und dann schreibe ich wieder etwas ins Tagebuch und denke, in gewissen biographischen Phasen sollte sich alles Arbeiten tagebuchartig verdichten. Ich sollte ausschließlich Tagebuch führen, denke ich weiter, ein detailliertes, ausschweifendes Tagebuch, und ich sollte das Fummeln und Schnippeln gleich damit verbinden und die ausgeschnittenen Zeitungsartikel, Bilder und Fotos mit hineinkleben, damit in diese Aufzeichnungsmaschine etwas Welt hineinkommt und nicht nur die Rede vom Windelnwechseln, Flaschenerwärmen und Früchtebreikneten ist, regelmäßigen Anforderungen eines Tages, die ich hier übersprungen habe, aus Diskretion.

Lo und Lu, denke ich weiter, könnten mir bei diesem Tagebuch helfen, ich werde Lo das Fotografieren beibringen und ihre Fotos mit einkleben und dazu einige ihrer Zeichnungen und Bilder, so könnte das Tagebuch ein Gesamtkunstwerk werden, mit Querverweisen auf meine Videofilme, über gesonderte Tonaufzeichnungen sollte ich mir noch Gedanken machen ...

Als es mir gelang, all das in einer einzigen Nacht, ohne ein-

mal ins Stottern zu geraten, hintereinander wie eine Kette
strenger logischer Schlüsse zu denken, wußte ich, daß ich
mich von der eigentlichen Arbeit endgültig verabschiedet
hatte.

Ich kann nicht mehr schreiben, murmelte ich vor mich
hin, wenn es mir schlecht ging. Ich habe ein neues, anderes
Schreiben entdeckt, redete ich mir ein, mit leicht triumphie-
rendem Grundton, als mir die prallen, bunten, dicht bemal-
ten und beschriebenen Tagebuchseiten zu gefallen begannen.

Irgendwann wird dieses Tagebuch platzen, sagte ich mir
noch zum Schluß, es wird die Fiktionen und Geschichten,
die es verdrängt hat und an deren Stelle es beinahe ohne mein
Zutun getreten ist, nicht mehr zurückhalten können. Es wird
wie ein Sprengsatz detonieren, jawohl, mein Notieren wird
detonieren ..., aber da hörte ich längst, daß ich redete wie
die Künstler im Fernsehen, und als ich reflexartig auch sofort
zu lachen begann, wußte ich, daß es aus war, »aus« mit dem
früheren »Arbeiten«, endgültig aus.

Kleine Ästhetik des Fahrens im Kreis

Gegen halb zehn brechen wir zu unserer Morgentour auf,
Lu im Kinderwagen, Lo mit kurzen, schnellen Schritten weit
voraus, so daß ich mir gleich überlege, ob ich hinter ihr her
rufen sollte: Langsam, nicht zu schnell! Ich rufe dann aber
doch nicht hinter ihr her, zu Beginn unserer Fahrt sollte ich
mit Ermahnungen sparsam sein, sonst erscheinen sie später
leicht abgenutzt und wirken nicht mehr.

Ich lasse Lo also den Höhenweg vorauseilen und schiebe
den Wagen hinter ihr her. Es ist nicht leicht, Lo und Lu

gleichzeitig im Auge zu behalten, vorerst konzentriere ich mich einmal auf Lu, der mit weit geöffneten Augen im Wagen liegt und die über uns ziehenden Wolken studiert. Manchmal wandern seine Blicke auch zu mir herab und mustern mein angespanntes Gesicht, dann verziehe ich es sofort zu einem Lächeln und fange an, ein wenig zu reden, meistens redet mein heiterer Tonfall mir die gute Laune gleich mit ein.

Nach einigen hundert Metern fällt mir oft auf, wie fest ich den Kinderwagen doch halte. Es ist gar nicht nötig, den Kinderwagen so fest zu halten, man könnte ihn dann und wann auch einige Meter frei fahren oder sogar sausen lassen, man könnte ihm einen Stoß oder Schubs geben, aber ich halte ihn fest, ja es ist beinahe so, als wären meine Finger mit ihm verwachsen und als gingen mein Spaziergänger-Körper und der Kinderwagen während der Morgenfahrt eine geheime Verbindung ein und bildeten einen neuen Gesamt-Körper.

Im innersten Kern dieses neu gebildeten Körpers aber schlummern versteckte Energien und mir selbst unerklärliche Kräfte, manchmal vermute ich sogar, diese Kräfte sind so aggressiv, daß ich, wenn sie sich wirklich zeigen und hervortreten wollten, keinerlei Gewalt über sie hätte.

Von außen und oberflächlich betrachtet, ergibt unser Gehen, Lächeln und Reden wahrscheinlich ein etwas blödes, aber doch friedliches Bild. Dahinter aber tobt jetzt, zu Beginn unseres Morgenweges, etwas von Abwehr und Widerstand, ich bin bereit, es mit jedem Feind aufzunehmen, selbst wenn er die Stärke eines, sagen wir, Grizzlys hätte. Wenn wir das Haus verlassen, scheinen der Kinderwagen und ich instinktiv die Gefahr des Fremden zu spüren, wir wappnen uns und bilden eine schützende Außenhaut um Lu, dessen nichtsahnendes Lächeln zu dem, was mir durch den Kopf geht, nicht passen will. In Wahrheit sind natürlich gar keine Grizzlys und auch sonst keine Feinde in Sicht, nicht mal einer, dem wir vorübergehend diese Rolle übertragen könnten. Im geheimen aber sind wir bereit, und wenn uns tatsächlich ein Feind entgegenträte, würden wir ihn, ich drücke mich jetzt brutal, aber ehrlich aus, sofort zermalmen.

Das Zermalmen habe ich während der ersten hundert Meter des Morgengangs im Hinterkopf, ich gehe übrigens auch zum Zermalmen gespannt, allerdings kommt uns nur die kurzsichtige Malerin entgegen, die sich gleich über den Kinderwagen beugen und Lus Entwicklung kommentieren wird.

Der Malerin begegnen wir beinahe jeden Morgen, sie geht den Höhenweg sehr langsam und betont genießerisch entlang, und wenn ihre kurzsichtigen Augen uns endlich bemerken, bleibt sie stehen und wartet, bis wir sie erreicht haben. Meist beginnt unsere knappe Unterhaltung mit einer betont ästhetischen Bemerkung von ihrer Seite, zum Beispiel sagt sie, die Wolken hätten heute etwas Kupfernes, das Kupferne irritiere sie jetzt schon eine Weile, und ich antworte dann, innerlich übrigens leicht gereizt, das Kupferne sei mir heute morgen noch nicht aufgefallen, ich werde die Wolken aber im Auge behalten, um es mir nicht ganz entgehen zu lassen. Vielleicht spürt die Malerin, daß mir das Kupferne der Wolken im Augenblick nicht sehr viel bedeutet, jedenfalls wendet sie sich nach der einleitenden Bemerkung, die meist ein Himmels- oder Naturdetail herausgreift und seine ungeahnte Schönheit beschwört, Lus weit geöffneten Augen zu. Ich weiß, daß sie mit Lu, schon weil sie ihn nur sehr verschwommen wahrnimmt, weitaus weniger anfangen kann als mit dem Kupfernen über uns, aber ich bedauere das nicht, weil einige betont ästhetische Bemerkungen zu Lus Äußerem mir nur auf die Nerven gehen und meine gerade angefachte gute Laune erheblich dämpfen würden.

Blind ist die Malerin aber nun wiederum auch nicht, und Blindensätze wie die, das Kind ähnle der Mutter oder dem Vater, kommen ihr nicht über die Lippen. Statt dessen redet sie über Lu so, als betrachte sie ein abstraktes Bild. Ah, sagt sie zum Beispiel und tut erstaunt, wie dieses Rot des Kissens sich doch abgrenzt vom Weichblau der Decke!

Ich mag es nicht, wenn man Lu so übergeht, daß er am Ende nichts anderes zu sein scheint als ein Klecks Umbrablau in einer Sepia-Braun-Senke, aber ich weiß aus Erfahrung, daß Sätze zu abstrakten Bildern meist nur von der Not sprechen, aus der heraus sie entstehen. Was sollte die Malerin denn schon sagen? Immerhin reiht sie das kleine Detail des Kinderwagenausschnitts ein in eine Spätphase der abendländischen Kunst, ich sollte mich darüber freuen.

Wenn sie zum Beispiel gesagt hätte, Lus Pupillen seien an diesem Morgen auffallend kupfern, wäre ich wahrscheinlich in Rage geraten. Ich lebe zur Zeit nämlich nicht in einer Phase des interesselosen Wohlgefallens an allem und jedem, obwohl mir ein solches Wohlgefallen weiß Gott nicht fremd ist und ich manchmal sogar über so etwas wie die Grundlegung einer völlig neuen Ästhetik nachdenke, deren Urerfahrung der Elternblick auf ein Kleinkind wäre.

Es sollte dem sich betont ästhetisch gebenden Blick aber nicht an einer gewissen Würze oder an gewissen Beigaben fehlen. Eine notwendige Beigabe wäre die Energie des Zermalmens, und gleich danach käme das schlichte Wissen, daß Schönheit auf Wohlbefinden beruht und das Bild des roten Kissens und der weichblauen Decke bei Lus erstem Schrei in sich zusammenstürzt.

Sie entschuldigen, sage ich zur Malerin, meine Tochter ist schon außer Sichtweite, wir müssen weiter, und es tut mir dann immer etwas leid, wenn sie zustimmend nickt, sich leise verabschiedet und mit ihrem seltsam gehemmten Gang weitergeht. Ich vermute, sie würde sich gern länger mit mir unterhalten und lauter sich betont ästhetisch gebende Aperçus formulieren, außerdem vermute ich, sie hat den falschen oder gar keinen Geliebten, verheiratet kann ich sie mir jedenfalls nicht vorstellen, eher in gewissen Reibungen lebend, vielleicht reibt sie sich auch einfach nur an sich selbst, für eine Malerin gehört so eine Selbstreibung ja wahrscheinlich schon zu den Grundvoraussetzungen der Kunst.

Aber was mache ich mir Gedanken, sie führen nicht weiter und drängen die Malerin vielleicht auch in eine ganz falsche Ecke, entweder lasse ich mich auf ein Gespräch mit ihr ein oder nicht, und wenn nicht, sollte ich mich auch nicht auf Vermutungen einlassen. Wenn ich mit Lo und Lu unterwegs bin, lasse ich mich sowieso kaum auf etwas anderes ein als auf Lo und Lu, manchmal glaube ich, mein Verhalten hat etwas Manisches und bin darüber dann selbst etwas besorgt. Ich lebe, wenn ich mit Lo und Lu unterwegs bin, in einer Art von Kokon, »Kokon« ist ein schönes und gerade richtig leuchtendes ästhetisches Wort, »Kokon« könnte so etwas sein wie ein Grundbegriff der Ästhetik, die ich vielleicht einmal entwerfen werde. Ich lebe also in einer Art von »Kokon«, und der Kokon hat nicht nur etwas Geschlossenes, Friedliches, sondern auch etwas Verschlossenes, Hartes. Das Geschlossene und das Verschlossene machen eine Öffnung nach außen sehr schwer, jedes Mal, wenn etwas Äußeres an den Kokon herantritt, neigt er dazu, sich zu schließen oder sogar zu verschließen, als drohte ihm Zersetzung oder Gefahr.

Wenn wir den Briefträger treffen, ist es übrigens nicht so. Am Ende des Höhenwegs, wo Lo jetzt auf Lu und mich wartet, begegnen wir ihm, er eilt meist lachend wie eine Figur aus einem tschechischen Kinderfilm an uns vorbei, er winkt, er ist jeden Tag bester Laune, ich weiß nicht, wie er das macht. Vor allem aber läßt er uns vollkommen in Ruhe, er schaut nicht in den Wagen, er seziert die Umgebung nicht mit ästhetischen Sätzen, sondern er schwebt an uns vorüber, leicht wie eine Feder, die uns mit dem Federstreicheln ihres Lachens und Winkens touchiert.

Wir wenden uns jetzt nach links, ein langer Anstieg liegt vor uns, und wenn Lo sich nicht stark fühlt, muß ich sie auf die Schultern nehmen und tragen, während ich mit den Händen den Wagen mit Lu schiebe. Einmal kamen uns bei einem so schwierigen Aufstieg zwei ältere Damen entgegen, und ich hörte, wie die eine der anderen zuflüsterte, schauen Sie nur, der arme Mann, und arbeitslos ist er wahrscheinlich auch noch! Ich ging natürlich weiter, als hätte ich nichts gehört, aber ich hatte mit diesen dummen und törichten Sätzen dann den halben Vormittag gedanklich zu tun, bis ich meinem schleppenden Gang die Schuld gab. Ich sollte trotziger und kraftvoller auftreten, sagte ich mir, aber es ist nicht leicht, mit einem Kind auf dem Rücken und der Hand am Kinderwagen des anderen Kindes beschwingt einen steilen Berg hinaufzuklimmen.

Etwa dreihundert, vierhundert Meter muß ich durchhalten, dann betreten wir das »Reich der Kunst«. Das »Reich der Kunst« besteht aus lauter meterhohen Skulpturen des Künstlers Otto F. Hajek, die er direkt vor seiner Haustür in der freien Umgebung aufgestellt hat. Es handelt sich um große, ungewöhnlich kombinierte geometrische Formen, um Säulen und Quader, Zylinder und Prismen, manche Skulpturen sind mit grellen Farben bemalt und leuchten wie Spielzeug. Lo hält all diese Kunstwerke denn auch dafür, sie klettert die kleinen Treppchen hinauf, die eigentlich ineinander geschobene Quader sind, und sie rutscht eine schiefe Ebene hinab, die eigentlich die Seite einer kunstvollen Pyramide ist.

Seit Lo mit diesen Skulpturen derart vertraut ist, hält sie auch manche Zäune und einige Autobahnleitplanken für »Kunst«, immer wenn ihr etwas Geometrisches und dazu noch Bemaltes ins Auge fällt, ruft sie »Kunst!«. Irgendwann will ich mit ihr einmal nach Wuppertal fahren, um ihr die Schwebebahn zu zeigen, und ich werde heimlich beobachten, was die Passanten zu einem zweijährigen Kind sagen, das »Kunst! Kunst!« ruft, wenn es die Schwebebahn sieht.

Eine halbe, dreiviertel Stunde bewegen wir uns im »Reich der Kunst«, man kann sich keine besseren Klettergeräte vorstellen, die Kindern erlauben, Zusammenhänge zwischen geometrischen Formen auf allen Vieren oder gar auf dem Rücken liegend kennenzulernen.

Ich lasse Lo also kriechen, steigen und klettern, solange sie will, es ist sowieso Zeit, Lu aus dem Wagen zu holen, ihn auf die Knie zu setzen und ihm die Umgebung zu zeigen. »Kunst« sage ich und zeige auf die bunten Dinge um uns, »Vogel« sage ich und zeige ihm die Amseln, die fette Regenwürmer aus dem Gras ziehen, »Blumen« sage ich, und dann gehen wir zu den Krokussen, die gerade aufgeblüht sind.

Immer wenn ich ihm etwas erkläre und etwas benenne, geht ein leichter Ruck durch seinen Körper, als hielte das neue Wort in ihm Einzug und machte sich irgendwo breit. Bewegte Dinge beschäftigen ihn aber noch weitaus mehr als die ruhigen, in sich gekehrten, wie gebannt betrachtet er zum Beispiel die Bewegungen der Äste über uns, manchmal denke ich, das Flirren der Birkenäste muß etwas sehr Geheimnisvolles und Abwechslungsreiches haben, und schaue selbst einmal länger hinauf, ja, wahrhaftig, dieses Flirren hat etwas Gewisses, wenn man die Geduld aufbringt, den Blick nicht gleich wieder anderswohin zu wenden.

Lu wendet seinen Blick nur selten gleich anderswohin, und auch Lo hat sich aus ihren frühsten Tagen noch immer die Angewohnheit bewahrt, lange und geduldig irgendwo hinzuschauen. Längere Zeit habe ich einmal überlegt, wie ich auf dieser Geduld aufbauen und sie entwickeln und fördern könnte, doch bisher habe ich dazu noch keine gute Idee außer der, mit Lo einmal so langsam und aufmerksam durch den Wald zu gehen, daß wir bei jeder Einzelheit verweilen können.

Ich gehe dieses Projekt noch einmal im Kopf durch und mache mir im Kopf ein paar Notizen, dann verlassen wir das

»Reich der Kunst« und geraten allmählich in die »Landschaft der Büsche und Wiesen«. Lo liebt es, sich im Buschunterholz zu verstecken und sich dort immer neue Wege zu bahnen, ich habe dagegen auch nichts einzuwenden, nur müssen wir die Frau mit dem Schäferhund im Auge behalten, die jetzt gleich ihren Auftritt hat. Es ist eine ältere, etwas mürrische Frau, die nie grüßt, und ihr Schäferhund ist eine sehr unberechenbare Erscheinung, manchmal kümmert er sich überhaupt nicht um uns, dann wiederum schnüffelt er so dreist hinter uns her, daß die Idee des Zermalmens mit einem Mal spürbar an Aktualität gewinnt.

Aber ich beruhige mich, still, bleib nur still, er tut ja nichts, mir wäre nur lieber, die ältere, mürrische Frau formulierte diese entspannenden Worte, anstatt mir den Text zu überlassen. Sie kommt mir so vor, als schaute sie durch die Kinder und mich einfach hindurch, nicht einmal ihr Hund scheint sie so richtig zu interessieren, dafür achtet sie aber intensiv darauf, ob er das Bein hebt und wo er den schmalen Hundehintern zitternd zusammenpreßt.

Aus ganz anderen Motiven verfolge auch ich diese Aktionen mit einem gewissen Interesse, die »Landschaft der Büsche und Wiesen« ist auch die Landschaft der braunen Berge und Inseln, Lo kennt das verworrene Labyrinth, dessen Kammern voll sind von heimtückischen Überraschungen, zum Glück sehr genau. Prüfend schauen wir der älteren Frau und ihrem Hund hinterher, dann erreichen wir das Denkmal des Dichters Hauff.

Wilhelm Hauff, flüstert eine Reiseführerstimme manchmal ganz automatisch in mir, war ein schwäbischer Dichter, er kam hier in Stuttgart zur Welt und starb auch hier, nach nur fünfundzwanzig Jahren. Das Denkmal, das an ihn erinnert, besteht aus einer taubenbekoteten Dichterbüste, es ist der Kopf eines schönen und sehr enthusiastisch dreinschauenden Jünglings, zu dem ich Los und Lus Blicke hinauflenken

will. Hauff, sage ich laut, das ist Onkel Hauff, aber da Lo inzwischen weiß, daß ich sie hier gern zum Hinaufschauen anhalte, schaut sie zu Boden, dreht Hauff den Rücken zu und
überläßt alle Zustimmung dem viel kleineren Lu, in dessen
Körper selbst »Hauff« als große Neuigkeit einschlägt.

Irgendwann in den kommenden Jahren möchte ich einmal
genau hier an einem sehr warmen Sommernachmittag sitzen
und Lo und Lu eine Erzählung von Wilhelm Hauff vorlesen,
aber ich vermute, sie haben später nichts mehr übrig für derart schlichte Freuden und ein geheimes Auskosten von Erinnerungen. Während eines Spaziergangs wie diesem ertappe ich mich oft dabei, an mehrere Zeitstufen zugleich zu
denken, an das Heute, das Wie-war-es-Früher, das Wie-wird-
es-mal-Sein. Als wären es Idealformen des Spekulierens und
Phantasierens, grenzen diese Zeitstufen ihre Territorien ab
und öffnen dann wieder völlig unerwartet die Grenzen. Seit
Lo und Lu auf der Welt sind, ist dieses merkwürdige Zeitempfinden da, oft erlebe ich die drei Zeitstufen ganz intensiv, als wären sie doch nur ein kompakter Moment, dann
denke ich rasch etwas anderes, weil drei Zeitstufen in einen
Moment hineinzudenken, sehr anstrengend ist und lauter
Gefühle mobilisiert, die leicht in Streit miteinander geraten.
Dieser ganze Zeitkomplex wäre auch etwas für meine neue
Ästhetik, denke ich weiter, doch dann erscheinen hinter dem
Hauff-Denkmal auf der jetzt vor uns liegenden Höhe die
Spielgeräte eines Waldspielplatzes. Da sie nur aus Holz bestehen und nicht weiter bemalt sind, bezeichnet Lo sie sehr
konsequent nicht als »Kunst«. Schaukeln, wippen, balancieren, ich stelle Lu unter einer Vorzeige-Birke ab und mache
jetzt mit. Bei meinen ersten Versuchen geriet ich regelrecht
in Euphorie, als ich das alte, unendlich beruhigende Schaukeln wiederentdeckte, und rannte voller Übermut hinüber
zum großen Reck, an dessen viel zu hoch postierter Stange
ich dann sofort versagte. Inzwischen weiß ich jedoch ganz

genau, was ich kann und was nicht mehr, und stelle meine Übungen darauf ein, Lo soll schließlich nicht mitbekommen, wo meine Schwächen liegen.

Auf dem Waldspielplatz trinken und essen wir etwas, wir könnten noch weiter gehen, tief hinein in den Wald, aber meist ist es dafür zu spät. Ich warte ab, bis Lo die Lust allmählich verliert, dann brechen wir auf und nehmen jetzt die Direttissima den steilen Berg hinab, die uns ohne alle Umwege zum Gartenhaus führt.

Wenn wir es erreichen, haben wir einen Kreis um das Haus gezogen, und manchmal denke ich, ich lebe nur noch innerhalb dieses Kreises und wenn ich ihn auch nur wenige Schritte verlasse, hört mein Herz auf zu schlagen und mein Kopf will zurück, mit aller Macht. Vielleicht ist also dieser Kreis so etwas wie ein Maß, vielleicht ist er gegenwärtig der einzige Raum, den ich bewohnen und ausfüllen kann ..., denke ich weiter, doch dann drängt mich Lo schon in die Küche, und ich verschiebe alles Nachdenken in ein weiteres Kapitel meiner ungeschriebenen nagelneuen Ästhetik.

Expeditionen in die Fremde

Ich stehe auf Gleis 9 und warte auf die Einfahrt des ICE, ich habe noch etwas Zeit. Früher habe ich mir vor längeren Fahrten einige Zeitungen besorgt, diesmal jedoch bin ich am Zeitungsstand vorbeigegangen, weil ich nicht die geringste Lust verspürte, im Zug Zeitungen zu lesen. Was soll schon drin stehen, in diesen Zeitungen? Ich habe das Interesse an ihren Themen weitgehend verloren, ich müßte mich richtiggehend zwingen, irgendeinen Artikel zu lesen. Außerdem habe ich im Bauch und in der Gegend des Herzens ein irritierend ziehendes Gefühl, als bremste ein gewisser innerer Widerstand meinen Aufbruch.

Ich möchte nicht gern verreisen, das ist klar, am liebsten machte ich gleich wieder kehrt, es ist so kalt hier, fremd auch und grau. Was all diese Menschen bloß vorhaben, als ob sie vom Reisen und Sich-Herumtreiben gar nicht genug bekommen könnten! Wenn ich zu Hause geblieben wäre, könnte ich jetzt mit Lo und Lu zu unserer Morgentour aufbrechen. Was sie wohl machen?

Heute morgen ist Babo, das Kindermädchen, bei ihnen. Babo ist zwanzig Jahre alt und hat selbst auch schon ein Kind, sie bringt es einfach mit, wenn sie auf Lo und Lu aufpassen soll. Weil Babo ein Kind hat, versteht sie etwas von kleinen Kindern, sie ist also nicht irgendeine Außenstehende, die immer erst nachdenken und grübeln muß, was man in schwierigen Situationen tun sollte, nein, Babo weiß, worauf es ankommt. Zum Glück hat Babo dazu auch noch etwas Heiteres, Unkompliziertes, sie lacht den halben Tag und läßt das Gesicht nicht so hängen wie die meisten jungen Mädchen, die mir zum Beispiel heute morgen in der Straßenbahn begegneten. Vielleicht sollte ich kurz zu Hause anrufen, um nachzufragen, ob alles in Ordnung ist. Aber nein, das sollte ich nicht, schließlich bin ich erst seit vielleicht einer Stunde aus dem Haus, genauer gesagt, seit zweiundfünfzig Minuten, nein, dreiundfünfzig. Was soll in dreiundfünfzig Minuten denn schon passiert sein? Babo könnte meinen Anruf falsch verstehen und argwöhnen, ich traute ihr nicht zu, mit Lo und Lu fertig zu werden. Natürlich wird Babo mit Lo und Lu fertig, sie hat ein freundliches, einnehmendes Wesen, die Kinder mögen sie.

Ich brauche mir also gar keine Sorgen zu machen, und ich sollte nicht die ganze Zeit an zu Hause denken, ich stehe hier am Gleis 9, als wollte ich den Zügen beim Abfahren zuschauen, dabei werde ich gleich selbst verreisen, es sollte zumindest den Anschein haben, als wäre es so. Wenn ich aber wirklich verreisen will, weil ich nun einmal verreisen muß, sollte ich mir auch Zeitungen für die Fahrt kaufen, sonst sitze ich stundenlang auf meinem Platz, schaue starr aus dem Fenster und denke ununterbrochen darüber nach, warum ich verreisen muß und ob ich überhaupt noch verreisen sollte.

In Gottes Namen, ich gehe also zurück zum Zeitungsstand und kaufe mir zwei oder drei Zeitungen, da kann ich gleich nachschauen, ob auch für Lo etwas dabei ist, wie heißt die Kinderzeitschrift doch gleich, die sie so mag? Die meisten Kinderzeitschriften sind viel besser als die meiner Kindertage, sie sind sogar richtig interessant mit ihren informativen Seiten darüber, was alles im Frühjahr so los ist unter der Erde oder wie man Radieschensamen aussät. Radieschensamen sollte ich in den nächsten Tagen übrigens dringend besorgen, damit Lo sie aussäen kann, sie freut sich so darauf, ihr kleines Beet zu beackern.

Jetzt fährt der ICE ein, ich bin beinahe etwas stolz darauf, drei Zeitungen und eine ausgezeichnete Kinderzeitschrift gekauft zu haben, das ist gar nicht so übel für einen, der einige Zeit nicht verreist ist. Auch das Einsteigen fällt mir ganz leicht, aber ich frage mich, wie ich mit Lo und Lu, einem Kinderwagen und viel Gepäck wohl einsteigen würde. Ich müßte Lo und Lu vorausgehen lassen, aber halt, Lu kann ja noch gar nicht gehen, ich müßte ihn in seiner Liege also wohl drinnen irgendwo abstellen und Lo bitten, bei ihm zu bleiben, bis ich mit dem Kinderwagen und dem Gepäck nachgeeilt bin. Dann würden der Kinderwagen und das Gepäck jedoch eine Weile allein auf dem Bahnsteig stehen, unbeaufsichtigt, ein ideales Diebesgut, nein, das geht nicht. Ich müßte Lo und Lu also wohl eher nahe der Tür, im Gang, ausharren lassen und gleichzeitig den Kinderwagen und das Gepäck hinein transportieren …, ich denke das jetzt nicht weiter durch, meistens ist es in der Praxis dann doch ganz anders.

Jedenfalls würde ich für eine gemeinsame Reise eines dieser Familienabteile reservieren, wie heißen sie doch gleich, Mutter-Kind-Abteile, glaube ich, das irritiert mich immer ein wenig, weil anscheinend kein Mensch an die Väter gedacht hat. Vielleicht sollte ich ein solches Mutter-Kind-Abteil schon einmal testen, ja, der Gedanke ist gut, ich werde in einem Mutter-Kind-Abteil reisen, dann macht die Reise doch zumindest ein klein wenig Sinn.

Ich finde das Mutter-Kind-Abteil dann auch ohne Mühe, es ist fast leer, nur eine ältere Dame sitzt darin und mustert mich beim Eintreten von oben bis unten. Solche älteren Damen sind meist zu ihren Töchtern und Söhnen oder zu ihren Schwiegertöchtern und Schwiegersöhnen unterwegs, im Grunde interessieren sie sich aber nur für die Enkel.

Die Enkel, ja, richtig, die sind noch einmal etwas ganz anderes als Kinder, noch eine Generation weiter, aber soweit kann ich nicht denken, Enkel sind vollkommen außerhalb meiner Sichtweite. Ich sollte überhaupt aufhören, nur an Kinder, Enkel und dergleichen zu denken, ich sollte meine Zeitungen aufschlagen, um mir die Welt und ihr vergebliches Glänzen anzueignen.

Was gibt es Neues? Hier, das Kinoprogramm, aber nein, das brauche ich mir erst gar nicht durchzulesen, kein Mensch bringt mich gegenwärtig ins Kino, was soll ich denn da? Und hier, Theater, Konzerte … Gibt es etwas Lächerlicheres als ins Theater zu gehen und sich am Ende noch in der Pause über das Stück zu unterhalten? Ich bin schon immer nur mit viel Widerstreben ins Theater gegangen, jetzt ist es aber völlig unmöglich. Und Konzerte? Ich kann mir Musik auch zu Hause anhören, da sitzt niemand neben und vor mir, hustet, räkelt sich gelangweilt und trübt meinen Hörgenuß. Nein-nein, Theater, Konzerte und Kino gehören zu meinem früheren Leben, im Augenblick kann ich mich nicht für sie erwärmen, ich werde warten, bis Lo groß genug ist und ich mit ihr ins Kino, ins Theater und ins Konzert gehen kann, vielleicht sollte ich es schon bald einmal versuchen.

Ich werde mir einmal die Toiletten anschauen, ob sie, wie sagt man, ob sie »kindgerecht« sind. »Kindgerecht«, das Wort fällt mir oft nicht ein, ich glaube, ich habe eine tiefe Abneigung gegen »kindgerecht«, es ist ein Wort, das so perfekt und sachlich tut, ein richtiges Pädagogen-Wort ist es, ein Klugscheißerwort. Manchmal ist es aber einfach das einzig passende, zum Beispiel hier, in der Toilette, die ist nicht »kindgerecht«, wie sollte man das sonst so kurz und so bündig nennen, »kindkonform« klingt noch viel grausamer. Immerhin gibt es hier aber eine Wickel-Ablage, das hätte ich nicht erwartet, das ist eine Entdeckung. In den Behindertentoiletten gibt es also Wickel-Ablagen, das werde ich mir auf jeden Fall merken.

Nun, wo ich dabei bin, den Zug zu durchforschen, könnte ich mich auch gleich um das Ernährungsproblem kümmern. Nehmen wir einmal an, ich wollte mit Lo den Speisewagen aufsuchen, hätte die Speisekarte uns beiden etwas zu bieten? Genau, die Frage stellt sich, ich werde eine meiner Zeitungen und die ausgezeichnete Kinderzeitschrift aus dem Ältere-Damen-Abteil holen und mich in den Speisewagen setzen, zu dieser morgendlichen Stunde ist der Speisewagen noch fast leer und bietet daher ideale Bedingungen für exakte Untersuchungen.

Wie ruhig, nein, wie still es hier ist! Im ganzen Zug scheint es kein einziges Kind zu geben. Ich bin diese Ruhe und Stille nicht mehr gewohnt, außerdem zucke ich dauernd leicht zusammen, als reagierte ich laufend auf Fragen oder kleinere Störungen. Wenn ich mit Lo und Lu zusammen bin, muß ich ununterbrochen reagieren, das eigene Denken kann sich keine Minute auf sich selbst besinnen, immerzu wird es durchquert und aufgerauht von dem, was die beiden mit einem vorhaben.

Die Speisekarte ist langweilig, Lo würden höchstens die kleinen bunten Bildchen der Speisen gefallen. Ich vermute, sie würde sie abzeichnen. Auf Reisen hat sie meist einen kleinen Block und Buntstifte dabei, und dann beginnt sie, irgend etwas abzuzeichnen, in Windeseile, in wenigen Minuten hätte sie drei oder vier Dinge aus diesem Speisewagen gezeichnet. Die kleine Lampe hier auf dem Tisch zum Beispiel, die aussieht wie eine Nachttischlampe, die hätte sie sofort gezeichnet, da bin ich sicher. Und dann natürlich die Mineralwasserflasche und das Glas, ich hätte ihr eine Apfelsaftschorle bestellt, zumindest das steht auf der Karte.

Sonst aber hat sie für Kinder sehr wenig übrig. Lüneburger Sauerfleisch mit Bratkartoffeln, so etwas kann man doch Kindern nicht vorsetzen, von dem dicken Gemüseeintopf mit Speck ganz zu schweigen. Am Ende haben sie Kindern nichts anderes als fade Spaghetti mit Tomatensauce zu bieten, richtig, es ist das einzige Kindergericht –

Und was soll *ich* essen? Lüneburger Sauerfleisch kommt nicht in Frage, und der Gemüseeintopf wird mir stundenlang den Magen verstopfen, am besten sind wohl die Spaghetti, ich werde sie vorkosten, damit Lo und ich wissen, was uns erwartet.

Ich nehme die Spaghetti, sage ich zu dem Kellner, der abwesend und desinteressiert von Tisch zu Tisch wankt.

Die Spaghetti sind bloß das Kindergericht, antwortet der Kellner.

Bloß, wieso bloß, frage ich, was sollen Kinder denn sonst hier essen, wenn nicht die Spaghetti?

Die Spaghetti sind nur für Kinder, wollte ich sagen, antwortet der Kellner.

Und wieso das, frage ich. Ich habe Lust auf Spaghetti, und wenn sie Spaghetti da haben, werden sie mir auch Spaghetti vorsetzen können.

Ich muß in der Küche nachfragen, antwortet der Kellner.

Aber was gibt's da zu fragen, frage ich. Wenn Sie Spaghetti haben, kann ich sie doch auch bestellen.

Wollen Sie noch ein Wasser, lenkt der Kellner ab.

Nein, sage ich, erst die Spaghetti.

Ich glaube zu hören, wie er leise stöhnt oder seufzt, vielleicht rollt er sogar mit den Augen, jedenfalls verschwindet er jetzt. Es ist nicht zu fassen, wie schlecht sich solche Kellner auf neue Situationen einstellen können. Wenn Lo da wäre, hätte sie ihn gezeichnet, nein, man sagt anders, man sagt, sie hätte ihn porträtiert, sie hat ein so scharfes, ein unglaublich scharfes Auge.

Bis die Spaghetti da sind, werde ich noch etwas die Zeitung durchblättern. Politik ..., daß ich nicht lache! Sport ..., manchmal denke ich, ich erlebe den Sport gar nicht mehr. Vor zehn, fünfzehn Jahren habe ich den Sport noch miterlebt, und als Kind fühlte ich mich einigen Sportlern so nahe, als hätte ich mit ihnen trainiert oder wäre mit ihnen um die Wette gerannt. Harald Norpoth zum Beispiel, wenn der die fünftausend Meter lief, wußte ich die ganze Zeit, wie es ihm ging, ich fühlte mit ihm, im Geist lief auch ich die fünftausend Meter, als gäbe es zwischen Norpoth und mir eine geheime Verbindung. Jetzt ist das vorbei. Ein Freund behauptet, er habe zu Boris Becker lange Zeit einen direkten Gefühlskontakt gehabt, aber mir ist das nie gelungen, ich musterte Boris Becker immer sehr skeptisch und eher wie einen Handelsvertreter, der Tennis als Selbsterfahrungstraining betreibt.

Ah, da sind die Spaghetti.

Ihre Spaghetti, sagt der Kellner, ich wünsche einen guten Appetit.

Das soll ein Kind essen, frage ich, diese Portion?

Es ist eine Portion für Erwachsene, sagt der Kellner, ich hatte Sie so verstanden.

Dann haben Sie mich mißverstanden, sage ich, ich wollte eine Kinderportion Spaghetti, eine kleine Kinderportion.

Lassen Sie's halt drauf, sagt der Kellner, ich berechne Ihnen nur die halbe Portion.

Darauf kommt es mir gar nicht an, sage ich, ich zahle auch die große Portion, nur macht sich eine halbe Portion auf so einem großen Teller eben schöner. Sie hängt zum Beispiel nicht so über den Rand.

Wünschen Sie jetzt das Mineralwasser, fragt der Kellner.

Ja, sage ich.

Der Kellner versteht mich nicht, ästhetische Erwägungen begreift er nicht, dabei würde Lo sofort begreifen, worauf ich hinaus will. Wenn sie eine Portion Spaghetti zeichnet, zeichnet sie einen sehr großen Teller und mitten drin eine kleine Portion, in genau dem richtigen Verhältnis zueinander, wie konzentrische Kreise. Man muß ein Auge haben, um so etwas zu verstehen, dieser Kellner ist aber blind, so blind wie der Maulwurf, der sich hier, in der ausgezeichneten Kinderzeitschrift, unter dem Radieschensamen hindurch wühlt. Ich hätte Radieschen bestellen sollen, denke ich noch, doch nach den ersten fünf Bissen packt plötzlich eine unendliche Müdigkeit zu. Es ist, als wickelten die Spaghettifäden sich wie schwere Schiffstaue um mich. Ich drehe noch eine kleine Weile mit der Gabel in dem Haufen herum, dann bestelle ich rasch eine Tasse Kaffee, trinke sie sofort leer, bezahle und suche das rettende Ältere-Damen-Abteil auf.

Was gibt's denn Leckeres, fragt die ältere Dame.

Spaghetti mit Radieschen, sage ich todmüde.

Radieschen? tut sie erstaunt.

Entschuldigen Sie, ich bin todmüde, sage ich, ich habe meinen Kopf nicht mehr unter Kontrolle.

Das kommt mir auch so vor, junger Mann, sagt sie gereizt und wendet sich ab.

Wenn sie ahnen würde, welches Kompliment sie mir gemacht hat. Junger Mann, junger Mann, der Schlaf wiegt mich auf der Welle der beiden Klingklangwörter, u und a, u

›52‹

und a, singt es in mir, ju und ma, ju und ma, lu und la, lu und la, lo und lu, lo und lu, gute Ruh, gute Ruh, die Augen zu, Augen zu …

Gäste

Schon seit langem haben wir niemanden mehr eingeladen, La Mamma gefällt das nicht, sie tut gerade so, als fehlten die Gäste im Haus. Mir fehlen sie gegenwärtig nicht, Lo und Lu genügen mir völlig. La Mamma jedoch meint, daß wir beide, sie und ich, Lo und Lu nicht genügen. In La Mammas Kindheit saßen Gäste beinahe jeden Tag mit am Tisch und gehörten wie Familienmitglieder zur großen Runde, La Mamma erinnert sich daran sehr gern. Ich erinnere mich daran, daß ich allein mit meinen Eltern am Tisch saß, und ich kann nicht behaupten, etwas vermißt zu haben. Aber gut, einen Versuch sollten wir machen, vielleicht gefällt die Gegenwart von Gästen Lo und Lu.

Zunächst überlegen wir, wen wir einladen wollen. Bei unserem ersten Versuch sollen es nicht mehr als zwei Gäste sein, damit wir den Überblick nicht verlieren und uns ihnen auch einzeln widmen können. Wir denken sofort an Luise und Robert, die kennen wir schließlich schon seit fünfzehn Jahren. Seit Lo und Lu auf der Welt sind, kommen Luise und Robert, die früher oft einmal vorbeischauten, um ein Glas Wein mit uns zu trinken, aber nicht mehr so häufig vorbei. Manchmal rufen sie noch an, meistens aber melden wir uns bei ihnen, dann schlagen sie vor, wir sollten einmal wieder zusammen essen gehen, kurz darauf ist das Gespräch auch schon beendet, weil La Mamma und ich zur Zeit mit niemandem essen gehen, sondern abends zu Hause bleiben.

Ich habe La Mamma im Verdacht, daß sie gern einmal abends essen gehen würde, und ich habe sie schon oft gedrängt, es doch einfach zu tun, aber sie geht nicht gern ohne mich essen. Mich aber bringt in diesen Monaten nach Lus Geburt, in denen ich noch so stark unter dem Eindruck der veränderten Verhältnisse stehe, kein Mensch dazu, abends irgendwo essen zu gehen, selbst nicht bei Vincent Klink gleich in der Nähe, und das will etwas heißen. Wachteleier in einem Kartoffelsalbeischaumbeet zuzubereiten, ist eine Kunst, gegenwärtig habe ich für solche Spitzfindigkeiten jedoch überhaupt keinen Sinn. Empfindungslos und lethargisch würde ich das Schaumbeet betrachten und an etwas anderes denken.

Luise und Robert kommen also nicht in Frage, sie sind, was das Essen betrifft, sehr anspruchsvoll und haben wahrscheinlich seit Jahren keine schnell zubereitete, einfache Kost mehr gegessen. Wie wäre es statt dessen mit Hanna und Karl? Auch Hanna und Karl haben keine Kinder und gehen viel aus, aber sie leben noch nicht in der Rotweinphase des Lebens, in der man nur die besten Lokale aufsucht und ausschließlich Rotwein aus großen Gläsern trinkt.

Hanna und Karl also, wir rufen sie an, und, wie schön, sie haben auch Zeit und kommen gern, am Samstag, gegen sechs, was eine gute Zeit ist, wir freuen uns schon. Im Gespräch unter vier Augen wiederholt La Mamma sogar, daß sie sich freut, während ich schweige. Statt von meinen Gefühlen zu reden, schlage ich vor, den Abend in Gedanken durchzugehen, ihn zu planen und sich vorzustellen, wie es sein könnte, einen Abend zu sechst zu verbringen.

Als ich »zu sechst« sage, zuckt La Mamma zusammen. Sie stellt sich vor, daß die Kinder spätestens gegen sieben im Bett liegen und sich nicht mehr rühren. Ich halte ihr entgegen, daß die Kinder bisher nur an sehr wenigen Tagen gegen sieben im Bett lagen und sich meist recht lange rührten, aber ich merke gleich, daß die Unterhaltung keine gute Wende nimmt und schon zu entgleiten droht, und daher lasse ich La Mamma nur noch festhalten, daß sie die Kinder zu Bett bringen wird, gegen sieben, nachdem Hanna und Karl sich während des ersten Stündchens ihres Gästedaseins kurz davon überzeugen konnten, daß es sie gibt.

Als Hanna und Karl gegen sechs vor der Tür stehen, sehe ich gleich, daß sie zu fein gekleidet sind. Wen, um Himmels willen, wollen sie in ihrer dezent-teuren Aufmachung besuchen, mich jedenfalls nicht, ich habe mich nicht einmal umgezogen, wozu auch, ich bin hier schließlich zu Haus. Natürlich hätte ich mich umziehen müssen, was rede ich denn, früher habe ich mich doch auch umgezogen, wenn Gäste kamen, oder zumindest kleine Details meiner Kleidung um einige Noten veredelt. Diesmal jedoch habe ich das Umziehen einfach nicht in Betracht gezogen, oder, einmal ganz ehrlich, ich habe es einfach vergessen. Seit Monaten laufe ich meist in bequemen, häuslichen Kleidungsstücken herum und bemerke wahrhaftig erst jetzt, daß sie schon an mir zu kleben scheinen. Hanna betrachtet mich denn auch etwas irritiert, vielleicht denkt sie, ich sei verwahrlost, soll sie doch, als hart arbeitender Vater, der kaum eine freie Minute hat, brauche ich mich vor niemandem zu rechtfertigen und erst recht nicht vor Hanna, die angeblich neun Stunden Schlaf braucht. Nach der Begrüßung gehen wir hinüber ins große Wohnzimmer, Lu krabbelt uns dort entgegen, er krabbelt schon tüchtig, ich habe gerade gestern erst dreißig Minuten krabbeln gefilmt, krabbeln zur Musik von Scarlatti. Musik von Scarlatti, ich meine Domenico und nicht Alessandro Scarlatti, ist genau die richtige Begleitmusik zu intensiv betriebenem Krabbeln, ich könnte diese These mit theoretischen Ausführungen stützen, aber ich weiß nicht, ob ich das tun sollte, Hanna und Karl wird so etwas nicht interessieren.

Ah, er krabbelt ja schon, sagt Hanna und schaut zu Lu herunter, als beobachte sie ein Insekt.

Und wo ist der andere, fragt Karl und betrachtet Lu, als wüßte er genau, daß Insekten immer zu zweit leben.

Die andere, *die*, sage ich, Lo ist ein Mädchen.

Mensch ja, natürlich, ein Mädchen, wieso bringe ich das nur immer durcheinander, fragt Karl.

Da kommt zum Glück Lo die Treppe herunter, sie hält uns ihren Zeichenblock hin, denn sie hat einen Strauß Blumen für die Gäste gemalt.

Toll, ganz toll, sagt Hanna und lächelt Lo an. Lo schaut kurz zurück, dann reißt sie das Bild kurz entschlossen aus ihrem Block und schenkt es Hanna.

Aber das brauchst du doch sicher noch, sagt Hanna und nimmt das Blatt so vorsichtig mit den Fingerspitzen, als hätte das Bild eine geradezu sakrale Bedeutung. Lo schüttelt den Kopf, sie braucht das Bild nicht mehr, sie hat sich längst von ihm getrennt, das Bild ist kein Thema mehr, Thema ist vielmehr jetzt Hanna, auf deren Schoß es sich Lo bequem machen möchte.

Also setzen wir uns, und Lo darf, wenn sie schön lieb ist, auf Hannas Schoß sitzen, während Lu das Zimmer in weiten Bögen durchkrabbelt und sich hier und da an Kleidern und Hosen festklammert.

Genau jetzt, jetzt wäre Zeit, mit der ungezwungenen, leichten Unterhaltung zu beginnen. Ich überlasse den Anfang La Mamma und gehe hinüber in die Küche, um etwas zu trinken zu holen. Her also mit den Aperitifs, oder heißt es her mit den Aperitifen? »Aperitif« ist ein komisches Wort, es hat etwas Albernes, Schnickschnackartiges, »ich serviere die Aperitifs«, das ist ja beinahe zum Schreien komisch, Vorsicht, gleich lacht es aus mir heraus, das wird den Gästen vielleicht unheimlich vorkommen. Er ist gleich in die Küche verschwunden und dann hat er so seltsam gelacht, werden sie

ihren Freunden erzählen und alle werden sich anschauen, als
wüßten sie, an welcher Krankheit ich leide.

Um mich zur Selbstbeherrschung zu zwingen, rüttle ich die
Apertifflaschen kurz einmal durch und gehe dann ins Wohnzimmer zurück. Lo streicht Hanna sehr zart durchs Gesicht
und untersucht ihre Ohrringe, während Lu Karls Hosenbeine
beschnüffelt. La Mamma spricht gerade vom Frühling und
davon, was wir im Frühling so alles vorhaben, also warte ich
in der Tür, bis ich meinen Satz sagen kann.

Mögt ihr einen Aperitif, sage ich und muß mich zwingen,
ganz ernst zu bleiben.

Gern, sagen Hanna und Karl fast zugleich.

Einen Martini, einen Campari, einen Prosecco, lege ich nach
und bin froh, daß ich nicht mehr »Aperitif« sagen muß.

Was trinkst du denn, fragt Hanna.

Ich zähle nicht, ich trinke Wasser, sage ich viel zu schnell und
bemerke sofort, daß La Mammas Stirn sich in Falten legt.

Seit wann trinkst du denn nur Wasser, fragt Hanna.

Kümmert euch nicht um ihn, sagt La Mamma, sein Magen ist
nicht ganz in Ordnung. Ich nehme jedenfalls einen Campari.

Den nehmen wir auch, sagt Hanna und schaut hinüber zu
Karl, der auch gleich nickt.

Früher habe ich auch Campari getrunken, jetzt finde ich es
ein ganz und gar ekliges Zeug. Wenn ich ein Glas Campari
trinke, befallen mich solche Kopfschmerzen, daß man denken könnte, ich hätte allein eine Flasche geleert. Ich bin emp-
findlicher geworden, das ist es, manchmal denke ich sogar,
mein Geschmack bewegt sich allmählich in die Richtung
eines Kindergeschmacks. Alkohol jedenfalls vertrage ich gegenwärtig nicht, schon die Vorstellung, ein einziges Glas Bier
trinken zu müssen, läßt mich erschauern.

Die anderen aber, natürlich, sie können von mir aus trinken,
was immer sie wollen. Ich trage also Campari und Prosecco
hinüber, die Unterhaltung stockt anscheinend ein wenig,

denn La Mamma spricht noch immer vom Frühling. Als ich einschenke, bemerken Lo und Lu fast zugleich, daß es etwas zu trinken gibt. Lo verläßt ihren bequemen Sitz, während Lu das Krabbeln einstellt und warnend zu greinen beginnt.

Kümmerst du dich um Lu, fragt La Mamma, und ich antworte, es ist besser, wenn du dich um ihn kümmerst.

Jetzt stellt sich heraus, daß wir uns vorher hätten absprechen müssen, aber La Mamma bestand ja darauf, zu »improvisieren«. Auch »improvisieren« ist übrigens ein komisches Wort, das fällt einem sofort auf, wenn man gezwungen ist, es zu tun. »Dann laß uns doch etwas improvisieren«, liegt mir jetzt auf der Zunge, aber wenn ich das laut sage, werde ich endgültig einen deftigen Lachanfall bekommen.

Ich sollte mich einmal fragen, was mit mir los ist. Also: Was ist mit mir los? Laufend gehen mir die seltsamsten Wörter durch den Kopf, bleiben dort aber hängen, stellen sich quer und erscheinen fremd. Nehme ich diese Einladung nicht ernst? Oder flüchte ich mich etwa, weil ich diese Einladung nicht ernst nehmen will, zu Albernheiten?

Nein, das ist es, glaube ich, nicht. Ich glaube vielmehr, daß die Erwachsenen-Rituale mir fremd geworden sind, ich habe einfach keine Lust, mich von ihnen gängeln zu lassen und sie brav zu befolgen. Am liebsten würde ich jetzt ein Blech Pizza aus dem Ofen ziehen, die Pizza zerschneiden und an alle verteilen, das käme meiner derzeitigen Verfassung am nächsten. Statt dessen muß ich jetzt in die Küche, um die Quiche Lorraine, die La Mamma sich als Vorspeise wünschte, mit Eiweiß zu bestreichen und für fünfzehn Minuten bei zweihundert Grad in den Ofen zu schieben.

Als ich folgsam und wieder ernst in die Küche gehen will, bemerke ich erst, daß ich gar nicht in die Küche gehen kann. La Mamma ist nämlich mit Lu nach oben gegangen, um ihn zu füttern, so daß Hanna und Karl mit Lo allein wären, wenn ich jetzt die Küche aufsuchte.

Spielt ihr ein Momentchen mit Lo, frage ich, und sie schauen mich an, als mutete ich ihnen zu, nackt im strömenden Regen zu tanzen.

Klar, kein Problem, sagt Hanna, während Karl aufsteht und erklärt, er wolle mir helfen. Ich weiß nicht, wie Karl mir helfen könnte, aber darauf kommt es jetzt auch gar nicht an. Ich vermute, Karl will sich nur einige Minuten ungestört mit mir unterhalten. Wahrscheinlich folgt er mir deshalb in die Küche und damit in ein Reich, in dem er sich sonst nicht gern aufhält.

Gar nicht so einfach, was? fragt Karl, als wir in der Küche sind, und ich finde, er hat etwas Lauerndes.

Was meinst du, was ist nicht so einfach? frage ich zurück und streiche das Eiweiß mit einem breiten Pinsel über die Quiche.

Na, die Gören, die meine ich, sagt Karl und lacht. Ich habe ihn als einen feinsinnigen und zurückhaltenden Menschen in Erinnerung, jetzt aber erscheint er mir wie verwandelt.

Du kommst nicht mehr raus, was? grinst Karl weiter, du hast nicht mal mehr Zeit, zu trinken, wenn es dir Spaß macht.

Wer spricht da eigentlich? Ist das Karl, der so spricht, Karl, dem früher zu Dürrenmatt selbst noch etwas einfiel, als Dürrenmatt schon eine sehr ferne Erscheinung war? Habe ich früher manchmal so getrunken, daß es auffiel? frage ich ruhig und schiebe die Quiche in den Ofen.

Manchmal schon, sagt Karl und stößt mir gegen die Schulter. Er ist mir also in die Küche gefolgt, um einen Männer-Dialog zu inszenieren, und jetzt kramt er nach den Brocken der Kumpelsprache, als prosteten wir uns gerade in einem Bierzelt zu. Wir hätten Karl nicht einladen sollen, am liebsten würde ich ihn sofort bitten zu gehen.

He, sagt er, was ist mir dir? Ist dir nicht gut? Du siehst nicht gut aus, Mann. Als ich dich eben in der Tür stehen sah, da habe ich dich fast nicht erkannt. Ich glaube, du übertreibst es.

Denk dran, es gibt auch ein Leben neben den Kindern und vor allem danach.

Er haßt Lo und Lu, ich habe es ihm gleich angesehen. Warum kommt er uns dann besuchen? Ich war von vornherein gegen diese Einladung, Hanna und Karl stören hier. Sie sind auch nur gekommen, weil sie an diesem Abend nichts anderes vorhatten. In Wahrheit langweilt sie aber alles, das Warten, die Unterhaltung, vor allem aber langweilen die Kinder.

Fertig, sage ich, ich bin jetzt hier fertig. Entschuldige, ich muß sehen, was Lo macht.

Nun bleib doch noch einen Moment, sagt Karl und zerrt jetzt an mir, der Knabe wird schon nicht verhungern.

Lo ist ein Mädchen, sage ich, wie oft soll ich sir das denn noch sagen?

Du bist krank, sagt Karl, du interessierst dich nur noch für deine Gören. Kannst du denn nicht mal an etwas anderes denken?

Du hast recht, Hanna, sage ich, ich interessiere mich wirklich nicht mehr für deine Make-up-Gespräche.

Oh Gott, sagt Karl, jetzt ist er auch noch beleidigt, aber ich höre nicht mehr richtig hin und gehe lieber wieder nach nebenan. Lo sitzt am Tisch und zeichnet wieder ein Bild, Hanna sitzt neben ihr und schaut ihr dabei zu.

Da kommt La Mamma die Treppe herunter. Lu schläft, sagt sie leise und zwinkert mir zu, jetzt seid aber auch ein bißchen leise.

Sollen wir flüstern, fragt Karl und grinst wieder gehässig.

Ist was passiert, fragt La Mamma.

Nein, sage ich, die Quiche ist gleich soweit.

Lo darf noch davon essen, dann bringe ich auch sie zu Bett, sagt La Mamma.

Ja, genau, sage ich, wir essen abends nämlich oft eine Quiche oder auch zwei Quiches, wir improvisieren die Quiches zu den Aperitifs, das ist toll. Zwischen sieben und acht gibt es

Quiches und Aperitifs, wenn alles klappt genau um halb acht, denn halb acht ist am besten für Lo und Lu. Zuerst kommt Lu dran, dann Lo, Lo ißt meistens mit uns, nur in seltenen Fällen bereiten wir ihr extra was zu. Waschen und Zähneputzen machen sie am liebsten zusammen, sie freuen sich schon immer darauf. Stellt euch vor, Lo kann jetzt die Zahnpastatube schon alleine ausdrücken, ohne Hilfe, alleine. Auf der Tube ist ein kleiner Drache, wenn sie den sieht, muß sie immer lachen. Gegen acht sind wir dann meist im Schlafzimmer, und ich lese Lo und Lu etwas vor. Lu versteht mich natürlich noch nicht, aber er hört zu, bis zum Schluß.
Weißt du was, sagt Karl und blickt hinüber, zu Hanna. Wir stören hier nur.
Was ist denn bloß los? fragt La Mamma. Ist was passiert, als ich oben war?
Nichts ist passiert, sage ich, gar nichts. Karl möchte sich nur gern besaufen, ich hole mal eben das Bier.
Komm, Hanna, wir gehen, sagt Karl.
Bleibt doch, die Quiche ist gleich fertig, sagt La Mamma noch, aber Karl ist bereits dabei, sich anzuziehen. Dein Mann hat sich ja mächtig verändert, sagt er zu La Mamma, dann umarmt er sie demonstrativ, greift nach Hanna, und dann gehen sie gemeinsam hinaus.
Weg sind sie, sage ich, endlich!
Was ist denn bloß passiert, fragt La Mamma.
Ach, sage ich, ich weiß selbst nicht, was los war. Wir warten jetzt ein paar Tage, dann rufe ich an und entschuldige mich. Ich habe wirklich etwas am Magen. Doch jetzt essen wir endlich die Quiche, und dann gehen wir ins Badezimmer und Lo drückt ihre Zahnpastatube aus, die mit dem kleinen, grünen Drachen, dessen Name mir immer nicht einfällt. Und dann, dann gehen wir ins Schlafzimmer, und ich lese wieder etwas vor, so wie immer, so, als wäre heute nichts, aber auch gar nichts passiert.

›61‹

La Mammas Mund ist einen kleinen Spalt weit geöffnet. In diesem Moment ahne ich einmal nicht, was sie denkt. Es kommt selten vor, daß ich nicht weiß, was La Mamma denkt, noch viel seltener aber kommt es vor, daß ich nicht weiß, was La Mamma so über mich denkt. Eine stille Minute lang spüre ich, wie es ist, wenn ein Raum sich langsam auflädt mit kritischer und gar nicht ungefährlicher Energie. Dann gehe ich in die Küche und hole die Quiche.

Werkstatt-Bericht

Ich kann weder zeichnen noch malen, ich habe es noch nie gekonnt. Im Zeichenunterricht der Schule saß ich mit verzerrtem Gesicht vor großen Bögen weißen Papiers, während mein Magen vor Kummer, nichts zustande zu bringen, zu klumpen begann. Fing ich dann doch endlich an, wußte ich instinktiv schon nach dem ersten Strich, daß genau dieser Strich falsch war. Ich radierte ihn wieder aus und begann von neuem, irgendwo, weiter oben und vor allem mehr rechts, während sich in meiner Umgebung die Blätter der Mitschüler mit lauter leuchtenden Farben füllten, als wollten sie die brennende Leere in meinem Kopf verhöhnen.

Ich war froh, als ich diese Versuche irgendwann einstellen durfte. Ich wußte, mir würde nie etwas gelingen, nie, es war ganz ähnlich wie bei bestimmten Turnübungen, ich hätte ein Leben lang trainieren können und es doch nicht geschafft. Irgendwo in meinem Gehirn machten einige Zellen nicht mit, der Bildstrom floß nicht vom Hirn in die Hand, an irgendeiner finsteren Stelle brach der Kontakt einfach ab. Dabei schaute ich mir Bilder doch sehr gern an, ja eine Zeitlang beschäftigte ich mich mit Bildern so intensiv, daß ich versuchte, jedes ihrer Details im Kopf zu behalten. Mit den Jahren nahm diese Bild-Begeisterung sogar noch zu, doch es half nichts, ich brachte kein einziges Bild zustande, es war beschämend.

Lo aber zeichnet und malt, als ob sie mir vorführen wollte, wie Hemmungen erst gar nicht entstehen. Kein Tag vergeht, ohne daß sie sich nicht über gleich mehrere Blätter hermacht, ich beeile mich, sie zu datieren und sammle sie wie Dokumente eines Schaffensrausches bereits in großen Kisten. Wie, frage ich mich immer wieder, geht das so leicht? Warum überlegt sie nie, was sie malen will oder wie? Statt dessen nimmt sie sich ein Blatt, greift aus dem Bündel der Farbstifte, anscheinend ohne auch nur einmal nachzudenken, drei, vier heraus und legt los.

Natürlich hüte ich mich, ihr Themenvorschläge zu machen, denn ich bin sicher, das würde alles verderben. Viel besser ist, wenn ich sehr wenig zu allem sage, sonst aber den Mund halte und möglichst viel lobe. »Wunderbar«, »toll«, sage ich, und dieses armselige Lob scheint ihr zu genügen. Manchmal hebe ich noch bestimmte Einzelheiten hervor, »der Fisch ist wirklich schön, sehr schön«, behalte den allgemeinen, einfachen Ton aber bei.

Einmal habe ich nämlich einen Fehler begangen und etwas von der Art »Diesen Fisch hast du aber sehr gut getroffen, vor allem die Schwanzflosse, wie genau du die gemalt hast, einfach phantastisch« gesagt. Lo schaute mich an, dann aber betrachtete sie ihren Fisch, und ich bemerkte, daß ihr erst jetzt aufzufallen schien, wie sie ihn gemalt hatte. Für einen Moment hielt sie inne, als kämen ihr Zweifel oder als ginge sie plötzlich noch andere Varianten durch. Seither habe ich aufgehört, sie auf Details aufmerksam zu machen. Du sollst die unschuldige Grazie dieser frühen Striche nicht reflektieren, hätte Heinrich von Kleist vielleicht zu mir gesagt. Ich verstehe Heinrich von Kleist wenigstens in diesem Punkt einmal genau, deshalb zog ich sofort die Konsequenzen: Ich hielt mich raus.

So beobachtete ich eine Zeitlang voller Staunen, aber beinahe unbeteiligt, wie Tag für Tag viele Bilder entstanden. Ich lobte sie weiter mit meinen einfachen Worten und sammelte die Bilder, bis sich in mir ein gewisser Ehrgeiz zu regen begann. Sollte ich Lo nicht doch animieren, ihr neue Impulse geben? Durfte ich der Entwicklung einen leichten Schub versetzen, damit sich nicht irgendwann ein gewisser Stillstand einstellte?

Laß es, du kannst weder zeichnen noch malen, sagte mir eine innere Stimme, ich gab ihr recht, konnte mich von gewissen Phantasien aber doch nicht befreien. Nicht daß ich an andere Inhalte oder Motive der Bilder gedacht hätte, nein, ich dachte an neue Materialien und Stoffe, an wunderbare Zeichenläden mit den seltensten Papiersorten und noch selteneren Mal-Utensilien, an jene Läden also, in die ich mich manchmal verlief, völlig hingerissen von all diesen Dingen, dabei doch nur ein bloßer Spanner, der sich nicht einmal traute, einen Filzstift selbst in die Hand zu nehmen.

Über Lo, dachte ich listig, werde ich mir einen Zugang zu diesen schönen Welten verschaffen. Ich werde ihr die besten Materialien kaufen und beobachten, was sie damit anstellt. Ich werde zuschauen können, wenn sie ihre zarten Zeichenfedern in China-Tusche tunkt und mit den Spitzen über ein Blatt fährt. Wollüstig wird es mir den Rücken herunterlaufen, als zeichneten diese Spitzen auf meiner Haut und als hätte auch ich damit endlich Anteil an den geheimnisvollen Momenten der Kunst.

Jetzt sitze ich da und warte, daß etwas geschieht. Lo durfte die neuen Materialien selbst aussuchen, ich bin mit ihr durch zwei Zeichenläden gegangen wie ein freundlicher, äußerst zurückhaltender Ratgeber. Nun stehen so merkwürdige Essenzen wie Eisengallustinte oder Gummiarabikum auf Los Tisch, Schwämme und Rollen liegen neben Folien und Wachsmalkreiden, eine kleine Künstlerwerkstatt ist eingerichtet, Lo könnte nun loslegen, aber Lo legt nicht los.

Sie hat sich über all die neuen Sachen gefreut und sie auch ein- oder zweimal ausprobiert, sich dann aber wieder ihren Blei- und Farbstiften gewidmet, selbst Wasserfarben ließ sie links liegen. Ich habe ihr die leuchtenden, intensiven Plaka-Farben gezeigt und ihre Schönheit sehr übertrieben gepriesen, aber Lo hat auch diese kräftigen Farben nur einmal benutzt, als ginge es darum, mir einen Gefallen zu tun. Das Bild, das dabei entstand, sah schließlich aus wie ein klebriger Schmutzfilm, der nur darauf wartete, abgewaschen oder gereinigt zu werden.

An den Materialien, denke ich, kann es nicht liegen, es sind die besten, die aufzutreiben waren. Warum traut sie sich aber so wenig zu? Warum wirbelt sie nicht mit den Plaka-Farben übers Papier, daß den Pinseln die Haare ausfallen, und warum läßt sie die Eisengallustinte einfach in dem braunen, geheimnisvoll schimmernden Apothekenfläschchen mit versiegeltem Korken herumstehen, als wäre sie Gift?

Ich darf mir die Enttäuschung nicht anmerken lassen. Statt Besitz von ihrer Werkstatt zu ergreifen, zieht Lo sich immer mehr auf längst Erprobtes zurück. Ihre ganze Art, sich in Häuser, Bäume und Tiere zu vertiefen, kommt über das Infantile anscheinend doch nicht hinaus und bewahrt eine beinahe rührende Treue zur Tradition. Dabei weiß ich, daß sie viel mehr kann, doch seit Eisengallustinte und Gummiarabikum vor ihr stehen, kommt nichts mehr voran, als hätte das verdammte Zeug hypnotisierende Kräfte.

Als nichts mehr zu helfen scheint, gehe ich mit ihr ins Museum. Auch früher sind wir oft zu zweit ins Museum gegangen, eine oder anderthalb Stunden lang. Wir legten wunderbare Zickzack-Routen durch alle Säle zurück, bei denen das Aufsichtspersonal hinter uns her war, und nahmen uns am Ende, völlig geschafft und ermüdet, ein einzelnes Bild vor, die vornehm-genauen Betrachter spielend.

Ich weiß nicht, ob Lo wirklich weiß, was ein Museum ist, sicher ist, daß es ihr dort gefällt. Diesmal jedoch folgen wir nicht nur einfach unseren Launen, sondern gehen hin, weil dort Bilder ausgestellt sind, die Picasso von Kindern gemalt hat. Picasso-Bilder könnten eine Anregung sein, denke ich, Picasso hat schon vielen, die in einer Krise steckten, geholfen.

Schon im ersten Saal will Lo aber gleich weiter, so daß ich versuche, sie wenigstens mit Worten zu locken. Sieh mal, sage ich, das kleine Mädchen hält ein Schiff in der Hand, und das andere hier ein Pferd und eine Puppe. Und der Junge gleich daneben sitzt an einem Tisch und zeichnet wie du.

Weiter, sagt Lo und nimmt von der frühen Picasso-Phase nicht die geringste Notiz.

Sieh mal, fange ich im nächsten Saal wieder an, da sitzt eine Mama mit ihrem Kind und da, das kleine Mädchen mit dem roten Rock, das gefällt mir.

Lo schaut einen Moment hin, dann schüttelt sie nur stumm den Kopf und läßt auch die Periode der mittleren Jahre mit ein paar raschen Schritten zurück.

Wir sind hier, um uns die Bilder anzuschauen, sage ich etwas gereizt. Wenn du keine Lust hast, dann sag's lieber gleich.

Weiter, sagt Lo, laut und bestimmt, als hätte sie durchaus Lust, fände aber nichts, was ein längeres Anschauen wert wäre.

Gefallen dir die Bilder nicht, frage ich.

Weiter, sagt Lo.

Weiter, weiter, äffe ich sie nach, ich habe keine Lust, durch diese Ausstellung zu rennen. Ich möchte mir die Bilder in Ruhe anschauen, verstehst du?

Lo aber hört nicht einmal zu. Sie wendet sich von mir ab und läuft in den nächsten Raum. Es geht nicht, ich hätte es wissen sollen, vielleicht sind die Bilder zu fremd, dabei hatte ich mir gerade von der Malweise Picassos etwas versprochen. Ich gebe auf und setze mich auf eine der bequemen Lederbänke, Lo ist längst nicht mehr zu sehen. Ich werde warten, bis sie von alleine zurückkommt, bisher ist sie noch immer zurückgekommen. Fünf Minuten, nein, zehn gebe ich ihr, ich schaue jetzt auf die Uhr. Wenn sie nach zehn Minuten noch nicht da ist, werde ich losgehen, um sie zu suchen.

Wahrscheinlich ist sie beleidigt, weil ich etwas schroff war. Warum war ich auch schroff? Warum müssen diese Bilder Lo denn gefallen, wenn ich ehrlich bin, gefallen mir die meisten ja auch nicht. All diese maskierten und drapierten Erscheinungen und die ewigen Harlekine und Pierrots, als würden Kinder vor allem in Zirkuswelten groß! Zirkuswelten sind einem inzwischen ein Graus, ich kann diese Zirkuszelte mit ihrer herbeigezwungenen Fröhlichkeit schon gar nicht mehr sehen! Hätte Picasso nicht wenigstens einmal ganz schlicht ein paar Kinder malen können, ohne sie aufwendig zu verkleiden und gleich wieder in seinen eigenen Welten unterzubringen?

Wenn ich es recht überlege, verstehe ich Lo. Weiter, weiter … – im Grunde ist das der einzig richtige kunstgeschichtliche Kommentar zu all diesem überholten und brav-niedlichen Zeug aus den zwanziger- oder dreißiger-Jahren. Früher bin ich auch einfach weiter gegangen, sobald in einem Museum ein Picasso in Sicht war, man mußte sich richtig hüten, nicht in eine Picasso-Falle zu laufen, überall war ja mindestens ein Picasso versteckt, meistens aber gleich mehrere, meistens tauchten Picasso-Bilder rudelweise auf wie die neusten Frühjahrs- oder Herbst-Collectionen.

Gehört das Kind in Saal vierzehn zu Ihnen, fragt mich da eine Aufseherin.

Ich weiß nicht, antworte ich, ich habe keine Ahnung, welches Kind sich in Saal vierzehn befindet.

In Saal Vierzehn sitzt ein Kind auf dem Boden und zeichnet, sagt die Aufseherin. Ich habe es gebeten aufzustehen, aber es hört nicht auf mich. Kinder sollten diese Ausstellung grundsätzlich nur in Begleitung Erwachsener besuchen.

Meine Tochter besucht diese Ausstellung in Begleitung eines Erwachsenen, sage ich. Das bedeutet aber nicht, daß ich sie anbinde. Wenn meine Tochter zeichnen will, kann sie zeichnen, wo und was auch immer sie will.

Aber nicht auf dem Boden, sagt die Aufseherin.

Auch auf dem Boden, sage ich und erhebe mich.

In Saal vierzehn hängt das letzte Bild der Picasso-Ausstellung, einsam und allein. Es zeigt einen bärtigen Mann mit einem Kind auf den Knien. Das Kind streckt beide Arme freudig in die Luft, in der Linken hält es einen Pinsel.

Ich setze mich zu Lo auf den Boden. Sie hat ein kleines Blatt aus ihrer Tasche gekramt und versucht, mit einem Bleistift das Bild abzuzeichnen. Als sie mich bemerkt, schaut sie nicht einmal kurz auf, sondern zeichnet weiter, als habe sie schon mit meinem Kommen gerechnet.

Was zeichnest du, frage ich ruhig.

Pa und Lo, sagt Lo.

Ich schaue noch einmal genauer hin. Das Bild ist aus den späten sechziger Jahren und heißt »Der Maler und das Kind«. Der Maler, das soll also ich sein, und das kleine Kind mit den erhobenen Armen, das also ist Lo.

Ich könnte sie drücken, ich könnte sie vor all diesen Menschen umarmen und auf dem Rücken hinaustragen, ich könnte laut singen, auch das, aber ich bleibe neben ihr sitzen und koste meine Freude still aus.

Sie dürfen hier nicht sitzen, sagt die Aufseherin.

Wir dürfen sehr wohl, sage ich, und wir werden hier solange

sitzen, bis meine Tochter mit ihrem Werk fertig ist. Kein Mensch bringt uns von diesem Platz fort, Sie nicht, die Direktion nicht, kein Mensch, das schwöre ich Ihnen.

Ich bemerke noch, wie die Aufseherin davoneilt, um Verstärkung zu holen, doch ich schaue weiterhin starr auf das Bild. In seinen späten Jahren hat Picasso ganz anders gemalt als in den zwanziger und dreißiger Jahren, viel unverkrampfter und freundlicher. Vor allem aber hat er es endlich gewagt, sich selbst mit ins Spiel zu bringen, anstatt sich immer nur zu verstecken hinter Kostümen und in Zirkuszelten.

Etwa zwei Wochen nach unserem Museums-Besuch hat Lo begonnen, mit Plaka-Farben über Wachsmalkreide zu malen. Wenn die Farbe getrocknet ist, kann man schöne Formen auskratzen, dann treten die bunten Kreidefarben wieder hervor. Lo kratzt allerhand fremde Formen aus, kleine Zirkuszelte, Pierrots und Harlekine, manchmal schaue ich aus der Ferne heimlich zu. Sie sitzt da wie Picassos ernstes zeichnendes Kind, und ich sitze da wie der Maler Picasso aus den späten sechziger Jahren.

Die Planung des Universums

Ich setze mich auf eine Bank neben unserem Gartenhaus und schaue auf das weite Hanggelände, das wir unseren Garten nennen. Jedes Jahr wächst der Hang zu, und jedes Jahr müssen wir ihn im Herbst vom Zugewachsenen wieder befreien. Schade, denke ich, daß man den Hang nicht richtig begehen kann, es müßte kleine Wege und Pfade geben und vielleicht hier und da so etwas wie einen Schlupfwinkel. Wenn Lo und Lu größer sind, könnten sie den Hang durchstreunen, ich kann mir das gut vorstellen, meine Phantasie schweift bei solchen Gedanken sofort etwas aus.

Als La Mamma am Abend aus ihrem Verlagsbüro heimkommt, muß ich gleich davon reden. Der Hang gefällt mir so nicht, sage ich, man müßte sich etwas einfallen lassen.

Und was, fragt La Mamma.

Man müßte ihn neu bepflanzen und kleine Pfade anlegen, man müßte ihm eine Form geben, sage ich.

Um Himmels willen, sagt La Mamma, laß uns damit erst gar nicht anfangen.

Warum nicht, sage ich, man müßte natürlich zunächst einen Entwurf machen, einen Plan, man müßte das ganze Gelände als eine Art Park betrachten.

Ich bitte dich, sagt La Mamma, haben wir sonst nichts zu tun?

Die Pfade müßten zu eigens gestalteten Sitz- oder kleinen Spielplätzen führen, deren Lage sich nach dem Sonnenstand richtet, sage ich. Es gäbe einen Platz für den frühen Morgen und einen für den Sonnenhöchststand …

Hör bitte auf, sagt La Mamma, ich werde von diesem Reden nervös.

Es könnte auch kleine Lauben geben, sage ich, Lauben sind etwas sehr Schönes und Geheimnisvolles, vor allem für Kinder.

Wenn du weitermachst, verlasse ich sofort das Zimmer, sagt La Mamma.

Ist ja gut, sage ich und wechsle das Thema.

Einige Tage später komme ich in der Stadtbibliothek an der Abteilung »Heim und Garten« vorbei. Es handelt sich um eine der größten Abteilungen der Bibliothek, mit Hunderten von Pflanz- und Gartenbüchern. Wenn man eines dieser Bücher aufschlägt, zieht es einen hinein in Traumreiche der Gartenbaukunst, in denen die Pflanzen nach detailliert ausgetüftelten Plänen auf ideale Weise gedeihen. Die fotografierten Gärten sehen drall aus und gesund, und obwohl man weiß, daß es solche Gärten gar nicht geben kann, erliegt man sofort ihrer Verlockung und wünscht sich genau solche Gärten direkt vor dem eigenen Haus.

Ich habe eine große Schwäche für Gartenbücher, vor allem für solche, in denen Traumgärten vorkommen. Es sind Bücher, in denen Gartengeräte keine Rolle spielen und nirgends erklärt wird, welche Sorte Dünger für welchen Boden am besten ist. Traumgärten sind Gärten, die über die mühsamen Anfänge des Pflanzens, Umgrabens und Jätens hinaus sind. Es sind gewachsene Gärten, die von selber gedeihen und in denen sich die Bewohner beinahe wie unsichtbare Wesen kontemplativ, in der puren Anschauung des Gartens, verlieren.

Gartenbücher dieser Art beeindrucken mich stark. Als Kind habe ich mich nach dem Durchblättern eines Buches über italienische Gärten eine Zeitlang geweigert, den Garten meiner Eltern zu betreten. Es dauerte tagelang, bis ich mich damit abgefunden hatte, nicht unter Feigen und Wacholdern, sondern neben Eiben und Azaleen aufzuwachsen. Jetzt sind solche Trotzphasen glücklicherweise vorbei, doch ich gebe zu, daß mich Gartenbücher noch immer oft melancholisch stimmen, weil sie mich an das verlorene Paradies erinnern.

Fürs erste leihe ich diesmal sechs von ihnen aus, drei eher gediegene, handfeste, und drei über historische Gärten des Mittelmeerraums. Ich habe nicht vor, sie La Mamma zu zeigen, Lo und Lu dagegen werde ich diese Traumbücher nicht vorenthalten. Ich bin gespannt, wie Lo auf all das strotzende, fette Grün reagiert, und ich warte insgeheim darauf, daß Lus kleiner Körper bei Betrachtung eines Hanggeländes am Gardasee vor Freude zu zittern beginnt.

Die entliehenen Bücher sind ein großer Erfolg. Lo malt mit grüner Plaka-Farbe Gärten, durch die sich grüne Schlangen und grüne Krokodile bewegen, während Lu vor Begeisterung mit beiden Händen auf die Bilder einschlägt, als wollte er so die versteckten Tore in all die Herrlichkeiten öffnen. Ich sitze mit den beiden auf der Bank neben unserem Haus und betrachte wieder den steilen Hang. Warum versuchen wir es nicht zumindest einmal? In dieser Stadt soll es hervorragende Gartenarchitekten geben, die zu den besten in ganz Deutschland gehören. Seit Jahrhunderten hat man sich hier mit der Gestaltung von Hanggärten beschäftigt, gerade Hanggärten sollen eine Domäne der Gartenarchitekten in dieser Stadt sein. Es würde mir Spaß machen, mich mit solchen Kapazitäten zu unterhalten. Stundenlang würden wir in Gedanken den Hang umgraben und uns über lauter neue Ideen ereifern, La Mamma bräuchte von alldem doch nicht unbedingt etwas zu wissen. Es handelte sich um ein reines Projekt, um einen Versuch. Ich finde, ich bin der weiten Landschaft rings um unser Haus einen solchen Versuch schuldig.

Unsere Freunde kennen keine Gartenarchitekten, die sich mit Steilhängen beschäftigen, deshalb studiere ich die »Gelben Seiten« des Telefonbuches. Wie erwartet gibt es in dieser Stadt eine kaum überschaubare Zahl von Gartenarchitekten. Ich wähle drei aus, den ersten wegen des hochmodernen Designs seiner Anzeige, den zweiten wegen der Gediegenheit seines schwäbischen Nachnamens, den dritten, weil er ein Italiener ist.

Der erste kommt morgens gegen elf, mustert das Gelände flüchtig und erklärt dann, daß zunächst einmal alles raus müsse, und zwar mit Wurzeln und allem, und zwar ganz raus. Dann kneift er die Augen etwas zusammen und erklärt weiter, er könne sich den befreiten und neu atmenden Hang gut

›72‹

als Gelände von bunten, spielerisch hier und da hin versetzten Bällen vorstellen, als verstecktes Netz kleiner Farbakzente, die sich von jeweils wechselnden Standorten aus jeweils neu zusammensetzten.

Ja, doch, interessant, sage ich, und er schaut mich an, als wäre ich ein einfältiger Tropf, der die Genialität seiner Ideen nicht einmal im Ansatz erkennt.

Ich lasse es mir durch den Kopf gehen, sage ich weiter, und er setzt sich in seinen Landrover und verschwindet.

Der nicht, denke ich und rufe den zweiten an. Er kommt morgens gegen neun, mustert das Gelände und erklärt mir fast eine Stunde lang, welche kaum überwindbaren Schwierigkeiten sich auftürmen werden, bevor die Arbeit überhaupt erst losgehen kann. Wie schafft man Steine hierher, fragt er rhetorisch, und wie läßt die Erde sich halten, und wer garantiert einem, daß am Ende nicht alles abrutscht und Haus und Hof unter sich begräbt.

Tja, sage ich, ich werde es mir durch den Kopf gehen lassen, und bin froh, als er endlich wieder verschwindet.

Der dritte heißt Angelo Radini, kommt morgens gegen acht und geht mit mir den ganzen Hang ab. Er ist um die Sechzig, grunzt nachdenklich vor sich hin, steigt aber zunächst nur herum, ohne etwas zu allem zu sagen. Dann stehen wir wieder unten, an der Bank neben dem Haus, und er sagt: Ist ein Paradies, ist großes Paradies, und ohne daß er noch ein weiteres Wort sagen müßte, weiß ich, daß er der Richtige ist.

Eine Stunde später weiß ich auch, daß Angelo Radini eigentlich aus Bergamo kommt und die Bergamasker die besten Maurer und Gartenbauarchitekten Italiens sind. Angelo gestaltet seit über dreißig Jahren die Steilhänge dieser Stadt, und mit Hilfe von kleinen Trockenmauern aus Natursteinen und Stützmauern aus Travertin wird er diesen Steilhang zu einem der schönsten der gesamten Region machen. Wird ein Paradies, sagt er, wunderbar für die Kinder!

Ich spüre, wie mein Herz schneller schlägt, und gebe ihm die Hand, als hätte er mir in großer Not geholfen. Wir trinken einen Grappa, und dann verschwindet er mit dem Versprechen, in einer Woche mit einem exakten Pflanzplan und einer Pflanzliste vorbei zu kommen.

Eine Woche später ist er gegen acht morgens da. Er kommt zusammen mit zwei anderen Männern, sie gehen gleich wieder den Hang ab, und sie rufen sich ununterbrochen etwas zu. Wird ein Paradies, sagt einer der Männer, und der andere schaut mich lächelnd an, als hätte ich das große Los gezogen. Wir setzen uns unten auf die Bank und gehen die Pläne und Listen bei einem Grappa durch, den Angelo diesmal gleich selbst mitgebracht hat. Zur Hangsicherung wird es eine Pflanzung nach Heckenlagenbau geben, im Terrassenbereich eine Solitärpflanzung, unter den Solitärsträuchern eine Unterpflanzung, und an den Wegrändern eine Wegrandbepflanzung. Angelo wird Hainbuchen, Haselsträucher und Purpurweiden pflanzen, eingriffligen Weißdorn und wolligen Schneeball, Sommerflieder und die winterblühende Zierkirsche, Seifenkraut, Mauerpfeffer, Mädchenhaargras und Schlafschwingel, man könnte zum Naturlyriker werden, wenn man es liest und auch noch hört.

Also, wann legen wir los, will Angelo schließlich noch wissen.

Sobald es geht, sage ich und überlege, wie ich das alles La Mamma beibringen könnte.

Dann kommen wir nächsten Montag, sagt Angelo.

Am nächsten Montag hören La Mamma und ich gegen sieben Uhr früh den schweren Laster.

Oben auf dem Höhenweg steht ein schwerer Laster, sagt La Mamma, der hat sich wohl verfahren und weiß nicht, wo er drehen kann.

Das ist Angelo aus Bergamo, sage ich. Er bringt ein paar neue Pflanzen.

Was bringt er, fragt La Mamma und erstarrt.

Ein paar Pflanzen für den Hang und für Lo und Lu, zum Verstecken und so, sage ich.

Du hast ihn bestellt, ohne mir auch nur ein Wort zu sagen, fragt La Mamma.

Es soll eine Überraschung werden, sage ich, am besten, du fährst heute etwas früher ins Büro.

Genau das werde ich tun, sagt La Mamma, eilt die Treppe hinauf, holt ihre schwarze Aktentasche, gibt Lo und Lu noch einen Kuß und verschwindet, ohne auch nur noch ein Wort mit mir zu reden.

Angelo ist mit vier Männern gekommen. Sie fangen gleich oben am Hang an, eine Stunde später brennen dort schon zwei Feuer. Dann arbeiten sie sich den ganzen Hang abwärts Schritt für Schritt langsam zum Haus vor. Sie kappen die alten Robinien und schlagen alles Verwachsene aus, mit den Wurzeln und allem, ganz und gar raus. Dann legen sie kleine Pfade und Wege an und schaffen die Steine herbei.

Lo und Lu sitzen neben mir unten auf der Bank in der Sonne und schauen zu. Diese Pfade und Wege, denke ich, sind die reinste Geometrie. Der Hang ist gar nicht mehr wiederzuerkennen, es ist gar kein Hang mehr, es ist eine Etüde in Braun, durchzogen von einigen völlig unaufdringlichen und dezenten Rauchzeichen japanischer Rauch-Zeichenmeister. Am liebsten wäre mir, wenn der Hang ewig so bliebe, reine Materie, ohne alles drumrum, ein puristisches Ereignis ohne Vergleich.

Am frühen Abend ist die Hangleere vollkommen, und man erkennt einen sanft ansteigenden braunen Hügel, jeder Zentimeter des Bodens umgegraben, ein luftiges, freies Terrain, die Welt vor der Erschaffung der Pflanzen und Tiere. Wenn

Lo die kleinen Pfade entlangläuft, glaubt man den ersten winzigen Vogel zu sehen, voll übermütiger Freude, sich in dieser Freiheit tummeln zu dürfen.

Als La Mamma in der ersten Dunkelheit viel später als sonst heimkommt, sitze ich noch immer unten auf der Bank neben dem Haus. La Mamma macht beim Heruntergehen immer wieder eine längere Pause, ich schaue ihr zu und sage nichts, um ihr Zeit zu lassen, den neuen Eindruck tief auf sich wirken zu lassen.

Umwerfend, nicht wahr, sage ich ruhig, als sie uns erreicht.

Unglaublich, sagt sie und schüttelt den Kopf.

Es ergab sich fast ohne mein Zutun, sage ich.

Das habe ich mir beinahe gedacht, sagt La Mamma.

Jetzt ist nichts mehr zu machen, sage ich.

Willst du etwa andeuten, daß sie noch einmal kommen, fragt La Mamma.

Sie werden mit drei Lastern voller Pflanzen kommen, sage ich, mit Purpurweiden und Flieder, mit Mädchenhaargras und Mauerpfeffer.

Und das alles ohne dein Zutun, sagt La Mamma.

Genau, sage ich, es handelt sich um Ideen aus dem Mittelmeerraum.

Heute sind sie fertig geworden, nach über zwei Wochen Arbeit zu fünft. Seit sie weg sind, sitze ich auf der Bank neben dem Haus und höre nicht auf, den Hang zu betrachten. Die Hecken entlang den Pfaden und Wegen legen sich wie grüne, mächtige Reifen um das dunkelbraune Rund des Hangbuckels. Hier und da treten kleine Stützmäuerchen hervor und kreisen einen kleinen Aussichtsplatz ein. Es gibt eine große Laube und einen japanischen Teeplatz, ganz oben, mit einem überwältigenden Ausblick auf die Stadt.

Ist jetzt Paradies, hat Angelo zum Schluß gesagt und beiden Kindern über den Kopf gestreichelt, als müßte er ihnen beim

Abschied seinen Segen erteilen. Wir haben alle zusammen eine Flasche Grappa geleert, und dann hat er uns mit seinen Männern verlassen.

Ich weiß nicht, wie er es fertigbringt, sich so leicht von seinem Werk zu trennen. Hätte ich vollbracht, was er hier geschaffen hat, käme ich jeden Tag einmal vorbei, um alles nur zu genießen.

Lo hat sich am frühen Abend in die Laube gesetzt und begonnen, die Häuser der Stadt unten im Tal abzuzeichnen, und ich bin aufgestanden und alle Pfade und Wege abgegangen, wie der einsame Mann, der in der Schlußeinstellung des Films immer ins Abendrot geht.

Und dann haben wir am Abend ganz oben auf La Mamma gewartet.

Wer hätte das gedacht, hat sie gesagt, als sie den Hang hinunter auf unser Haus schaute.

Es ist fast wie in diesen Gartenbüchern über Gärten im Mittelmeerraum, habe ich gesagt.

Fast, wieso fast, hat La Mamma da noch gefragt.

Die Wasserspiele fehlen und ein paar kleinere Bäder, habe ich da noch gesagt.

Kommt, Kinder, gehen wir runter, hat La Mamma gesagt, morgen früh gegen sieben kommen die Bagger, da müssen wir wach sein und munter.

Experimente

Aus purer Neugierde und weil ich nichts Wichtiges verpassen will, blättere ich manchmal in Büchern von Entwicklungspsychologen. Am meisten interessieren mich die Experimente, die sie mit Kleinkindern anstellen. Sie halten ihnen ein Schachbrett vor die Augen und zeichnen heimlich die Augenbewegungen auf. Sie bitten fünf Testpersonen, sich nacheinander grinsend über eine Wiege zu beugen und beobachten, ob das Interesse des Kindes abnimmt. Sie klimpern mit einem Schlüsselbund, verstecken ihn unter einem Taschenbuch und überprüfen, ob das Kind ihn dort sucht. Dann schließen sie scharf und ermitteln, was das Kind weiß und was nicht. Anscheinend wissen die Kinder sehr viel, jedenfalls viel mehr als die Erwachsenen ahnen.

Wenn ich eine Weile von diesen Experimenten gelesen habe, bekomme ich jedes Mal Lust, selbst ein wenig zu experimentieren. Ich denke daran, bestimmte Meßdaten meiner Forschungen regelmäßig in ein kleines, schwarzes Notizheft einzutragen und stelle mir vor, wie ich durch Vergleich dieser Daten auf verblüffende Schlußfolgerungen komme. Vielleicht ließe sich so, denke ich dann, die viele Zeit, die ich mit den Kindern verbringe, noch besser nutzen. Meist komme ich aber leider nicht über die ersten Versuche hinaus, und wenn ich nach einiger Zeit die Versuchsreihe wieder aufnehme, habe ich oft vergessen, wonach ich überhaupt suchen wollte.

Heute aber ist ein schöner, sonniger Tag, ich sitze draußen auf der Terrasse vor unserem Haus und habe etwas Zeit, zumindest einige Beobachtungen anzustellen. Lu liegt in seiner Wippe neben mir und spielt mit einem Holzring, während Lo sich irgendwo in der oberen Hangregion befindet, sehen kann ich sie im Augenblick nicht. Ich habe ihr nahegelegt, am Hang »Schätze« zu suchen, allein schon das Wort versetzte sie in helle Aufregung. Ich zeigte ihr, daß die frisch umgegrabene Erde voller seltsamer Steine und Muscheln ist, da wartete sie nicht einmal mehr ab, bis ich mit meinen Erklärungen fertig war, und zog lieber gleich los.

Ich werde sie in Ruhe suchen lassen und bis zu ihrem Erscheinen ein wenig mit Lu experimentieren.

Wenn Lu mit dem Holzring spielt, sind seine Augen so auf den Ring fixiert, daß er kaum noch etwas anderes wahrzunehmen scheint. Er schlägt mit dem Ring hin und her, schüttelt ihn, leckt ihn ab, läßt ihn fallen, vergräbt ihn, es ist, als biete das kleine, unscheinbare Ding mit jedem Zugriff neue Überraschungen.

Ich nehme an, daß Lu mich bei solchen Spielen überhaupt nicht bemerkt, obwohl ich ganz in seiner Nähe sitze. Wahrscheinlich könnte ich aufstehen und einfach verschwinden, ohne daß er davon Notiz nehmen würde. Lu und der Ring – sie scheinen eine Art Monade zu bilden, eine geschlossene Spielzelle, die von der Außenwelt nichts wissen will.

Wenn ich also jetzt aufstehe und ohne viele Worte um die nächste Ecke biege, wird, vermute ich, Lu weiter spielen. Ich werde sein wie ein Schatten, der sich davon stiehlt, denn während Lu mit dem Holzring spielt, halte ich mich in der kalten Zone auf, um die er sich gar nicht kümmert.

Machen wir also einen Versuch. Ich stehe auf und gehe, ohne mich Lu zuzuwenden oder ihn anzusprechen, davon. Gut, jetzt bin ich aus seinem Gesichtskreis. Ich werde das Haus umrunden und Lu dann von hinten beobachten. Tatsächlich, er hat mein Verschwinden gar nicht bemerkt, sondern spielt unbeirrt mit dem Ring.

Gleich weiter mit den Forschungen. Zweiter Versuch. Ich werde Lu den Holzring abnehmen, erneut um die Ecke verschwinden und wieder von hinten erscheinen. Wird er begreifen, daß ich das Haus umrunde? Und wird er nach hinten schauen, um meine Ankunft von dort zu erwarten?

Ich nehme Lu den Holzring jetzt weg, er läßt sich den Holzring aber nicht wegnehmen. Lu, es ist nur versuchsweise, sage ich leise zu ihm, ich gebe dir den Ring ja gleich wieder. Er hört aber nicht zu, sondern macht sich immer lauter und eindringlicher bemerkbar. Wenn ich jetzt um die Ecke verschwände, würde er wahrscheinlich zu schreien beginnen. Lu, sage ich noch einmal, es ist ein Test, ein Versuch, ich gebe dir den Ring ja gleich zurück. Lu aber will nicht verstehen, und wenn ich ihm den Ring jetzt nicht sofort wieder in die Hand drücke, wird er mich für einen Feind halten, der ihm sein augenblicklich Liebstes mit Gewalt fortnehmen will.

Da, sage ich also, da hast du ihn wieder, und gebe ihm seinen Holzring zurück. Sofort ist er still und spielt wieder. Sein Protest hat jedoch Lo herbeigelockt, die jetzt mit Steinen und Muscheln erscheint. Sie legt alles auf den Boden vor mich hin und beginnt, ihre Schätze zu ordnen.

Das interessiert Lu. Achtlos läßt er seinen Ring aus der Hand gleiten, als habe er jedes Interesse daran verloren. Statt dessen beobachtet er, wie Lo sich hinkniet und ihre Schätze in kleinen Reihen untereinander legt. Schätze, sagt Lo, alles Schätze, und schaut zufrieden. Die knappe Bemerkung scheint auf etwas Besonderes zu deuten, jedenfalls erregt sie Lu so sehr, daß er sich auf die Seite legt und beide Arme nach den winzigen Kostbarkeiten ausstreckt.

Nein, nicht, sagt Lo, meine Schätze, meine. Es sind deine, Lo, sage ich sofort, natürlich sind es deine. Sie gefallen Lu, er will sie sich nur einmal anschauen. Meine, sagt Lo, meine Schätze. Natürlich, sage ich, sie sind so schön, daß auch Lu sie sich einmal anschauen will. Meine Schätze, sagt Lo, meine, während Lu wieder zu protestieren beginnt.

Ich bin jetzt in der Rolle des Vermittlers, denke ich. Ich werde Lo zeigen, wie sie einige ihrer Schätze an Lu ausleiht und dann von ihm zurückerhält. Ausleihen ist eine wichtige Erfahrung, Lo wird ein neues Verhältnis zum Geben und Nehmen bekommen, wenn sie versteht, was »Ausleihen« bedeutet.

Der grüne Stein hier, sage ich und kniee mich dicht neben Lo, der Stein ist besonders schön. Schau mal, Lu, wie schön der grüne Stein ist! Da, sage ich, nimm ihn einmal und schau ihn dir an!

Als Lu den grünen Stein in die Hand nimmt, sehe ich, daß Lo zu weinen beginnt. Sie weint nicht laut oder aufdringlich, sie weint, wie man so sagt, nur ein paar Tränen. Sie hat sich, um mir das Weinen nicht deutlich zu zeigen, von mir abgewendet und weint in sich hinein oder vor sich hin, es ist ein nicht gut zu ertragender Anblick.

Jetzt gibst du den Stein Lo wieder zurück, sage ich und nehme Lu den Stein aus der Hand. Hier, Lu, hier hast du deinen Ring, der Ring ist ja auch wunderschön.

Lu aber will den Ring nicht, er stößt ihn von sich, er schaut ihn nicht einmal mehr an. Lu will den grünen Stein, nichts sonst, der grüne Stein scheint sich in sein Gehirn so eingebrannt zu haben wie vor Minuten der Ring. Längst hat Lo den Stein aber wieder an sich genommen, sie hätschelt und betrachtet ihn jetzt wie ein Kind, das endlich nach Hause zurück gefunden hat.

Darf Lu einen anderen Stein haben, frage ich Lo, darf er, nur kurz, nur zum Spielen? Lo schaut mich an und schüttelt entschieden den Kopf. Nur kurz, sage ich, er möchte doch auch mit deinen Schätzen spielen. Lo schaut Lu an und schüttelt wieder den Kopf. Sieh mal, Lo, sage ich, Lu würde auch gerne all die schönen Wege entlangklettern und Schätze suchen. Aber er kann nicht, er ist noch zu klein. Wenn er deine Schätze nicht einmal in die Hand nehmen darf, ist er traurig.

»Traurig«, das ist ein Stichwort. Wenn Lo »traurig« hört, beginnt sie, nachdenklich zu werden. Also schaut sie ihre Schätze an und entscheidet sich schließlich für den kleinsten und unauffälligsten Stein, einen winzigen weißen Kieselstein. Oh, sage ich sofort, was für ein schöner weißer Stein! Hier, Lu, schau mal, den hat Lo auch am Hang gefunden, den schönen Stein!

Lu schaut aber nicht, er nimmt auch den kleinen, weißen Stein überhaupt nicht zur Kenntnis, sondern stößt meine anbietende Hand wieder zurück. Für Lu scheint es nichts anderes mehr zu geben als den grünen Stein.

Die Fixierung, notiere ich im stillen, scheint nur einen einzigen auserwählten Gegenstand zu kennen, auf keinen Fall aber mehrere. Anscheinend ist Lu noch nicht fähig, seine geballte Aufmerksamkeit auf mehrere Gegenstände gleichzeitig zu verteilen.
Stimmt das? Oder könnte es doch mehrere Gegenstände geben, auf die Lu sich gleichzeitig einläßt? Welche aber wären das, wie müßten die aussehen?

Es ist nicht leicht, mit Lo und Lu gleichzeitig zu experimentieren. Wenn ich mit Lu experimentiere, kommt mir Los Anwesenheit leicht dazwischen, und die Experimente mit Lo bringen Lu so durcheinander, daß er die klaren Versuchsanordnungen durchkreuzt. Ich sollte beide Versuchsreihen getrennt voneinander durchführen, denke ich und notiere auch das gleich im stillen.
Komm, Lo, sage ich, ich gehe ein wenig mit dir an den Hang, dann suchen wir gemeinsam noch mehr schöne Schätze. Lo schaut mich etwas zweifelnd an, dann schaut sie Lu an, dann schaut sie wieder zu mir. Sie erhebt sich langsam und zögernd, sie scheint nachzudenken, dann aber sehe ich deutlich, wie sie sich einen Ruck gibt und mein Angebot annimmt. Damit sie es sich nicht noch einmal anders überlegt, nehme ich sie an der Hand und mache mit ihr ein paar Schritte auf den Hang zu. Ach, Moment noch, sage ich schnell und lasse ihre Hand für Sekunden los, Lu soll was zum Spielen haben, während wir am Hang Schätze suchen.
Ich bücke mich, greife rasch nach dem grünen Stein und drücke ihn Lu in die Hand. Da, sage ich, da, Lu, damit kannst

du solange spielen, bis wir wieder zurück sind. Lu lacht, es ist ein zufriedenes, siegesfrohes Lachen, und ich denke, übertreib bitte nicht, Lu, lach nicht so deftig und königlich, ein Lächeln tut es doch auch. Und als hätte ich es geahnt oder sogar beschworen, sehe ich, daß Lo dieses Lachen anscheinend genau wie ich als übertrieben empfindet. Eben stand sie noch auf den ersten Stufen des Treppchens, das den Hang hinaufführt, jetzt aber springt sie, als wäre ihr Eingreifen dringend notwendig, herunter, geradewegs auf Lu zu.

Moment, Lo, rufe ich, laß ihm doch den kleinen Stein, Lo, wir wollen am Hang noch viel schönere suchen. Aber Lo hört nicht, sie scheint nur ein Ziel zu kennen, Lus ausgestreckte Hand, die sie jetzt mit einigen entschlossenen Griffen vom Stein zu trennen versucht.

In fortgeschrittenem Alter bleibt das Phänomen der Fixierung bestehen, notiere ich im Kopf, sie überwindet dann sogar gewisse Distanzen.

Mein Versuchswissen nutzt mir allerdings in diesem Augenblick nicht viel, denn ich fühle mich aus der Rolle des Vermittlers in die des Schlichters gedrängt.

Moment, rufe ich, kein Streit, bitte kein Streit! Wir streiten uns nicht um diesen kleinen grünen Stein, auf gar keinen Fall! Aber was rede ich? Der Streit ist ja schon entschieden, denn Lo hat sich den grünen Stein längst wieder genommen. Mein Gott, Lo, sage ich, nun laß ihm doch den winzigen Stein, er gibt ihn dir später wieder! Aber Lo kümmert mein Reden nicht, sie legt den grünen Stein einfach an seinen alten Platz und zieht los.

So geht es nicht weiter. Wenn ich Lo jetzt folge, gebe ich ihr insgeheim recht und rufe Lus Empörung hervor. Wenn ich ihr aber nicht folge und mich um Lu kümmere, wird das nun wiederum Lo sehr empören. Stimmt, stimmt ja alles, aber was soll ich nun machen? Vielleicht ist es am besten, den Versuchsrahmen zu sprengen. Sich aufrichten, nachdenklich davongehen, sich entfernen, die Spannung entweichen lassen. Oder: Sich aufrichten, rasch davongehen, sich betont entschieden abwenden.

Ich richte mich entschieden auf und entferne mich mit einer nicht zu raschen, aber auch nicht zu nachdenklichen Vorwärtsbewegung. Wohin soll ich aber jetzt gehen? Ins Haus? Nein, nicht ins Haus, das würde den Unruheherd nur verlagern. Ich muß mich etwas weiter entfernen, am besten ich gehe ums Haus, ums Haus herum, hatte ich das nicht eigentlich sowieso vor?

Gut, ich umrunde also das Haus, das ist die Lösung. Meine Hausumrundung könnte dazu beitragen, den Streit zu entschärfen, er könnte Lo und Lu völlig neue Entscheidungsmöglichkeiten eröffnen. Könnte, könnte aber auch nicht, ich mache mir versuchsweise meine Gedanken, Lo und Lu haben aber ganz andere, daran sollte ich auch einmal denken.

Jedenfalls sollte ich sie nicht allzu lange allein lassen. Ich sollte auch nicht so betont vorsichtig, wie auf Zehenspitzen, um das Haus schleichen, das ist gar nicht notwendig, warum schleiche ich denn herum wie ein Dieb, der nicht ertappt werden will? Es ist beinahe so, als experimentierte ich jetzt mit mir selbst und beobachtete mich dabei, wie ich mich entferne und das Haus umrunde.

Ich umrunde das Haus ja auch nicht einfach, um es eben nur so zu umrunden, nein, ich umrunde es, um die zwischen Lo und Lu zutage getretenen Spannungen abzuführen. Deshalb, genau, jetzt habe ich es, deshalb bewege ich mich auf Zehenspitzen, ich trage die geballte Spannungsenergie vorsichtig davon, um sie wie einen Sprengsatz irgendwo zu entschärfen.

›84‹

Das muß ich mir merken und sofort notieren, anscheinend gibt es so etwas wie Fixierungsableiter. Ob das schon jemand erforscht hat? Wahrscheinlich haben die Entwicklungspsychologen für so etwas keine Augen, ihre Versuche haben ja meist etwas Geradliniges und Stures. Geradlinig und stur experimentiere ich jedenfalls nicht, ich baue eine Versuchsanordnung auf und überlasse es Lo und Lu, sie umzubauen oder neu anzuordnen. In meinem Experimentieren stehen die Kinder im Mittelpunkt und nicht die Experimente. Beinahe wie von selbst bringen die Kinder mich auf die besten Gedanken, auf die ich selbst nie gekommen wäre. Experimente mit Kindern sollten immer auch Experimente sein, die von den Kindern selbst mitgestaltet werden und ihren Wegen folgen, notiere ich noch.

Ich stehe jetzt schon eine kleine Weile hier, auf der anderen Seite des Hauses. Ich stehe, bis ich im Kopf zu Ende notiert habe. Hoffentlich behalte ich das alles, denke ich, ich sollte mir möglichst bald ein Diktiergerät besorgen, um meine Forschungsergebnisse sofort ins Gerät flüstern zu können. Flüstern? Habe ich flüstern gedacht?

Flüstern könnte den Eindruck erwecken, als hätte ich vor den Kindern ein Geheimnis. So sollte es aber nicht sein. Ich werde also laut und deutlich ins Diktiergerät sprechen, denke ich weiter und bemerke plötzlich die große Stille in der Umgebung des Hauses.

Es ist so still, denke ich weiter, man hört nichts mehr, kein Rufen, kein Schreien, nicht einmal ein Vogelzwitschern, es ist eine wirklich verdächtige Stille. Und so schleiche ich wieder auf Zehenspitzen, wie vorhin, aber nein, doch ein wenig anders. Denn jetzt schleiche ich ja nicht, um Sprengsätze zu entschärfen, sondern um die Stille nicht zu stören. Ich überlege, ob ich auch das noch notieren soll, lasse es aber dann.

Als ich um die Hausecke luge, sehe ich, daß Lo gerade ihre Schätze auf Lus Bauch ausbreitet, während Lu dabei ist, einen Stein nach dem andern mit großer Lässigkeit neben die Wippe zu werfen. Es ist ein stilles Geben und Nehmen, und die beiden machen einen völlig entspannten Eindruck.

In günstigen Augenblicken lassen sich Fixierungsenergien ableiten und fortbewegen, notiere ich abschließend und schleiche wieder leise zurück, ums Haus herum, um es heimlich durch eine zweite Tür zu betreten und die Energien schwarz auf weiß abfließen zu lassen, damit sie auf dem Papier endlich gebannt sind.

Im Reich der Frauen

Ich bin mit Lo allein in der Stadt unterwegs, wir kaufen Obst und Gemüse ein, sie begleitet mich dabei sehr gern. Wenn ich mit ihr so unterwegs bin, ist jedoch alles ganz anders, als wenn ich mit Lo und Lu gemeinsam unterwegs wäre. Ich weiß nicht, wie ich es erklären soll, aber es kommt mir manchmal so vor, als wäre ich nicht nur mit meiner Tochter, sondern auch mit einer Frau unterwegs, jedenfalls ertappe ich mich manchmal dabei, daß ich neben ihr so hergehe, wie ich neben einer erwachsenen Frau hergehen würde. Dabei bewegt sich Lo doch keineswegs »fraulich«, ganz im Gegenteil, sie begleitet mich eher wie eine robuste, gestandene Weggefährtin, die den Einkauf von Obst und Gemüse überwacht.

Heute morgen zum Beispiel kommen wir an einem Laden mit Kinder- und Damen-Moden vorbei. Ich kann mich nicht erinnern, in meinem vorigen Leben irgendein Interesse für solche Läden aufgebracht zu haben. Ich habe einfach nicht an sie gedacht, sie kamen in meinem Kopf nirgends vor, und erst recht habe ich sie niemals betreten.

Daher kann ich auch nicht verstehen, warum ich heute morgen, ganz gegen meine Gewohnheit, zur Seite blicke und in das Fenster dieses Ladens schaue. Es sieht alles sehr fein aus, sehr edel, in einem mir selbst nicht ganz deutlichen Sinne auch »britisch«. Die Kleider und Mäntel haben etwas von Wohlbefinden und dezenter Verwöhntheit und erwecken den Anschein, als paßten sie vor allem zu großen Landhäusern mit vielen Zimmern, in denen selbst im Sommer immer ein Kaminfeuer brennt und ein moderat und betont freundlich hechelnder Hund einen schon an der Auffahrt zum Haupthaus erwartet.

Ich zögere nicht einmal, sondern öffne kurz entschlossen die Tür und bitte Lo, vor mir einzutreten, schließlich soll es im Innern der ländlichen Villa ja um sie gehen. Lo hüpft denn auch ohne etwas zu fragen, als gefalle ihr die Vorstellung, kurz nach England zu reisen, vor mir hinein, doch als ich die Tür hinter mir schließe, bemerke ich sofort, daß ich völlig unüberlegt und unvorsichtig ein Reich betreten habe, in dem ich mich nirgends auskenne.

Ich bemerke es an meiner Beklemmung und an der großen Zurückhaltung, die ich mir sofort auferlege. Am liebsten würde ich schweigen und sofort ganz zur Seite, ins Abseits, treten, um alles Weitere den Frauen zu überlassen. Statt dessen aber muß ich neben Lo stehenbleiben und mir einen passenden ersten Satz überlegen, während eine nicht zu junge, aber auch nicht zu alte Verkäuferin lächelnd auf uns zukommt.

Sie ist tadellos, nein, perfekt gekleidet und so attraktiv, daß es mir schwerfällt, nicht allzu lang hinzuschauen. Am liebsten würde ich sofort ein paar Schritte zurück machen, um ihre Erscheinung aus größerer Entfernung oder aus einem Versteck in Ruhe betrachten zu können, doch das ist jetzt nicht möglich, ich muß die Stellung halten und in meinen armseligen und zweifellos völlig deplazierten Kleidungsstücken den Anblick einer Schönheit ertragen, die mich im normalen Fall nicht einmal eines Blicks würdigen würde.

Einen Moment lang überlege ich, wieviel Zeit sie wohl täglich auf ihr Äußeres verwendet, ich beginne, mir die vielen Minuten und Stunden vorzustellen, die sie mit der Pflege ihres weichen, glänzenden Haars verbringt oder mit dem langsamen Auftragen und Einmassieren von Salben und allerhand exotischen Cremes in ihre makellos samtene Haut, doch diese Vorstellungen beunruhigen mich etwas, und ein leichter Zorn steigt in mir hoch. Ich sage mir aber sofort, daß er nicht gerechtfertigt ist, weil ich ihr wahrscheinlich nur die viele freie Zeit etwas neide, die sie lustvoll und entspannt mit einer so wichtigen Tätigkeit wie der Pflege ihres Körpers verbringen kann.

Was kann ich für Sie tun, fragt sie freundlich, und am liebsten würde ich antworten: Alles, machen Sie neue Menschen aus uns! Doch ich reiße mich zusammen und erwidere fürs erste einmal sehr unverbindlich und allgemein: Ich suche etwas für meine Tochter.

Die Antwort scheint ihr nicht einmal zu mißfallen, jedenfalls lächelt sie weiter und resümiert: Ah, wie schön, der Vater sucht etwas für sein Töchterchen!

Für meine Tochter, nicht fürs Töchterchen, würde ich sie am liebsten sofort korrigieren, doch das würde die Stimmung wahrscheinlich gleich trüben. Irgend etwas an ihrer Art mißfällt mir, aber ich weiß nicht, was es ist. Vielleicht hat es damit zu tun, daß sie mich ausschließlich als Vater betrachtet und nicht als Mann, denn während sie mich aus ihren leuchtenden, wachen Augen anschaut, kommt es mir so vor, als würde ich ein wenig schrumpfen. Es ist lächerlich, aber ich fange schon an, mich aufzurecken, auch liegt mir dauernd ein Satz auf der Zunge, mit dem ich sie ebenfalls ein wenig verunsichern könnte, etwas von der Art: Nun ja, seit dem Tod meiner Frau müssen Vater und Tochter eben so gut es geht allein zurechtkommen.

Aber nein, genau diesen Satz verkneife ich mir, weil er ihr Mitleid erregen würde, und ich möchte von ihr nicht bemitleidet werden, sondern anerkannt und geschätzt.

Was soll es denn sein, fragt sie nach, ein Kleidchen, ein Rock, eine Hose oder vielleicht ein Mantel?

Jetzt weiß ich, woran sie mich erinnert, sie erinnert mich an eine französische Filmschauspielerin, an Emmanuelle Béart, die in Claude Sautets Film »Nelly & Monsieur Arnaud« eine junge Sekretärin spielt, die sich in den viel älteren Monsieur Arnaud verliebt. Er gibt ihr eine Anstellung, sie soll seine Memoiren tippen, und dann zieht sie bei ihm ein, und die beiden beginnen, sich kennenzulernen und gehen dann auch zusammen aus, ein ungewöhnliches, interessantes Paar, ganz anders als die vielen gleichaltrigen und meist jugendlichen Paare, die Liebesfilme sonst mit ihrem unreifen Geturtel belasten.

Wissen Sie, daß Sie eine große Ähnlichkeit mit Emmanuelle Béart haben, würde ich sie jetzt am liebsten fragen, und sie würde antworten: Aber ja, Monsieur, ich weiß, alles Nähere können wir vielleicht beim Essen besprechen.

Statt dessen aber sage ich: Ich habe offen gestanden gar nicht an etwas Bestimmtes gedacht, ich will meiner Tochter einfach nur eine Freude machen.

Ich verstehe, antwortet sie, und für einen kurzen Moment sieht es so aus, als würden wir uns wirklich verstehen. Am liebsten würde ich nach all der Anstrengung nun Platz nehmen, und als hätte sie genau das geahnt, sagt sie: Möchten Sie vielleicht Platz nehmen, ich bringe ihnen gern einen Kaffee.

Oh ja, höre ich mich, vielleicht etwas zu rasch und zu voreilig, sagen, ein Kaffee wäre schön.

›89‹

Es ist angenehm, wie besorgt sie um mich ist, denke ich, ich bin ihr nicht gleichgültig, und sie hat auch nicht bloß Augen für Lo, sondern behält uns beide im Blick.

Lo, richtig, im Grunde geht es hier aber um Lo, denke ich weiter und schaue mich nach ihr um. Gelassen steht sie mitten im Raum. Sie betrachtet das Spielzeug, das auf einem Tisch ausliegt, ich vermute, sie überlegt, ob sie es anfassen soll. Du darfst ruhig damit spielen, sage ich, aber sie schüttelt nur stumm den Kopf, anscheinend gefallen ihr die Sachen nicht.

Was machen wir hier, fragt sie mich leise, und plötzlich kommt mir der Verdacht, daß ich diesen Laden vielleicht nur nicht gleich wieder verlassen habe, weil ich glaubte, Emmanuelle Béart zu begegnen. Es ist eine Schweinerei, denke ich weiter, daß ich Lo dazu mißbrauche, die Bekanntschaft von Emmanuelle Béart zu machen, es geht hier ausschließlich um den Kauf eines Kleidungsstückes, und eine Sekretärin will ich nicht anstellen, obwohl ich mir eine gute Sekretärin schon manchmal gewünscht habe.

Du kannst einen neuen Mantel gebrauchen, sage ich zu Lo, jetzt fest zum Handeln entschlossen, und sie antwortet: Ein Kleid, ein Kleid ist viel schöner.

Wir suchen ein Kleid, sage ich zu Emmanuelle Béart, als sie mit dem Kaffee erscheint.

Ah ja, sagt sie und wendet sich jetzt an Lo, dann gehen wir beide mal hinüber zu den schönen Kleidern für junge Damen.

Jetzt übertreibt sie, denke ich und nippe an meinem Kaffee, »junge Damen« ist um eine Spur zu hoch gegriffen, ich möchte nicht, daß Lo als »junge Dame« behandelt wird, das hat etwas Affiges. Aber die beiden sind schon verschwunden, und so sitze ich jetzt allein an dem kleinen Tisch mit den vielen Mode-Journalen und beginne, ein wenig darin zu blättern.

Die Mode-Journale sind voller Emmanuelle Béarts. Sie lehnen mit verträumten Blicken in runden Türdurchgängen oder schauen durch große Fensterfronten in die Weite der Normandie. Ich lerne, daß sie zur Zeit Kleider mit plissierten Trompetenärmeln oder weite Pelerinen mit Knebelknöpfen bevorzugen.

Da kommt Lo angesprungen. Sie hat Schuhe und Strümpfe ausgezogen, sie kommt barfuß auf mich zu, sie trägt ein langes Strickkleidchen mit einer kleinen, fast unauffälligen Stickerei oben rechts. Seit wir uns getrennt haben, hat sie sich unglaublich verändert. Sie sieht älter aus, reifer, auch mit ihren Haaren ist etwas passiert.

Was ist mit deinen Haaren passiert, frage ich, als auch Emmanuelle bei uns eintrifft.

Ich habe sie mit einer schönen Schleife zusammengebunden, sagt sie, und Lo schaut in den großen Spiegel, wie sie wohl mit der schönen Schleife aussieht.

Das Kleid steht ihr wunderbar, sagt Emmanuelle, sie ist ja eine richtige Schönheit. Emmanuelle spricht laut aus, was ich die ganze Zeit denke, in diesem Kleid wird Lo ja zu einer richtigen Schönheit, denke ich.

Ich antworte aber nichts, sondern räuspere mich. Es ist ein Räuspern aus Verlegenheit, was soll ich jetzt sagen, im Grunde ist es mir peinlich, daß meine Tochter »eine richtige Schönheit« genannt wird, sie soll so etwas nicht hören, vielleicht bildet sie sich dann etwas ein auf ihre Schönheit und verbringt ihre Zeit später in lauter runden Türdurchgängen, einbalsamiert mit vielen exotischen Cremes. Andererseits bin ich aber auch ein wenig stolz darauf, daß meine Tochter soeben den Status einer »richtigen Schönheit« erworben hat, so viele richtige Schönheiten gibt es nun wiederum auch nicht.

Wie gefällt dir das Kleid, frage ich sie, aber Lo ist nur mit der Schleife beschäftigt.

Sie ist wohl vor allem mit der Schleife beschäftigt, sage ich zu Emmanuelle, und dann lacht Emmanuelle, und auch ich lache ein wenig, und so lachen wir eben zusammen, wie Nelly und Monsieur Arnaud, denke ich und verbiete mir diesen Gedanken sofort.

Jetzt probieren wir noch das mit den roten Punkten, sagt Emmanuelle, und dann ziehen Lo und sie wieder davon. Wenn sie so davonziehen, haben sie etwas von Schwestern, denke ich. Wie kommt es nur, daß Frauen so leicht Schwestern werden, nur ein paar Handgriffe sind nötig und schon ist es geschehen?

Ich komme aber mit dieser Frage nicht weiter, ich sitze jetzt da, stumm und fassungslos, mit halb geöffnetem Mund, und verarbeite den Eindruck, den Lo eben auf mich gemacht hat. War das überhaupt Lo? Diese große, schlanke Gestalt mit dem Pferdeschwanz? Die barfuß auf mich zugesprungen kam?

Ich nehme noch einen Schluck Kaffee und lege die Mode-Journale zur Seite. Ich hätte diesen Laden nicht betreten dürfen, denke ich, sie bringen einen hier völlig durcheinander.

Da kommt Lo zum zweiten Mal angesprungen. Jetzt trägt sie ein noch etwas längeres, ärmellos-weißes Kleid mit roten Punkten, darin ist sie keine richtige Schönheit mehr, sondern gehört zum Schönsten, was ich überhaupt je gesehen habe.

Das reicht, sage ich laut, ich finde, das reicht.

Zauberhaft, sagt Emmanuelle, ganz zauberhaft. Lo steht einfach alles, sie ist das perfekte Model.

Zwei grobe Schnitzer in einem Satz, denke ich, sie sollte sich hüten, meine Tochter einfach mit Lo anzureden, und außerdem ist Lo kein Model, nie und nimmer, für so etwas gebe ich meine Tochter nicht her. Aber da sieht man es, sie legen es darauf an, sie ziehen einen hinein in ihre Etablissements und wedeln mit ihren plissierten Trompetenärmeln, es ist Zauberei, denke ich, es ist eine Art von Verhexung, und dann geben sie einem ein ganz anderes Kind zurück, das richtige haben sie ausgetauscht gegen eine richtige Schönheit, so wird es sein.

Gefällt es Ihnen etwa nicht, fragt Emmanuelle, Sie schauen so kritisch.

Dochdoch, sage ich nüchtern, ich sehe nur gerade, daß wir nicht mehr viel Zeit haben.

Wo wollen wir denn hin, fragt Lo und dreht sich vor mir in ihrem rot gepunkteten Kleid.

Wir haben noch dies und das zu erledigen, sage ich, und als Lo mich anschaut, weiß ich, daß sie mir nicht glaubt. Hoffentlich nimmt sie jetzt nicht an, daß ich zu geizig bin, um ihr die schönen und sicherlich teuren Kleider zu kaufen, denke ich. Aber es geht nicht, diese Kleider verwandeln Lo in jemand ganz anderen, und ich weiß nicht, ob ich mit dieser ganz anderen schon etwas zu tun haben will.

Wir kommen ein ander Mal wieder, möchte ich jetzt gern sagen, aber da bemerke ich, daß Lo mich noch immer anschaut. Sie schaut ganz ruhig und still, sie bettelt nicht darum, daß ich ihr das Kleid kaufen soll, sie schaut nur in meinem Gesicht nach, wie es mir geht, denn anscheinend versteht sie etwas nicht, ja, das ist es, sie weiß in diesem Augenblick nicht, was in mir vorgeht.

Es ist der Moment, in dem mich ein Zorn auf mich selbst überfällt. Ich bin es, der hier alles durcheinanderbringt, denke ich. Lo und Emmanuelle wissen genau, was sie wollen, während ich hier steif herumstehe und ihnen zu guter Letzt auch noch in die Quere komme.

Darf ich einmal kurz mitkommen, höre ich mich laut sagen, ich möchte noch einen Blick auf die … Dings … werfen, na, jetzt komme ich nicht auf das Wort.

Sie meinen die Collection, sagt Emmanuelle, und dann lachen wir wieder beide, und ich denke an ein ganz bestimmtes Restaurant ganz in der Nähe.

Als wir vor der Collection stehen, habe ich endgültig aufgegeben. In aller Ruhe gehen wir noch ein paar der neusten Modelle durch, zauberhaft, ganz zauberhaft, sagt Emmanuelle immer wieder, und ich denke: Du warst ein Esel, daß du die Ästhetik der Mode jahrelang ignoriert hast. Jetzt, wo es darauf ankommt, kennst du dich nicht aus, das hast du davon.

Aber ich lasse mir nichts mehr anmerken, ich stehe aufrecht und entschieden neben Lo, drei neue Kleider wird sie bekommen, die drei schönsten, und welche das sind, bekommen wir auch noch heraus.

Als es soweit ist, deute ich mit einer kurzen Geste auf die auserwählten. Das, das und das, sage ich zu Emmanuelle, und da schaut sie zum ersten Mal, seit wir den Laden betreten haben, verblüfft zurück.

Sie haben aber Geschmack, antwortet sie, und ich sage, während ich über ihr »aber« nachdenke: Man hat ja noch Augen im Kopf.

Ich hätte genau dieselben genommen, sagt sie noch, und da muß ich mich nun doch zurückhalten, sie jetzt nicht zu umarmen. Gehen wir endlich essen, möchte ich sagen, aber dann sehe ich, daß Lo mich an der Hand nimmt und wir zusammen zur Kasse gehen. Sie trägt keines der neuen Kleider, sie trägt das vertraute Kinderkleidchen, sie ist beinahe die, die sie vor der Verzauberung war.

Ich habe so etwas noch nie gemacht, entfährt es mir, während Emmanuelle die Kleider einpackt.

Fürs erste Mal war es phantastisch, antwortet sie, und dann nehme ich die schwere Tragetasche in die Linke und greife mit der Rechten nach Los Hand.

Emmanuelle hält uns die Tür auf, und kurz, bevor Lo und ich hindurch sind, zwinkere ich ihr dann doch zu, ganz knapp, als hätten wir gemeinsam das Ding geschaukelt.

Sie hat mir zugezwinkert, sagt Lo, als wir einige Schritte entfernt sind.

Ja, sage ich, sie war nett, sehr nett sogar.

Und dann löst Lo sich von meiner Hand und springt davon, und ich gehe mit der schweren Tasche hinter ihr her, und ich denke: Los, James, ein bißchen schneller, die junge Lady hat keine Lust, allzu lange auf dich zu warten …

Styling

Seit Lo manchmal in einem ihrer drei neuen Kleider unterwegs ist, komme ich mir neben ihr abgestanden vor. Alles, was ich selbst trage, paßt nicht zu ihrer Erscheinung, ja ich passe als Ganzes in meiner farblosen Körperlichkeit nicht dazu, am besten wäre es, jemand würde mich neu erschaffen, von oben bis unten, aber wen soll ich darum bitten?

Zum ersten Mal seit den Tagen der Pubertät stelle ich mich daher wieder kritisch vor einen Spiegel: Mein Gott, ist das mein Ernst? Schon im Gesicht fängt es ja an, die Stirn ist zu breit, und der Stirnwulst tritt zu stark hervor, die Backen könnten schmaler sein und die Backenknochen einen entschiedeneren Akzent unterhalb der etwas matt blickenden Augen bilden. Auch mit den Haaren stimmt etwas nicht, ich habe sie nie beachtet, sondern einfach nur gekämmt, wahrscheinlich könnte ein guter Friseur da einiges richten.

Ich finde, es macht keinen Sinn, gleich den ganzen Körper einer solchen Kritik zu unterziehen, vielmehr sollte ich mit den Korrekturen irgendwo anfangen und, wenn ein Anfang gemacht ist, Schritt für Schritt weiter vorgehen.

Bei den Haaren setze ich an. Nicht weit von uns entfernt hat vor kurzem ein neuer Friseurladen aufgemacht, im Unterbewußtsein habe ich mir das anscheinend sogar gemerkt. Der Laden hat große Fensterfronten, durch die man ungeniert hineinschauen kann, einmal ist mir eine Art Couch mit einem kleinen Tisch aufgefallen, ein ander Mal habe ich lauter imponierende, massive Blumenvasen mit leuchtenden, großen Blumensträußen bemerkt und eine schwarz gekleidete junge Mannschaft von Friseur-Helferinnen, die die Vasen umkreisten.

Der Laden macht einen Eindruck von junger, zielstrebiger Friseur-Avantgarde, genau das Richtige also für mich. Als ich mich telefonisch anmelde, bittet man mich, ich solle mir den ganzen Vormittag freinehmen, den ganzen Vormittag, frage ich noch kurz und erstaunt, doch eine unumstößlich sanfte Stimme antwortet: Sie sollten sich für Ihr Haar unbedingt Zeit nehmen. Ist ja gut, hätte ich am liebsten gesagt, aber dann belasse ich es doch bei einem: Sie haben recht, das Haar hat Anspruch auf etwas Zeit.

Als ich den Laden betrete, höre ich sofort Chopin. Chopins zweites Klavierkonzert in f-moll hätte ich niemals in einem Friseurladen vermutet, beinahe schockiert mich dieser Klang, es ist der langsame Satz, beruhige ich mich, und das Klavier-Solo schmachtet gerade in unglaublicher Süße, während das in Chopins Klavierkonzerten ja beinahe peinlich beiseite gedrängte Orchester nur noch ein Violinsummen beisteuert.

Sie sind angemeldet, fragt mich eine der schwarz gekleideten Helferinnen.

Aber ja, sage ich, ich bin pünktlich auf die Minute.

Dann nehmen Sie bitte zunächst einmal dort drüben Platz, auf der Couch, heißt es weiter, mögen Sie ein Glas Champagner?

Champagner, jetzt, um neun Uhr in der Früh? Für einen Moment befürchte ich, daß Champagner in der Verbindung mit dem langsamen Satz von Chopins zweitem Klavierkonzert gegen neun Uhr in der Früh etwas zuviel für mich ist, dann jedoch verwerfe ich solche Vorbehalte als spießig.

›96‹

Ich muß nicht nur meine Frisur, sondern meine ganze innere Einstellung ändern, sage ich mir. In den letzten Jahren habe ich mich kaum noch auf Wagnisse eingelassen, ich habe Herausforderungen gemieden, ich bin der Moderne, wo es nur ging, aus dem Wege gegangen und habe es mir in der Postmoderne bequem gemacht. Das ist jetzt vorbei. Ich werde den Widerspruch suchen, das Experiment und die Wunde, ich werde es zulassen, daß man mir ins Fleisch schneidet, oder ich werde mir selbst hineinschneiden, daß es weh tut, richtig weh.

Ein Glas Champagner, warum nicht, sage ich also und nehme auf der Couch Platz. Die Couch steht wohl hier, damit man bequem ein Glas Champagner trinken kann, denke ich, und schon ist das Glas da, und ich nippe Champagner, und das Klavier-Solo kann sich nicht einkriegen vor champagnerner Süße.

Wie lange ich wohl hier warten muß, frage ich mich nach einer Weile im stillen, es ist nichts zu sehen von irgendeiner Fachkraft, einem Friseurmeister oder dergleichen, nur die jungen Friseurhelferinnen, die mich übrigens an Arzthelferinnen erinnern, laufen herum, drehen die Wasserhähne auf und wieder zu, murmeln etwas ins Telefon oder bringen die kleinen Flaschen mit Gott weiß was darin in dem großen und natürlich schwarzen Regal in Reih und Glied.

Ein wenig fürchte ich mich übrigens vor dem dritten Satz von Chopins Konzert, ich kenne ihn gut, er hat etwas Penetrantes und Auftrumpfendes, und ich weiß ganz genau, daß er den leichten Schwebezustand in diesem jetzt von der Sonne durchfluteten Raum zum Einsturz bringen wird. Ich leere also das Glas Champagner lieber, bevor dieser Satz nun beginnt, ich leere es und bemerke zu meinem Erstaunen, daß der dritte Satz dann nicht kommt, statt des dritten Satzes Chopin kommt vielmehr wieder ein zweiter, langsamer Satz, es ist Grieg, Edvard Grieg, das Klavierkonzert in a-moll.

›97‹

Ich werde den Vormittag damit zubringen, lauter langsame Sätze der berühmtesten Klavierkonzerte aller Zeiten zu hören, denke ich noch, aber da habe ich schon das zweite Glas Champagner in der Hand, und ich nippe, und aus der dunklen Pforte gleich neben der Garderobe tritt die Chefärztin, ich meine die Oberfriseuse, aber wie sagt man genau, die Friseurmeisterin, die Meisterfriseuse, jedenfalls die Besitzerin dieses Ladens, nein, dieses Konzerthauses, hervor und schaut sich um.

Anders als ich erwartet habe, kommt sie aber nicht gleich zu mir, sondern tauscht mit ihren Helferinnen die ersten Sätze aus, rasch und für mich völlig unverständlich geht es hin und her, und ich höre nur lauter Vornamen hell klingen, Erika, aber ja, Brigitte, ach was, Franziska, guten Morgen, so daß ich am liebsten einstimmen würde in dieses Zirpen und Singen. ›Kukurukuku‹ …, würde ich jetzt gerne rufen, wie kommt mir das bloß in den Sinn, Grieg ist das jedenfalls nicht, aber was ist es denn, ›Kukurukuku‹, mein Gott, ich muß mich beherrschen, kein drittes Glas mehr, auf gar keinen Fall.

Guten Morgen, sagt dann zum Glück auch eine feste Stimme zu mir, und als ich aufschaue, ist es die Chefin, sie lächelt, und sie heißt, wie ich erfahre und wenn ich richtig gehört habe, Semirar Dagon.

Semirar? frage ich lieber nach.

Ja, sagt sie, ich bin Türkin, lebe aber, seit ich drei bin, in Deutschland. Sie können jetzt dort drüben, ganz rechts, Platz nehmen, Erika bringt ihnen ein Glas Champagner, es wird nicht mehr lange dauern.

Mit Griegs zweitem Satz sind wir jetzt durch, nun ist das erste Chopin-Konzert dran, ich frage mich nur, worauf ich jetzt warten soll, ich bin hier schließlich allein oder etwa nicht? Ein wenig wundere ich mich, daß ich erst jetzt darauf komme, mich in den weiten und immer stärker lichtdurchfluteten Räumlichkeiten umzuschauen, anscheinend verengte mein

Blick sich beim Eintritt, jedenfalls erkenne ich erst jetzt hier und da eine sehr unauffällig im Weg stehende spanische Wand. Wenn hinter allen diesen Wänden Wunden schlummern, denke ich plötzlich entsetzt, verliere aber sofort den Faden und frage mich, wo die Stelle mit den wunden Wänden, die schlummern, in Wagners Opern vorkommen könnte. ›Winterstürme wichen dem Wonnemond‹, so geht es los, überlege ich, aber wie werden aus den Wonnen die Wunden? Ich habe völlig den Faden verloren, denke ich weiter, aber da werden gleich zwei spanische Wände zur Seite gezogen, und ich sehe, daß ich die Nummer drei bin und, wie zu erwarten, der einzige Mann.

Die beiden Damen, deren Haar anscheinend schon gewaschen oder sonstwie präpariert worden ist, nehmen nun neben mir Platz, und ich habe das Gefühl, rechts, am Rand, etwas zur Seite an eine Steilkante zu rutschen. Erika, Brigitte und Franziska sind jetzt wie ein Schwarm um uns alle herum, und ich schaue lieber mal auf die Uhr und werde durch die erstaunlich fortgeschrittene Zeit plötzlich an Lo und Lu erinnert, so daß sich eine sehr abgründige und beinahe schmerzhafte Sehnsucht nach ganz einfachen und schlichten Verhältnissen, nach Säuglingsnahrung und in kochendem Wasser ausgekochten Saugern, in mir breit macht.

Es ist nämlich so, daß ich genau zu dieser Stunde oft etwas heißes Wasser in einem großen Wassertopf aufsetze und in einer einzigen Kochaktion gleich alles durchkoche, die Milchfläschchen, die Sauger, den Beißring und was noch alles, sie drehen sich im aufschießenden Dampf oft auf der Stelle, und dann stochere ich mit einem Kochlöffel im Strudel herum und helfe den Milchfläschchen ein wenig nach, damit sie auch ganz abtauchen können und keine Luftbläschen im Innern zurückbleiben, so ist das meist zu dieser Stunde …

Jetzt bin ich für Sie da, sagt plötzlich die Chefin und steht hinter mir, doch ich horche jetzt ganz vergebens nach den langsamen Sätzen der berühmtesten Klavierkonzerte aller Zeiten, sie sind nicht mehr zu hören, statt dessen Wasserrauschen und Vogelgezwitscher.

Ich glaube, ich habe vergessen, den Kochtopf mit den Fläschchen und Saugern vom Herd zu nehmen, sage ich, aber die Chefin lacht nur und sagt: Es ist unsre neuste CD, tropische Inseln, unsere Kundinnen finden das sehr entspannend.

Entschuldigen Sie, ich verstehe Sie nicht, möchte ich da nur kleinlaut antworten, aber da erkenne ich einen Kolibri-Schrei, und sofort ist mir klar, daß ich von den Milchfläschchen und Saugern nur geträumt habe, die tropischen Inseln aber real sind, das heißt auf CD, hörbar real.

Mein Gott, sage ich, Sie entschuldigen, ich bin zum ersten Mal hier, ich hatte keine Ahnung von den tropischen Inseln, Chopin und Grieg dagegen habe ich sofort erkannt.

Die wenigsten Kundinnen erkennen Chopin und Grieg, sagt die Chefin und beginnt, mir durchs Haar zu streichen und die Strähnen hin und her und nach oben und unten zu bewegen, als lüpfte sie dort oben immer von neuem eine Perücke.

Für Kulturkritik bin ich jetzt aber ganz und gar nicht zu haben, geht es mir durch den Kopf, so daß ich laut sage: Ich wünsche mir eine Frisur, die mich verjüngt, verstehen Sie mich?

Aber ja, sagt die Chefin, viele Kunden haben genau diesen Wunsch.

Ich habe ihn aber aus ganz anderen Gründen als die vielen Kunden, sage ich, ich möchte meine Frisur erheblich verjüngen, damit ich meine Kinder besser begleiten kann.

Ihre Kinder? fragt die Chefin und läßt ihre Hand in einem verzwirbelten Haarschopf ruhen.

Ja, sage ich, ich möchte nicht neben ihnen hertrotten wie ein Wrack, ich möchte mit ihnen mithalten können, jedenfalls noch eine Weile.

Jetzt verstehe ich Sie, sagt die Chefin.

Und, sage ich, habe ich eine Chance?

Nur wenn wir das Haar tönen, sagt Serimar, und ich zucke zusammen.

Nein, das nicht, sage ich, tönen, das ist doch etwas für Ihre Kund*innen*, das ist nichts für mich.

Achtzig Prozent all meiner Kund*en* lassen ihr Haar tönen, sagt Serimar, und es hört sich an wie eine zeitlos gültige Botschaft vom Himmel.

Meinen Sie wirklich? frage ich.

Unbedingt, sagt Serimar.

Und Sie garantieren, daß nichts passiert? frage ich.

Aber was soll denn passieren? fragt sie.

Die Haare könnten ausfallen oder plötzlich ganz verändert ausschauen, so daß ich sie nicht mehr wiedererkenne, sage ich.

Brigitte, sagt da Serimar und dreht meinen Stuhl, der Herr bekommt Dunkelblond, Stufe zwei.

Ich komme sofort, ruft Brigitte, und ich höre, wie der Kolibri wieder schreit.

Etwa anderthalb Stunden später bin ich vom Tönen zurück. Die Haare wurden gewaschen, getönt und nach dem aufwendigen Trocknen wieder gewaschen, ich trinke inzwischen das fünfte Glas, und mir ist alles egal.

Statt mir Gedanken zu machen, unterhalte ich mich vielmehr mit Serimar, die um mich herumtänzelt und jede Strähne einzeln behandelt, sie will alles wissen, über die Schriftstellerei und womit man sein Geld denn bloß verdient, und ich übertreibe immer mehr und gebe immer schamloser an und spreche schließlich von meinem Büro und meiner Sekretärin und wie ich die Drehbuchaufträge von den Fernsehsendern nach Lust und Laune sortiere, und es wird immer schlimmer mit der Angeberei, je mehr Champagner ich trinke.

Gegen Mittag sind die Haare sehr kurz, und einen kurzen Augenblick denke ich: Das könnte ich auch. Dann aber verwerfe ich auch noch diese Moderne-Kritik und schlängle mich zwischen Erika, Brigitte und der besonders hübschen Franziska, aber hübsch denkt man nicht und sagt es erst recht nicht laut, endlich zur Kasse. Ich zupfe einen blauen Schein aus meinem prallen Portemonnaie und lege ihn in ein Kolibri-Nest. Das Klavier summt wieder sehr süß, Chopins zweites Klavierkonzert in f-moll, zum dritten Mal heute morgen. Die Chefin lächelt mich an, und ich lächle zurück, und als ich sie ein letztes Mal dankend anschaue, sehe ich hinter ihrem Kopf im Spiegel einen jungen Spund dämlich grinsen, in Dunkelblond.

Am Meer

Die ganze Familie sitzt in Reihe drei, Platz siebenundzwanzig: Zwei Liegestühle, ein Sonnenschirm, es ist später Sommer im südlichen Italien, die Flut der Feriengäste ist zum Glück längst abgezogen, aber es ist noch immer recht voll, zumindest um uns herum. Ein paar Schritte weiter jedoch, in Reihe zwei, ist es gähnend leer, doch als ich in einer stillen Minute dort Platz nehme, schlurft der Capitano dieses Strandstücks herbei und verweist mich wieder auf die hinteren Plätze.

Warum kann ich hier nicht sitzen, frage ich ihn.

Weil diese Plätze vermietet sind, erklärt er.

Aber es ist doch niemand da, entgegne ich.

Das spielt keine Rolle, die Plätze sind vermietet, erklärt er.

Wenn jemand kommt, ziehe ich mich sofort zurück, sage ich.

Die Plätze bleiben frei, denn sie sind vermietet, erklärt er, und da gebe ich auf.

Lu sitzt neben uns in seinem Buggy, und Lo versucht, einen Tunnel unter dem Meer durch zu graben. Noch ist früher Morgen, und das Meer hat eine so hinreißend glatte und stille Fläche, als dächte es in der brütenden Sonne nur noch über sich selbst nach.

Man trinkt den ersten caffè und nimmt einen Schluck Wasser, man horcht, ob es dem Meer nicht doch einfällt, ein paar Wellen zu schicken, und dann starrt man hinaus auf das unbewegliche Blau, das einen langsam und wohltuend betäubt. Seit Jahrzehnten habe ich nicht mehr so am Meer gesessen, denke ich, warum eigentlich nicht? Manchmal habe ich irgendwo einen Blick auf das Meer geworfen oder bin flüchtig an ihm entlang gegangen, das zählt aber nicht, man muß sich niederlassen in der Nähe des Meeres, sich zusammenkauern und spüren, wie das riesige Netz dieses lockenden Blaus einen allmählich einfängt.

La Mamma sitzt neben mir, sie trägt einen Sonnenhut und liest gerade die Zeitung. Wenn es Lo und Lu nicht gäbe, säße sie, wie sie erklärt hat, auf keinen Fall hier. La Mamma findet das Sitzen am Meer sehr banal, oft wird sie unruhig, wenn sie so sitzt, weil es dann einfach *zu* dumm und *zu* banal wird, und oft gebe ich ihr dann auch recht, dieses Hocken, Schauen und Sitzen ist ja banal, man könnte sich etwas Interessanteres vorstellen, durchaus.

Insgeheim aber genieße ich dieses Sitzen am Meer, ich habe es sogar völlig neu für mich entdeckt. Es gibt nämlich, denke ich jetzt so im stillen, auch gewisse Wonnen des einfachen Lebens, die man nicht vorschnell verachten sollte, nur weil man sie mit Hunderten oder Tausenden teilt. Es stört mich sogar nicht einmal, daß ich in Reihe drei, Platz siebenundzwanzig, sitzen muß, obwohl sich das anhört, als wären wir hier nur eine armselige Nummer in einer Herde.

Richtig, ja, es wäre schön, etwas mehr Platz zu haben und freier zu sitzen, andererseits hat dieses beengte Sitzen neben

der italienischen Familie mit drei Kindern und dem sich ununterbrochen küssenden Paar rechts von uns aber auch etwas
Soziales. Außerdem sprechen all die Menschen in unserer
Nähe ausschließlich Italienisch, hierhin, in den tiefen Süden,
verlieren sich höchstens ein paar versprengte Deutsche, und
mit Italienern zusammen zu liegen, ist etwas ganz anderes als
dieselbe Erfahrung mit Deutschen zu machen. Das meiste,
was Italiener sagen und tun, weicht nämlich davon, was
Deutsche in derselben Lage tun würden, erheblich ab, und
eben das ist dann doch interessant. Richtig betrachtet, kann
das Liegen am Strand einen über so manches belehren, es
kann der Anlaß sein für ein Studium der Fremde, wenn man
sich nur darauf einlassen will.

Ich habe bemerkt, daß La Mamma ein Studium der Fremde
nicht in Betracht zieht. Sie kommentiert die Szenen des italienischen Volkslebens mit einem gewissen bissigen Spott,
während ich diese Szenen beinahe gelassen genieße, als habe
die Ruhe des Meeres mich infiziert. Manchmal geht sie sogar
mit raschen Schritten ins Wasser und schwimmt dann weit
hinaus, und ich stelle mir dann immer vor, daß sie dort draußen, wo sie niemand hört, ihren ganzen Groll ausscheidet,
unter Wasser, mit lauten, grolligen Lauten, die alle Fischschwärme vertreiben.
In meinem Fall reicht es nicht zu diesem Groll, nur selten
spüre ich so etwas wie eine gewisse Spitze des Zorns, zum
Beispiel jetzt, wenn Signora Brino erscheint, dann richtet
sich tief in mir etwas auf, eine Art Warn- oder Abwehr-
system.
Signora Brino ist um die siebzig, sie kommt jeden Morgen zu
ihrem Alters-Privilegien-Platz, Reihe eins, ganz links außen.
Wenn sie uns erreicht, bleibt sie stehen und nimmt Kontakt
auf mit Lu. Sie erkundigt sich nach seinem Befinden, sie
gurrt auf ihn ein, und sie streicht ihm mit der rechten Hand

über eine besonders weiche und fleischige Partie seiner Beinchen.

An guten Tagen erträgt Lu diese Annäherungen stumm, an schlechten jedoch wehrt er sich. Er richtet sich auf in seinem Buggy, man sieht deutlich, daß er fort will, weit weg, während Signora Brino mich fragt, was ihm denn fehle. Bitte Signora, gehen Sie einfach weiter zur Reihe eins, dann ist er still, würde ich gerne sagen, aber ich bin höflich und sage: Es ist wohl doch etwas zu heiß heute für ihn.

Kleine Kinder lieben im allgemeinen die Hitze, sagt Signora Brino und schaut Lu weiter durch ihre Brille an, die allein schon ein gewisses Verderben bedeutet, denn Lu mag keine Brillen. Ziehen Sie bitte die Brille aus, Signora, dann ist er still, würde ich gern sagen, aber ich sage: Er liebt die Hitze durchaus, aber es fehlt einfach ein schwaches Lüftchen.

Sie sollten ihm etwas zu trinken geben, sagt Signora Brino, und ich verstehe plötzlich, warum La Mamma immer kurz vor Signora Brinos Erscheinen verschwindet. Oh, sagt die Signora und schaut hinüber zu Lo, die mit dem Graben jetzt unter dem Meer angekommen ist, Ihre Tochter sitzt in der prallen Sonne, das ist aber nicht gut.

Ah, wo habe ich nur meine Augen, Signora, sage ich und stehe auf, und dann schiebe ich Lu in seinem Buggy durch den tiefen Sand nahe ans Wasser und sage zu Lo: Komm, wir gehen am Strand entlang, ein paar hundert Meter, hinüber zum Spielplatz.

Auf die Empfehlung »ein paar hundert Meter« reagiert Lo überhaupt nicht, »hinüber zum Spielplatz« dagegen ist meist ein Erfolg. Einmal habe ich »hinüber zum Spielplatz, ein paar hundert Meter« gesagt und gleich festgestellt, daß es falsch war, die falsche Reihenfolge, so etwas macht etwas aus, nicht zu fassen, dachte ich noch.

Lu wird sehr gerne im Buggy gefahren, was daran zu erkennen ist, daß er sich beim Fahren nie wehrt und auch niemals schreit, er rutscht vielmehr etwas nach vorn und sitzt betont aufrecht, als säße er auf einem Aussichtsposten und als wäre die Umgebung nur dazu da, von ihm inspiziert zu werden.

Ich habe mir angewöhnt, den Buggy sehr schnell und entschlossen zu schieben, nichts ist schlimmer als dröges Buggy-Schieben, das die geniale Erfindung dieses leichten Gefährts nur in ihr Gegenteil verkehrt. Der Buggy ist ein ausgesprochen schnelles Verkehrsmittel, er ist die Vorstufe des Motorrads oder der Vespa, im Gegensatz zum Kinderwagen, der so etwas wie die Nachhut der Wiege ist, denke ich und bleibe stehen, weil das gelungene, ruhige Fließen dieser vielleicht noch nie so gedachten Gedanken mich selbst ein wenig verblüfft.

Ich brauche unbedingt ein Diktiergerät, sage ich mir, doch dann haben wir den Spielplatz erreicht, Lu zappelt sofort in seinem Buggy, und deshalb nehme ich ihn jetzt heraus, schließlich sind wir am Ziel. Lu aber zappelt nicht, weil wir am Ziel sind, sondern weil er den großen Wal jetzt erkannt hat, ein Monster von einem Tier, das zu Beginn der Saison in dreitägiger Arbeit von einem großen Arbeitertrupp aufgeblasen und hergerichtet wird. Der Wal ist die Attraktion des Spielplatzes, am späten Nachmittag werden Hunderte von Kindern versuchen, über eine kleine Leiter hinaufzukriechen in sein weit geöffnetes Maul, um die dunkle Rutsche seines Schlundes hinunterzugleiten.

Lo ist schon verschwunden in diesem Maul, jetzt will auch Lu, und das bedeutet, daß ich auf allen vieren mit ihm die Leiter emporkriechen muß, eher auf allen dreien übrigens, denn mit der rechten Hand presse ich Lu wie eine Affenmutter an mich. Sehr unbequem ist das, doch Lu beschwert sich seltsamerweise darüber nie, der Gedanke an die Fahrt durch den dunklen Schlund nimmt ihn viel zu sehr gefangen.

Die Fahrt muß ein großer, elementarer Genuß sein, denn sowohl Lo als auch Lu würden am liebsten den ganzen Vormittag rutschen. Mir bedeutet diese Fahrt nicht ganz so viel, aber ich muß zugeben, daß es auch mich immer ein wenig packt, wenn es hinab ins Dunkle geht und schneller wird. Es kommt einem so vor, als gleite man in seine eigenen Gedärme hinein. Die schnelle Rutschfahrt zu Tal ist vielleicht nichts anderes als eine wollüstige Fahrt durch die Windungen des eigenes Darms, denke ich und hebe mir auch diesen Satz für das Diktiergerät auf.

Unvorstellbar schwer ist es dann, den Rückweg vom Spielplatz zu Reihe drei, Platz siebenundzwanzig, einzuleiten, diese Aufgabe läßt mich wegen ihres hohen Schwierigkeitsgrades sogar manchmal verzweifeln. Spielerisch und unauffällig muß man versuchen, sich vom Wal zu lösen, indem man zu anderen Attraktionen übergeht.
Beinahe völlig unmöglich aber ist es, Lo und Lu gleichzeitig für die neuen Spiele zu begeistern. Einer von ihnen nämlich möchte schon bald wieder zum großen Wal zurück, und wenn ihm das gelungen ist, muß ich mit meinen Ablenkungsversuchen ganz von vorne beginnen.
Wenn wir nach langen Verhandlungen und einigen Umwegen dann aber doch endlich zurück sind, hat La Mamma die Zeitung gelesen, war im Meer schwimmen gewesen und hat den zweiten caffè getrunken und ist daher ein wenig versöhnt mit dem Sitzen am Meer.
Nun sind auch die Nachbarn da. Bis zum Mittagessen wird der Vater der Familie mit den drei Kindern unbeweglich in seinem Liegestuhl liegen, um die erste Seite der regionalen Zeitung zu lesen. Ich frage mich oft, wie er das macht, so lange mit einer einzigen Seite zu verbringen, und ich vermute, daß er wegen der großen Hitze das gerade Gelesene immer wieder vergißt, so daß er, ohne es überhaupt zu bemerken,

laufend von vorne beginnt. Seine Frau hütet sich, ihn bei seiner Lektüre zu stören, sie kümmert sich ausschließlich um die drei kleinen Söhne, die alle zwanzig Minuten etwas anderes zu essen bekommen.

Rechts neben uns aber küßt sich das junge Paar. Manchmal finde ich es ein wenig peinlich, wenn die beiden sich so intensiv abschlecken wie zwei Pandas im Zoo, und es fällt mir dann schwer, kein böses Wort zu verlieren. Andererseits hält das Küssen sie von lärmenden oder ausschweifenden Beschäftigungen ab, ein sich küssendes Paar ist das denkbar ruhigste von allen Paaren, sage ich mir und erinnere mich wieder an den dringend notwendigen Kauf eines Diktiergeräts.

Kurz vor Mittag aber kommt dann die halbe oder auch dreiviertel Stunde meiner eigenen einsamen Begegnung mit dem Meer: Das Meer und Ich, wir beide, niemand sonst. Es ist die halbe oder dreiviertel Stunde eines seltsamen Zaubers, und manchmal vermute ich, ich halte es vor allem wegen dieses Zaubers ohne jede Klage einen ganzen Tag lang am Strand aus.

Seltsam ist, daß ich diesen Zauber nur durch einen Zufall entdeckt habe. Gleich am ersten Tag unseres Aufenthaltes bin ich nämlich ohne allzu große Gedanken etwas hinausgeschwommen, ziellos, planlos, wie man ins Meer hinausschwimmt, wenn man sich nicht immerzu am Ufer aufhalten und dort als Schwimmender oder Herumwatender beobachtet werden will. Nach einer Weile war ich froh, einen kleinen Felsen zu entdecken, denn plötzlich hatte ich ein Ziel.

Schwimmen mit Ziel sagt mir mehr zu als Schwimmen ohne Ziel, dachte ich und fing an, über die Untiefen dieses Satzes nachzudenken, während ich aus lauter Übermut tauchte und die letzten Meter zum Felsen mit offenen Augen unter Wasser zurücklegte.

Da aber sah ich das Riff. Es waren große, mächtige Steinbrocken, übersät von schwarzen Armeen glänzender Miesmuscheln, in deren Nähe Fischschwärme kreisten, als inszenierte jeder Schwarm dort unten ein geheimes Ballett. Es war ein völlig überraschender Anblick, als spähte ich durch eine sonst geschlossene Pforte in ein verborgenes Reich.

Ich tauchte immer wieder, zehnmal, zwanzigmal, doch ich ärgerte mich, daß ich es wegen der Luftknappheit nur so kurz dort unten aushielt. Der Moment meines Ärgers aber war beinahe gleichzeitig auch der Moment, in dem ich einen alten Vorbehalt korrigierte und mich innerhalb weniger Sekunden für Tauchermaske und Schnorchel entschied.

Über diese Ausrüstung habe ich mich oft lustig gemacht, ich gebe es zu. Irgend etwas an ihr reizte mich immer zum Lachen, vielleicht war es das Altertümliche und gleichzeitig etwas Hilflose dieser archaischen Dinge. Ein Taucher an Land ist nun einmal eine durch und durch komische Gestalt, vor allem, wenn er sich auf Schwimmflossen vorwärts bewegt. Bis zu einem Taucheranzug und Schwimmflossen wollte ich aber gar nicht gehen, für mein Vorhaben reichten Maske und Schnorchel vollkommen aus.

Seither ist die halbe oder dreiviertel Stunde kurz vor Mittag die Zeit meines einsamen Eintauchens ins Meer und damit zugleich die Zeit meiner Abwesenheit vom oberirdischen Leben am Strand. All die Wartenden, die sich da draußen auf ihren Liegen räkeln, ahnen nicht, was sie verpassen. Das eigentliche Meer, das Meer an sich, ist nämlich von dort aus nicht zu sehen, sondern beginnt unterhalb der täuschend gleichförmigen Oberfläche. Dort unten tun sich ganze Regionen und immer neue Landschaften auf, so daß man sich nach einer Weile des Tauchens dabei ertappt, die andere Welt ganz zu vergessen.

Ich treibe also eine halbe oder dreiviertel Stunde dahin, nur

› 109 ‹

der Schnorchel zeigt noch an, wo ich mich befinde, und in meinem Kopf entsteht eine vollendete Leere, ja, er entleert sich und scheidet alles Vertraute aus, als handelte es sich um Unmengen von Müll. Plötzlich sind nur noch die Bilder da: Fangarme, Schwämme und Muscheln, Medusen, Seesterne und Seeigel …, Bilder aus der frühsten, urweltlichen Region des Lebens, mit der man sich auf geheime Weise verbindet, selbst eine vorgeschichtliche Erscheinung, ein Reptil, ein Lurch.

Meine einsame Begegnung mit dem Meer findet kurz vor Mittag statt, weil ich nach meiner Rückkehr aus dem Wasser keine Menschen ertrage. Am Mittag ist der Strand zum Glück auch völlig leer. Schlagartig sind alle, die die zwanzig am Strand versammelten Liegereihen besetzt halten, zum Essen aufgebrochen, man hört das Tellerklappern und Gläserklirren aus den großen Speisesälen der direkt am Meer liegenden Hotels, und man riecht einen weichwarmen Fischdunst, eine Mischung aus Öl, Knoblauch und Wein, als hätte das Meer seine Tiefen direkt in die heißen Küchenbezirke gespült.
Einmal haben auch wir ein solches Mittagsgelage genossen. Man ißt Fischsuppe und Fischpasta und Fisch, und man trinkt erst einen trockenkühlen Spumante und dann einen kühltrockenen Weißwein, und es wird einem ganz leicht, daß man gleich davonschwimmen möchte. Immer mehr Spumante und Weißwein trinkt man und nicht nur zu der Mahlzeit, sondern auch so, an und für sich. Nach anderthalb oder zwei Stunden ist die Leichtigkeit aber von einem Moment auf den andern wie weggeblasen, dann breitet sich eine sagenhafte Schwere aus, und es drängt einen auf eine Liege oder besser noch auf ein breites, sehr kühles Bett, wo man drei Stunden schläft.
Lo und Lu lassen sich nicht dazu bewegen, am Mittag einige Stunden zu schlafen, das ist ganz unmöglich. Deshalb haben

La Mamma und ich beschlossen, den Mittag am leeren Strand zu verbringen. Der Entschluß fiel uns nicht leicht, und zeitweise haben wir auch daran gedacht, jeweils einem von uns zu erlauben, ein Mittagsgelage zu sich zu nehmen und dann einige Stunden zu schlafen. Jeder von uns hatte einen Versuch, La Mamma hat überhaupt nicht, ich habe eine halbe Stunde geschlafen, danach saßen wir wieder am Strand und waren zerknirscht, daß wir es nicht schafften, auf ein Gelage zugunsten eines gemeinsamen Mittags zu verzichten.

All diese Versuche liegen jedoch längst hinter uns, jetzt bleiben wir jeden Mittag zusammen am Meer, und ich öffne eine große Flasche köstlich kühltrockenen Wassers, und dann schneiden wir gelbdicke Birnen in kleine Stücke und essen Feigen und Trauben, und jeder von uns sagt mindestens einmal, wie gut das alles schmeckt, unerwartet gut, ganz einzigartig, am Ende nehmen wir den Mund meist etwas voll.

Nach dem Essen werden Lo und Lu sogar oft müde, legen sich auf unseren Liegestühle zurück und schlafen, solange sie eben schlafen wollen, und La Mamma und ich gehen am Ufer des Meeres spazieren und passen auf, daß Lo und Lu nichts passiert.

Oberflächlich betrachtet, sind die Tage am Meer wirklich etwas banal, denn vom späten Nachmittag an wiederholt sich der Tagesablauf noch einmal, nur daß jetzt nicht mehr der große Wal, sondern Burgenbauen und Sandförmchenlegen im Mittelpunkt stehen. Manchmal greift man nach einem Buch oder nach einer Zeitung, aber es geht einfach nicht, Hitze und Meer dulden keine langen Lektüren.

Das Leben am Strand ist ein getreues Abbild der ewig anrollenden und sich ewig verflüchtigenden Wogen, ein einziger auf der Stelle kreisender Stillstand, denke ich oft. La Mamma wird dieser Stillstand manchmal denn auch derart zuviel, daß sie entschieden aufsteht und beginnt, mit schnellen und trotzigen Schritten am Ufer entlangzulaufen, zwei, drei Kilometer, um dem Stillstand zumindest eine Andeutung von Bewegung und Vorwärtskommen entgegen zu halten.

Ich bewundere sie, ja, ich bewundere all die, die am Strand entlanglaufen, hartnäckig und eifrig, aber ich weiß auch, daß sie das Meer nicht richtig verstehen. Das Geheimnis des Meeres ist seine Stille und Tiefe, man stößt auf sie im Schlund eines Wals oder indem man sich wie Lo unter dem Meer hindurch gräbt oder auch indem man sich mit Maske und Schnorchel verwandelt in einen Lurch.

Und so strecke ich mich, wenn La Mamma der Szene entflohen ist, im Sand aus. Ich bin ein Lurch, denke ich, am Meer muß man ein Lurch sein, nichts sonst. Durch meinen Augenschlitz sehe ich, wie Lu langsam dem Meer entgegenkrabbelt, und wenn ich genau hinhöre, höre ich das helle, hohe Rollen in seiner Kehle, das ich sonst nur von Kanarienvögeln kenne und das er immer anstimmt, wenn er vergnügt ist. Vorne, im Auslauf der Wellen, tanzt Lo, das Wasser spritzt nur so nach allen Seiten, und noch weiter weg, in der Ferne des Riffs, wartet die offene Pforte, durch die ich Lo und Lu führen werde, in drei oder vier Jahren, wenn wir uns längst vorgearbeitet haben bis Reihe eins, Mitte, wo die vollkommenen Traumtänzer liegen, die das Meer an etwas unruhigeren Tagen in ihren Liegestühlen liebend umspült.

In einem andern Land

Heute wurde ich in der Stadt aufgehalten. Länger als gedacht mußte ich auf eine Bestellung warten, und als ich die bestellte Ware endlich in Händen hielt, war der frühe Abend da. Ich verließ den kleinen Laden, und als ich mich umschaute, bemerkte ich, daß ich zum ersten Mal seit vielen Monaten am Abend allein in der Stadt war.

Es gibt sie also noch, die Stadt, sie füllt sich zu dieser Stunde mit den Ausgeh-Menschen, zu denen ich doch selbst einmal gehörte, in meinem vorigen Leben. Jetzt aber kann ich mich an die Spielregeln dieses Lebens kaum noch erinnern, seltsam, es ist, als hätte ich nie dazugehört und als betrachtete ich das ganze Treiben um mich herum wie ein Fremder.

Habe ich Zeit? Nein, natürlich nicht, ich gehöre ja nicht mehr zu denen, die hier ganze Stunden und Nächte durchschlendern, wie es ihnen gerade gefällt. Eigentlich müßte ich längst wieder zu Hause sein, aber die Wiederentdeckung dieser Ländereien reizt mich jetzt doch so sehr, daß ich zu Hause anrufen und eine leicht verspätete Heimkehr ankündigen werde.

Als ich aber in das Telefon flüstere, glaube ich deutlich La Mamma zu sehen, wie sie kurz innehält und erschrickt. Wie kann man nur auf den Gedanken kommen, länger als nötig in der Stadt zu bleiben, wird sie denken und überlegen, ob mein Fernbleiben Ausdruck eines Sinneswandels ist. Wir haben nur selten über die Stadt und das Ausgehen gesprochen, anscheinend hat keiner von uns es ernsthaft in Betracht gezogen, daher muß meine Erklärung am Telefon eigenartig wirken.

Es ist nichts Besonderes, sage ich, ich möchte mich nur ein wenig umschauen.

Wenn du meinst, antwortet La Mamma, und ich sehe sie wieder etwas ratlos den Kopf schütteln.

Ich komme ja gleich, sage ich.

Laß dir nur Zeit, antwortet sie, und ihre Vorbehalte gegen mein Fernbleiben sind nicht mehr zu überhören.

Ich nehme mir also lieber vor, nur noch eine kleine Runde zu drehen und dann in den Bus zu steigen, ein wenig komme ich mir schon vor wie ein Abtrünniger. Ich laufe aber doch nicht einfach nach Belieben umher, nein, ich habe die Bushaltestelle ja durchaus im Blick. Meine kleine Runde ist kein großer Umweg, im Grunde ist es auch gar keine Runde, sondern eine Art Schleife auf die Bushaltestelle zu. Jedenfalls ist die Bushaltestelle so etwas wie mein erklärtes Ziel, ich schweife nicht müßiggängerisch umher, sondern gehe verhalten, »retardierend« würde der Musiker sagen, mit kleinen Schlenkern und Drehungen zur Bushaltestelle.

Was machen sie da? Ah ja, sie essen. Sie sitzen zu zweit an einem Tisch und speisen. Sie heben ihr Glas, stoßen an und schauen sich kurz in die Augen. Worüber sie sich wohl unterhalten? Vielleicht über den Film, den sie sich gleich anschauen werden, oder über eine Reise, die sie für den nächsten Monat planen oder über die Inneneinrichtung der Wohnung, vielleicht fehlt im Wohnbereich noch irgendein schmuckes Detail. Sie zwinkern sich zu, sie bieten all ihre Aufmerksamkeit auf, um das Menu mit einem passablen Gespräch zu begleiten.

Jetzt stehe ich still und starre sie an, all die Flaneure und vor sich hin sprudelnden Paare, zum Glück bemerken sie mich nicht. Was würde ich ihnen auch antworten, wenn sie mich wegen meines Glotzens zur Rede stellten? Daß sie mir merkwürdig vorkommen, daß ich sie betrachte, weil ich vergessen habe, wie man zu zweit ein gemeinsames Menu zelebriert? Sie würden sich an die Stirn tippen und mich für einen Idioten halten, und zweifellos hätten sie recht.

Manche schlendern übrigens auch einfach so von Schaufenster zu Schaufenster und bleiben vor den Auslagen manchmal minutenlang stehen. Die blauen Teller oder doch lieber die grünen? Der seidene Vorhang oder der samtene? Sie unterhalten sich wahrhaftig wie Fachleute, sie sind Spezialisten

›114‹

in all diesen Metiers, in denen ich nicht einmal Grundkennt-
nisse gesammelt habe. Und was beherrschen *Sie*? könnten sie
mich fragen, und ich müßte antworten: Ich verstehe es, einen
exquisiten Bananen-Kiwi-Brei herzurichten.

Das ist aber nichts für sie, natürlich nicht, das finden sie
höchstens eine Sekunde lang amüsant. Entschuldigen Sie, ich
gehe gleich weiter, ich wollte nur herausfinden, ob der neue
Mixer auch eine Drei-Gang-Schaltung hat, die wäre zum
Verquirlen der Bananen nicht schlecht, pardon, ich schweige
jetzt aber lieber.

Warum verhalte ich mich bloß so reserviert? Ein gutes Menu
schätze ich im Grunde doch auch, und Vorhänge aus Seide
sind mir letztlich auch lieber als solche aus Samt. Warum also
diese innere Abwehr und der leichte Hochmut gegenüber all
diesem Treiben, den ich mir wirklich sparen könnte, denn
worauf sollte ich stolz sein?

Stolz? Bin ich etwa stolz, weil ich die Kunst, Sauger auszuko-
chen und einen Bananen-Mix herzustellen, endlich beherrsche? Das kann es doch nicht sein. Was aber ist es denn?

Ich weiß es nicht, ich bin noch nicht soweit, daß ich mir
erklären könnte, was mich von diesem anderen Leben so
fernhält. Ich muß wohl genauer hinschauen, aber ich sollte
es gelassener tun und nicht mit dieser penetranten Gereiztheit, als müßte ich all diesen Herumtreibern, aber Herum-
treiber sollte ich schon nicht sagen, ihr bequemes Leben vor-
halten.

Bist du etwa eifersüchtig? Würdest du dich insgeheim nicht
auch gerne in ein Restaurant setzen und mit deiner inzwischen vielleicht etwas unsicheren Kennermiene den Kellner
herbeiwinken? Monsieur, eine Flasche Plombes du fume, aber
bitte den 95er Jahrgang und nur den! Eifersucht also? Nein,
auch nicht, der Plombes du fume würde mir jetzt gar nicht
schmecken, das weiß ich genau. Aber warum nicht, warum
würde ein so guter Rotwein aus tiefen Kellern dich jetzt so

gleichgültig lassen, während du dich in deinem vorigen Leben geradezu danach verzehrt hast?

Selbst das weiß ich nicht genau, es ist eine Schande. Besser also, ich gehe jetzt weiter, anstatt immer wieder achselzukkend herumzustehen und wie ein Mondkalb den neuesten Luxus zu betrachten, dessen Entwicklung und Herstellung an dir vorbeigegangen sind. Hast du inzwischen etwas gegen Luxus? Aber nein, das ist es nun wirklich nicht.

Trinken und Rauchen sind die häufigsten Verhaltensformen, stelle ich fest. Mit beidem habe ich längst Schluß gemacht. Ja und? Sollen deinetwegen auch alle anderen aufhören zu trinken oder zu rauchen? Natürlich nicht, aber wenn man keinen Schluck mehr trinkt und nicht mehr raucht, empfindet man all die Gesten, die diese Formen des Lebensgenusses begleiten, als lächerlich. Sagtest du lächerlich? Ja, als lächerlich und als pubertär. Pubertär?! Ja, genau, all diese Szenen hier auf den Straßen und in den Restaurants haben einen versteckt pubertären Zug, finde ich.

Das ist interessant, nicht wahr? Vielleicht kommen wir über den Begriff »pubertär« näher heran an die Lösung des Rätsels, vielleicht ist »pubertär« eine Art Schlüsselbegriff.

Jetzt hast du die Bushaltestelle erreicht, der Bus fährt in drei Minuten. In drei Minuten, so schnell? Der nächste kommt in einer Viertelstunde. Gut, abgemacht, noch eine Viertelstunde, dann nehme ich aber endgültig den Bus. Bis ich dieses Treiben hier für lange Zeit wieder verlasse, werde ich noch ein Bier trinken, nur ein einziges und auch nur, um den Dingen des Lebens, wie ich das hier jetzt einmal nenne, noch mehr auf den Grund zu gehen.

Ein Testbier, bitte. Frisch gezapft, kühl, nein, eiskalt!

So eine Theke ist ein gesellschaftlicher Raum, bemerke ich gerade. Wie viel hier geredet wird, unglaublich! Und worüber! Sport, Autos, Politik …, all das, immerzu und andauernd, es hört gar nicht mehr auf. Und du stehst mitten drin, klammerst dich an deinem Bier fest und hast ein taubes Gefühl. Ja doch, du bist irgend wie taub, als wären deine Ohren verstopft und als verstündest du dieses munter und angeregt fließende allgegenwärtige Reden nur in Bruchstükken.

»Fußball«?! Schon wieder so ein Fremdwort! Früher konntest du damit etwas »verbinden«, Namen von Spielern, Regeln, gab es nicht so etwas wie Abseitsfallen? Richtig, ja, ich erinnere mich dunkel, aber die Einzelheiten sind mir nicht mehr geläufig.

Es kommt mir auch beinahe so vor, als stünde ich anders da als alle anderen. Anders da? Aber wie anders? Ich ecke nicht an, ich komme mit niemandem in Berührung, ich bin einfach nicht vorhanden. Kein Mensch mustert mich, sie schauen durch mich hindurch, als wäre ich gar nicht vorhanden. Und es stimmt ja, ich bin nicht vorhanden, ich bin Luft, ich schwebe hier neben der Theke herum, Bodenkontakt habe ich jedenfalls nicht. Deshalb greifen auch alle über mich hinweg oder durch mich hindurch, ich biete ihnen keinen Widerstand, sondern ich bin wie eine Seifenblase, die kurz vor dem Zerplatzen noch eiernd herumschlingert.

Eiernd? Ich verstehe mich selbst nicht mehr, irgend etwas geht hier mit mir vor, vielleicht ist es sogar gefährlich. Ich sollte versuchen, mich zu besinnen und, wie sagt man hier, auf den Boden der Tatsachen und so weiter zurückzukommen. Kein Bier mehr, nein, wirklich nicht, es schmeckt ehrlich gesagt auch abscheulich, ich werde Mühe haben, das Glas überhaupt ganz zu leeren.

Ich werde mich irgendwo festhalten und festblicken, ja, zum Beispiel an diesem eng zusammenstehenden Paar. Er hält sein Glas in der Linken und streicht ihr mit der Rechten über den Rücken, ganz langsam und sinnlich, als wären sie hier nur zu zweit. Wie oft habe ich solche Gesten in der vergangenen Stunde gesehen, wie oft! Diese kleinen Triumphe der Zweisamkeit und das ungenierte Zurschaustellen der erotischen Aufwärmaktionen. Früher ließen sich solche Paare erst in ihren Dunkelkammern so richtig gehen, jetzt verlegen sie das Vorspiel in die Öffentlichkeit.

Sie flüstert ihm etwas ins Ohr, natürlich gehört auch so etwas dazu, sie sollte ihm gleich am Ohrläppchen knabbern oder die Ohrmuschel mit sanften und wie meist in solchen Fällen »kreisend« genannten Bewegungen ..., halt, jetzt ist es genug, ich sollte mich nicht derart in solche Szenen vertiefen.

Aber dieses Paar giert doch geradezu nach dem Voyeur, es braucht ihn, es erregt sich über die Maßen, wenn es einen ausfindig gemacht hat, der sein erotisches Treiben so anstarrt ...

»Erotisch«, schon wieder ein Fremdwort. Ein Fremdwort? Interessant! Wieso interessant?! All diese Szenen hier in den Lokalen oder vor den Schaufenstern haben etwas versteckt Erotisches, finde ich. Die Erotik ist geradezu allgegenwärtig, dieses Nippen an den Weingläsern, dieses Weinschlürfen und Augenzwinkern, dieses Schulter-an-Schulter-Gehen, all das ist von Erotik durchtränkt. Ja und?!

Ja, und ..., es paßt mir irgendwie nicht, etwas daran stößt mich ab. Genauer, bitte! Ich habe gar keinen Sinn mehr für diese Art von Erotik, im Grunde fällt sie auch unter die pubertären Aktionen. Rauchen, trinken, an den Ohrläppchen knabbern ...– alles dasselbe, eine einzige Single-Balz, die ja, wie man weiß, nur zu Enttäuschungen führt.

Was soll dieser Puritanismus, du gerätst ja richtig in Wallung, wenn du von »Erotik« sprichst. Ja, stimmt, gebe ich zu. All diese erotischen Veranstaltungen hier haben in meinen Augen etwas Vergebliches. Es ist Zeitvertreib, der nicht weiter führt oder eben in Enttäuschungen endet. Ich habe damit nichts mehr zu tun ...

Aha, jetzt haben wir's! Das »Erotische«, das ist es also, du bist auf der Flucht vor dem Schönsten, was das Leben so bietet. Nein, glaube ich nicht, ich glaube, das »Erotische« hat sich in meinem Fall nur verlagert. Verlagert?! Verlagert, verwandelt, ach, wenn ich es nur genauer wüßte …

Ich lasse noch einen Bus sausen, um das Glas Bier nun doch in Ruhe auszutrinken, meine Erregung ist zum Glück verschwunden. Ich starre auch nicht mehr hinüber zu dem noch immer aufgedrehten Paar, ja ich bestelle mir sogar ein zweites Bier. Mal sehen, ob der Geschmack wiederkommt, wenn ich nicht gegen ihn antrinke, sondern einfach die Augen schließe, für einen Moment, so wie früher, als ich oft die Augen schloß, wenn ich kühles Bier trank.
Ja doch, es geht. Ich werde bezahlen und dieses fremde Land ganz ruhig wieder verlassen. Mein Besuch war, entschuldigen Sie, ein Mißverständnis. Ich schließe aber nicht aus, Sie irgendwann wieder aufzusuchen, mal sehen, vielleicht.
Ich werde mich in den Bus setzen und mich durch die Dunkelheit nach Hause schaukeln lassen. Im Bus sitzen keine Paare, im Bus sitzen nur Einzelgänger, im Bus gibt es keine Abend-Erotik. An der Endhaltestelle werde ich aussteigen, dann habe ich ungefähr noch zwanzig Minuten zu gehen.
Wenn ich so gehe, beginnt oft etwas in mir zu kribbeln. Was es ist, weiß ich nicht genau, ich weiß nur, daß es fast jedes Mal, wenn ich auf das Haus mit dem großen Gartengelände zugehe, zu kribbeln beginnt. Eine ganz seltsame Freude! Wie helles Gläserklirren, mitten in der Brust, wie Fortschweben, eine Art Euphorie, und wenn dann noch beim Hinuntergehen des steilen Hangs die ersten Bilder entstehen, sehe ich Los und Lus lachende Gesichter, und ich spüre, noch bevor ich das Haus betrete, die Küsse, die wir einander geben werden, als flögen sie wahrhaftig unserer Begegnung voraus …

Bolero

Ich sitze am Tisch und räume auf, Post, Bücher, allerhand Kleinkram, während Lo und Lu hintereinander ihre Runden durchs Haus krabbeln, Lo voran, mit dem Blick zurück, ob Lu ihr auch folgt. Es ist ein ruhiger Morgen, nichts deutet auf große Ereignisse hin, ich höre Los eindringlich aufmunternde Stimme, ›weiter Lu, komm schön weiter‹, sie spricht die Erwachsenen-Sätze seit einiger Zeit in beinahe perfekter Manier, nur viel höher natürlich, in einem hellen und sehr gutmütigen Ton.

Wenn sie von sich selbst spricht, benutzt sie die dritte Person, sie sagt also ›Lo ist heute schön lustig, ja, das ist Lo‹, als beobachtete sie sich wie eine Fremde. Anfangs irritierte mich diese Eigenheit sehr, und ich fing an, auch in der dritten Person von mir zu sprechen, wir hörten uns manchmal an wie zwei Figuren Ernst Jandls in seinem Stück »Aus der Fremde«, in dem die beiden Hauptfiguren nur in der dritten Person von sich reden, ganz ungewollt komisch.

Erst seit Lo damit angefangen hat, habe ich die Schönheiten dieses Sprechens in seiner ganzen Würde entdeckt, vorher kam es mir nur vor wie ein gelungener experimenteller Einfall, der sich mit der Zeit noch nicht einmal abnutzte, die meisten experimentellen Einfälle nutzen sich leider ja sehr schnell ab und haben dann etwas geradezu unerträglich Experimentelles.

›Lo krabbelt jetzt schön‹, meine ich seither, ist jedenfalls viel schöner als ›Ich krabbel jetzt schön‹, denn das Reden in der dritten Person giert ja im Gegensatz zu dem Reden in der ersten nicht nach Aufmerksamkeit, sondern tut so, als verschickte es seine distanzierten Botschaften in die Leere des Alls. Es erwartet denn auch keine ausdrückliche Bestätigung und erst recht keine übertriebene Anerkennung, sondern

›120‹

wirkt wie eine überaus höfliche, distanzierte und daher form-
vollendete Weise des Redens über sich selbst, als wäre es lediglich ein bescheidener Selbst-Kommentar oder ein halblautes Ablesen jenes schmalen und unauffälligen Textbandes, das
in gewissen Fernseh-Sendungen ganz unten durchs Bild läuft.
Ich sitze also am Tisch und denke über all diese sprachlichen
Feinheiten nach, als mir eine Werbe-CD in die Finger gerät,
eine dieser manchen Briefen und Zeitschriften lästig ange-
klebten CDs, die ich meist sofort abreiße, aus einer unbe-
greiflichen Pietät heraus aber niemals wegwerfe. Ich schaue
nur einen Moment hin, es handelt sich um Werbung für irgendeine Klassik-Edition, eine Gesamtaufnahme der Werke
Ravels, die ich angehalten werde zu kaufen, unbedingt, angeblich geht es mir dann sofort sehr viel besser.
Ich lächle ein wenig blöde und hochmütig über den seltsamen Eifer der Werbung, als ich mich daran erinnere, daß ich
mich in meinem vorigen Leben sehr für Ravel interessierte,
ja daß Ravel unter den Komponisten sogar einer meiner geheimen Lieblinge war. Also überlege ich weiter: warum war
das wohl einmal so, was verband mich bloß mit Ravel, was
war es denn nur …, doch ich komme nicht richtig darauf,
sondern schieße lauter Pfeile in eine sich auch noch entzie-
hende Ferne.
Es ärgert mich ein wenig, daß ich nicht treffe, denn ich weiß
genau, es gab einige sehr triftige Gründe, Ravel, und gerade
Ravel zu schätzen, es ist unverzeihlich, daß ich mir nicht einmal mehr einen einzigen Grund vergegenwärtigen kann, vor
einigen Jahren hätte ich über ein solches Thema noch mühelos einen kleinen Vortrag aus dem Stand extempo …, ach,
lassen wir das, diese Fremdwörter sind jetzt nur noch Hoch-
stapelei.
Ich stehe auf, um mich zu bestrafen, ich lege die kostenlose
Werbe-CD einer dubiosen Firma nur auf, damit mir dieses
Billigprodukt Ravels Musik um die Ohren schlägt, so lange,

bis mir die Gründe für ihre Genialität endlich wieder einfallen. Die CD kreist, nein, sie schlingert ein wenig und immer rascher, wie übrigens meist, wenn ich eine CD einlege, aber ich höre dann keinen Ton, und so denke ich schon an Betrug, sie haben mir also diese Leer-Kassette geschickt, damit ich mich zwinge, Ravel statt aus Lautsprechern gleichsam lautlos in mir oder aus mir heraus tönen zu hören, eine geschickte und anspruchsvolle Aktion, mit der sie, was mich betrifft, genau an die richtige Testperson geraten sind.

Einen Moment betrachte ich den CD-Player überrascht, ich hatte ihm diese demonstrative Lautlosigkeit nicht zugetraut, als ich es plötzlich dann doch höre, dieses vertraute uralte Scharren und Trommeln, dieses Heranziehen der Karawane, die aus dem fernsten und ältesten Hinterland kommt, ich schließe die Augen, ja, sie ist es, vor Freude über das Wiedererkennen hätte ich mich fast auf den Boden gesetzt.

Das sehr verhaltene und langsame Kreisen der Musik ist aber plötzlich auch in mir wieder ganz da, irgendein Innenorgan summt es mit und beginnt zu vibrieren, welches es ist, ja, auch das wußte ich einmal sehr genau. Auf das Innenorgan kommt es jetzt jedoch gar nicht an, es geht zunächst einmal um Ravel, denn es ist unverkennbar Ravel, sein bekanntestes Stück, der »Bolero«, soviel steht jedenfalls fest.

Ich habe den »Bolero« früher dann und wann in einem Konzert gehört, aber ich habe nie verstanden, warum man ihn in Konzerten spielt, ich jedenfalls hielt es kaum auf einem Sitz und in einer engen Sitzreihe aus, zum »Bolero« möchte ich mich bewegen, bewegen, sagte ich, zumindest bewegen. Höre ich den »Bolero« aber in einem Konzert, komme ich mir wie gewaltsam festgeschraubt vor, es handelt sich um ein peinliches Ausharren- und Zuhören-Müssen, als werde man gezwungen, dem Liebesakt eines schönen Paares beizuwohnen, ohne sich auch nur räuspern zu dürfen.

Diesmal jedoch sitze ich zum Glück nicht in einem Konzert,

denke ich fast erleichtert, ich höre Ravels »Bolero« diesmal von einer CD, ich glaube sogar zum ersten Mal, seltsam, ja, ich höre den »Bolero« heute zum ersten Mal von einer CD. Im Konzertsaal habe ich mir oft vorgenommen, ihn einmal allein oder besser: nur noch allein, zu Hause, von einer CD zu hören, aber ich habe mir nie eine solche CD gekauft, wie ich mich überhaupt frage, wie viele Kompositionen von Ravel ich auf CD habe, fast habe ich nämlich den Verdacht, ausgerechnet von Ravel nur sehr wenig zu haben.

Wer hat mir diese Werbe-Kassette geschickt, frage ich mich, diese Kassette ist nicht von einer der üblichen Firmen, sondern sie wurde anscheinend hergestellt nur für mich, sozusagen in höherem Auftrag.

»O. hat ein schönes Geschenk bekommen«, flüstere ich, und ärgere mich dann doch kurz über meine neue Angewohnheit, das ewige Reden in der dritten Person, als ich hinter mir ein schwaches Scharren und Trommeln bemerke, die Karawane kommt näher, denke ich noch, als ich den kompletten Unsinn dieses Gedankens erst verzögert erfasse: Die Karawane *kann* nicht näher kommen, vor allem nicht *hinter* mir, denn der CD-Player steht *vor* mir, nicht *hinter* mir, und aus seinen Lautsprechern nähert sich die Karawane, sehr langsam und keineswegs so, daß ich sie schon in meiner unmittelbaren Nähe vermuten müßte.

Es scharrt, trommelt und regt sich sehr rhythmisch aber doch hinter mir, behauptet da eine zweite Stimme in mir, und ich drehe mich um und sehe plötzlich an diesem denkwürdigen Tag das große Ereignis, völlig unerwartet, daß ich sprachlos hinstarre: Lu steht und geht auf eigenen Beinen! Irgendwo hat er sich emporgezogen, jetzt steht er jedenfalls freihändig, mit den Händen ein wenig paddelnd, mitten im Raum und setzt Fuß vor Fuß, als hingen Bleigewichte daran. Seltsam ist nur, daß er im Rhythmus der Ravel-Musik geht, so als wäre er ein Mitglied der aus dem fernsten Hinterland näher kommenden Karawane, er stampft den Rhythmus und wiegt sich in all seiner Kleinkind-Schwere dazu auch noch in den Hüften. Das ist unglaublich, denke ich, Ravels »Bolero« hat Lu auf die eigenen Beine gebracht, wer, zum Teufel, hat mir diese CD geschickt?

Lu stampft und paddelt immer weiter, nah an mir vorbei, direkt in die Küche, durch sie hindurch, in den Flur, durch den Flur, mein Gott, er durchkreist die ganze Etage, von Zimmer zu Zimmer, ich muß mich beeilen, die Türen zu öffnen!

Und so besinne ich mich und laufe jetzt in der Gegenrichtung auf den karawanisierenden Lu zu, reiße Tür für Tür auf und begegne ihm gerade noch rechtzeitig im Flur, »Lu läuft«, schreie ich in der dritten Person, »Lu läuft, heute läuft Lu, Lu lernt laufen, Lu läuft!«

Ravels »Bolero« wird jetzt immer lauter, es ist ja ein grandioses Stück, das im Grunde nur aus zunehmender Lautstärke besteht, ein für Ravel charakteristischer genialer Kunstgriff, einer von vielen, deretwegen ich Ravel übrigens so sehr schätze, dieser raffinierte Minimalismus in einer Zeit, als andere Komponisten tausendstimmige Chöre auffahren ließen, ja, das ist es, jetzt fällt es mir wahrhaftig wieder ein, alles kommt zurück, indem ich Lu zu Ravels »Bolero« laufen und auftreten sehe.

»Lu läuft«, schreie ich immer wieder, und mein Schreien hat längst auch Lo herbeigelockt, die Lus erste Schritte zunächst selbst völlig entgeistert betrachtet, sich jetzt aber an ihn zu heften versucht, sie nimmt ihn an der Hand, sie möchte mit ihm »Bolero« gehen, doch Lu mag nicht, diesen Triumph, diese einsame Virtuosen-Stunde will er nur für sich. Ravels »Bolero« spielt jetzt in ihm, denke ich, er hat ihn zum Stehen und Gehen gebracht, es ist doch ein Wunder, Ravel, die Musik, ich habe es immer gewußt, sie sind das größte nur denkbare Wunder ...

Dann gehe ich hinter Lu her, und auch Lo geht hinter ihm
her, und so geht die Karawane durchs ganze Haus, sie durchkreist es, »Lu läuft«, rufe ich, und »Lo läuft auch«, ruft Lo in
der dritten Person, bis ich schließlich hinauf in den ersten
Stock stürze, um jemanden anzurufen und es ihm mitzutei-
len, daß Lu läuft, Lu läuft zu Ravels »Bolero«. Wem soll ich
es als erstes melden, der ARD, dem ZDF oder lieber einer
weit verbreiteten Nachrichten-Agentur, aber dann rufe ich
doch lieber zunächst La Mamma an und versuche ihr zu erklären, daß Lu läuft, im Alter von jetzt zwölf Monaten läuft
zur Musik von Ravels »Bolero«.
Geht es dir gut? fragt La Mamma ganz nüchtern, und ich
antworte: O. geht es gut, es gut ihm phantastisch.
Doch da höre ich La Mamma nur noch stöhnen, als wäre ich
krank und sie litte mit mir, und ich höre sie sagen: Bleib ganz
ruhig, ich komme sofort, in zehn Minuten bin ich ja da …,
und da begreife ich erst, daß sie mich wirklich für krank oder
verwirrt oder etwas ähnliches hält, und so rufe ich nur noch
zurück: Lu läuft, und O. geht es, ganz im Ernst, gut, da hat La
Mamma aber längst aufgelegt und ist ins Auto gestiegen,
während ich die Treppe hinabschaue, dort unten tobt die Karawane jetzt, Lo schleift ihren ganzen Stoffpuppen-Haushalt
hinter sich her, und Lu stapft voraus, die Karawane hat die
Hauptstadt des Landes erreicht, sie zieht ein durch ihre Tore
und wird sie gleich besetzen …

La Mamma ist jetzt da, aber Lu ist sehr erschöpft und will
keinen weiteren Schritt gehen. Ich bitte Lo, zu bestätigen,
daß Lu gehen kann, allein, beziehungsweise zur Musik von
Ravel, aber Lo sagt nur: »Lo läuft auch schön«, nicht mehr,
und leider haben wir das schon gewußt.
La Mamma meint, ich solle mich etwas hinlegen und sie
werde mal etwas aufräumen, denn es sehe in den Zimmern
gar nicht gut aus, und da ziehe ich mich gekränkt zurück in

den ersten Stock und fülle dort betont langsam und gründlich einen Bestell-Schein aus, einen Bestell-Schein für eine Gesamt-Edition der Werke des Minimalisten Maurice Ravel.

Kleiner Abschied

Ich war nie in einem Kindergarten, nie. Als man mich das erste Mal hinbrachte, begann ich schon im Flur beim Anblick der vielen Kleiderhaken zu schreien. Beim zweiten Mal durchschritt ich nicht einmal mehr die Tür, sondern ließ mich vorher zu Boden fallen und stand erst wieder auf, als man mir versprach, daß ich nicht in einen Kindergarten gehen müsse.

Was genau meine tiefe Abneigung gegen Kindergärten hervorrief, weiß ich bis heute nicht. Jedenfalls blieb ich zu Hause und spielte dort an den Nachmittagen mit all den Kindern, die am Vormittag in einen Kindergarten gegangen waren. Vielleicht wollte ich den Vormittag für mich, vielleicht spürte ich instinktiv, daß man sich einige Stunden am Tag für sich selbst und nur für sich aufheben sollte ..., wie auch immer: Ich war jedenfalls nie in einem Kindergarten, ich nicht.

La Mamma ist der Meinung, daß wir Lo jetzt in einen Kindergarten schicken sollten. Sie hat bereits dort angerufen und sich erkundigt, zufällig ist gerade auch einer der begehrten Plätze frei, La Mamma teilt es mir so gut gelaunt mit, als gäbe es einen Grund, sich richtig zu freuen.

Ich jedoch freue mich nicht. Bei dem Gedanken, daß Lo in einen Kindergarten gehen soll, zieht sich vor Widerwillen etwas in mir zusammen. Ein Kindergarten, könnte ich zu La Mamma sagen, ist die erste öffentliche Anstalt, in die man

Kinder steckt. Danach kommt die Schule, also eine noch schlimmere, und so geht es dann immer weiter, schlimmer und schlimmer, eine Anstalt nach der andern, und letztlich sind es lauter Fleiß- und Tretmühlen, mit deren Hilfe sie aus einem fröhlichen und ausgeglichenen Kind eine übellaunige und gereizte Erscheinung machen.

So etwas könnte ich sagen, aber ich sage es natürlich nicht. La Mamma hat von Kindergärten nämlich eine ganz andere, sehr gute Meinung, sie findet, daß Kindergärten geradezu notwendig sind für das Wohlbefinden des Kindes, eine große soziale Wohltat, durch die es in guten Kontakt gebracht wird mit der Gesellschaft ringsum.

Genau diesen engen und hautnahen Kontakt würde ich Lo gern ersparen, ich finde, sie hat viel mehr davon, die Morgende mit mir und Lu zu verbringen, anstatt mit zwanzig anderen Kindern die Zeit tot zu schlagen. Und so strenge ich mich in diesen Tagen vor Los erstem Kindergartenbesuch besonders an. Ich ziehe mit Lo und Lu durch die nahen Wälder, ganze Vormittage verbringen wir auf hellen Lichtungen und großen Waldspielplätzen, wir spielen »Schätze suchen« und »Erdteile entdecken« und machen sogar weite Expeditionen in ganz unbekanntes Terrain.

Manchmal, wenn wir uns irgendwo lagern auf einer Decke, weise ich darauf hin, wie schön es hier ist, daß wir viel Zeit haben, daß niemand uns treibt, daß es herrlich ruhig ist und beinahe still und daß man, wenn man jetzt einmal versucht, noch stiller zu sein, ein singendes Rotkehlchen hören kann.

Wenn ich so rede, glaube ich, eine gewisse Begeisterung an Lo wahrzunehmen. Sie regt sich bei meinen Worten nämlich wirklich kaum noch, sondern horcht in die Ferne, und wenn sie das singende Rotkehlchen gewahr wird, geht ein so erstauntes und befriedigtes Lächeln über ihr Gesicht, daß ich keinem Kindergarten mehr eine Chance gebe. Lo ist im Wald aufgewachsen, Lo ist ein Waldkind, denke ich, ein Waldkind wie Lo schickt man nicht in einen Kindergarten.

Am Morgen des Tages, als Lo dann aber doch zum ersten Mal in einen Kindergarten gehen soll, fühle ich mich nicht wohl. Ich weiß nicht, was es ist, vielleicht etwas im Magen, jedenfalls frühstücke ich nicht, mir ist übel, ich trinke nur Pfefferminztee. La Mamma meint, ich solle mit Lu zu Hause bleiben, sie werde Lo allein in den Kindergarten begleiten, aber da ist sie bei mir an den Falschen geraten, ich komme mit, natürlich begleite ich Lo bis vor die Türe des Kindergartens, wo ich auf sie warten werde, ein halbes Stündchen, denn in so kurzer Zeit, da bin ich ganz sicher, wird sich herausgestellt haben, daß Lo nicht gemacht ist für einen Kindergarten.
Ich verstehe nicht, wie La Mamma so ruhig bleiben kann. Während wir alle zusammen mit dem Wagen auf den Kindergarten zufahren, spricht sie von irgendeiner Nebensächlichkeit, einer Erledigung am Nachmittag, einer dummen Besorgung irgendeines kreuzunwichtigen Gegenstandes, als sollten wir in einem so bedeutsamen Lebensmoment nicht ausschließlich an das denken, was uns erwartet. Mir jedenfalls ist noch immer übel, beim bloßen Gedanken daran, etwas zu mir nehmen zu müssen, verkrampft sich mein Magen. Lo sollte zu Hause bleiben, wenn es ihrem Vater so schlecht geht, denke ich, aber ich weiß, daß ich La Mamma mit solchen Sätzen nicht beeindrucken kann.

Als wir vor dem Kindergarten halten, muß ich schlucken. Da kommen sie wahrhaftig, all die Kinder, mit ihren Kindergartentaschen und ihren Kindergartengesichtern, wie ich es erwartet hatte. Ich schaue zu La Mamma hinüber, doch ich bemerke nicht, daß ihr etwas auffällt. Ihr muß doch etwas auffallen, denke ich, sie kann doch nicht so herzlos sein und unsere gute Lo, das Waldkind, in diese Behausung hineinschicken wollen? Wenn man den Flur betritt, wird es viele Kleiderhaken geben, in Reih und Glied, und an jedem Haken wird eine Kindergartentasche baumeln und unter den Haken werden die Hausschuhe stehen und ..., ach, es ist ja nicht zu ertragen!

Ich sehe aber nicht, daß La Mamma meine Gefühle teilt, im Gegenteil, sie nimmt Lo jetzt an der Hand und trägt ihre nagelneue, in meinen Augen sehr häßliche Kindergartentasche und dann ..., ich kann das nicht mit ansehen! La Mamma führt Lo jetzt nämlich zu mir, und ich stehe neben unserem Wagen, so daß Lo mir einen Kuß geben kann, den letzten, den Abschiedskuß, ich habe mich noch nie so von Lo verabschiedet, merke ich da, ich nehme gerade Abschied von meinem Kind, man will mich von ihm trennen!

Mir kommen beinahe die Tränen, aber ich schlucke schwer und beherrsche mich, es ist ja nur für eine halbe Stunde, sage ich mir, und dann geht La Mamma wirklich mit Lo hinein, sie untersteht sich, sie tut es, und Lo geht an La Mammas Hand hinein, und ich bin mit Lu allein.

Drei Jahre habe ich mit Lo verbracht, beinahe Tag für Tag, wie soll ich es jetzt schaffen, einen Morgen ohne sie zu verbringen? Es geht nicht, es geht einfach nicht, murmle ich vor mich hin und nehme Lu an der Hand, der von alldem anscheinend nichts merkt.

Es dauert zehn, nein, zwölf Minuten, da kommt La Mamma zurück.

Was ist? frage ich.

Sie hat gleich begonnen, mit den Kindern zu spielen, sagt La Mamma, ich brauche nicht länger bei ihr zu bleiben.

Du willst sie allein lassen, frage ich nach.

Sie hat mich gehen lassen, sagt La Mamma, sie hat noch einmal gewinkt und ist dann zu den anderen Kindern gelaufen.

Noch einmal gewinkt, sage ich, sie hat noch einmal gewinkt, und dann schweige ich. Lu und ich, wir fahren La Mamma in ihr schönes Büro, doch dann fahren wir heimlich zurück und stellen den Wagen vor dem Kindergarten ab. Wir machen einen kleinen Gang, die Straße hinauf und hinab, und wir hören das Lachen und die Rufe der Kinder, die anscheinend jetzt im Freien spielen, hinter dem Kindergarten, im Gartenterrain.

Wir gehen nicht hin, wir werfen keine verstohlenen Blicke in dieses Terrain, sondern gehen statt dessen noch einmal die schmale Straße hinauf und hinab. Lo, denke ich, Lo, hörst du mich, wenn es dir da drin jetzt sehr schlecht geht, brauchst du bloß hinaus zu kommen, natürlich warte ich mit Lu hier draußen auf dich, das weißt du, du weißt doch, daß ich den ganzen Vormittag warte, Lo, hörst du?

Als Lo nicht erscheint, vergrößern Lu und ich unsere Runden. Wir biegen auf die nächst größere Straße ein und gehen dann diese Straße hinauf und hinab, wir besichtigen eine Bäckerei, und ich frage in einer Nähwerkstatt nach, ob man mir meine Hose vielleicht kürzen könne. Bald höre ich die Kinder nicht mehr rufen und schreien, sie halten sich jetzt anscheinend im Gebäude des Kindergartens auf, sie werden die Neue anstarren, meine Lo, die nicht gewohnt ist, mit zwanzig Kindern gleichzeitig zu spielen, dafür aber einen Rotkehlchenruf mühelos vom Ruf eines Zaunkönigs unterscheiden kann.

Nach drei Stunden sehen Lu und ich die ersten Kinder den Kindergarten verlassen. Wir wollen nicht aufdringlich erscheinen, deshalb warten wir noch genau zehn Minuten, dann aber gehen wir, ohne noch länger zu zögern, hinein.

Es sind große, sehr helle Räume, und es gibt wirklich viele Kleiderhaken, aber sie sind bunt und erscheinen nicht ganz so schlimm, wie ich dachte. In jedem der Räume ist etwas anderes los. Die einen spielen, andere malen, andere liegen in einer Ruheecke und hören eine Kassette, die meisten ba-

steln. So viele Kinder, in all diesen Räumen verteilt, ergeben
einen durchaus erträglichen Anblick, zuckt es mir durch den
Kopf, als ich Lo endlich entdecke.

Lo bastelt. Sie steht an einem großen Tisch und klebt buntes
Konfetti auf ein großes Blatt.

Lo, sage ich und hätte sie beinahe so stürmisch umarmt, als
hätte sie ohne mich eine Katastrophe durchlitten.

Lo, sage ich ein zweites Mal, aber Lo schaut nicht zu mir,
sondern klebt weiter das bunte Konfetti.

Lo, sage ich, ich bin's, wir sind wieder da.

Ja, sagt Lo, schön, daß ihr da seid.

Lo, sage ich, wir sind gekommen, dich abzuholen.

Ja, sagt Lo, wir können gleich gehen, gleich bin ich fertig.

Ich trete mit Lu einen Schritt zur Seite, nahe zur Wand. Wir
stehen da und schauen Lo zu, wie sie das letzte Konfetti auf-
klebt. Sie drückt alles noch einmal fest, dann nimmt sie das
Blatt vorsichtig mit beiden Händen und trägt es quer durch
den Raum.

Wohin willst du damit? frage ich.

Ich tu's in meine Kiste, sagt Lo.

In welche Kiste? frage ich.

Na, in meine Kiste, jedes Kind hat doch hier eine Kiste, sagt
Lo.

Ach so, sage ich.

Ja, eine Kiste und einen Haken, das hat jedes Kind, sagt Lo
und legt das Blatt in eine der vielen Kisten.

Kommt beide mit zu meinem Haken, da hängt meine schöne, neue Tasche, sagt Lo, und Lu und ich gehen dann mit und
sehen, wie Lo ihre Tasche vom Haken nimmt, ihre Hausschuhe unter die Bank schiebt und in ihre Straßenschuhe
schlüpft.

Jetzt können wir gehen, sagt Lo, und dann gehen wir wirklich, Lo den Erzieherinnen winkend, und Lu und ich hinterher.

› 131 ‹

Wie sind sie denn? frage ich draußen.

Wen meinst du? fragt Lo.

Die Kindergärtnerinnen, sage ich, wie sind sie?

Meinst du die Erzieherinnen? fragt Lo.

Ja, sage ich, die Erzieherinnen.

Sehr gut, sagt Lo, sie sind alle sehr nett.

Im Ernst, frage ich.

Ja, sagt Lo, sehr, sehr nett.

Und dann steigen wir alle in den Wagen und fahren La Mamma abholen, um ihr von dem schönen ersten Tag im Kindergarten zu erzählen und was man dort alles machen kann, in all diesen Verstecken und Ecken, mit all diesen sehr netten Erzieherinnen, einen ganzen Vormittag lang, Stunden, die im Fluge vergehn …

Reprise

Lo ist im Kindergarten geblieben, wir sind jetzt nur noch nachmittags mit ihr zusammen. Anscheinend mag sie diese Morgende mit mehr als zwanzig anderen Kindern. Sie erzählt nicht sehr viel, aber ich kann nicht behaupten, daß sie einen unglücklichen Eindruck macht, obwohl ich mir viel Mühe gebe, so etwas bei ihr zu entdecken.

Jedenfalls bin ich jetzt morgens mit Lu allein. Lu macht es nichts aus, ohne Lo auskommen zu müssen, er genießt die neue Zweisamkeit, während ich deutlich bemerke, daß Lo mir fehlt. Erst jetzt stelle ich fest, daß sie ein wichtiger Teil im Dreieck unserer Morgen-Beziehungen war. Wenn sie mit Lu spielte, entlastete sie mich, sie zog ihn hinter sich her, ja sie spielte ihm sogar einige Szenen Kasperl-Theater vor, ohne damit rechnen zu können, daß er mit einer solchen Darbietung schon allzu viel anfangen konnte.

Seit Lo aber fort ist, betrachtet Lu mich als seinen Alleinunterhalter. Er schaut mich wartend an, was ich für ihn bereit halte, und wenn ihm meine Ideen nicht zusagen, verlangt er, daß ich mir etwas Besseres einfallen lasse. Um seine Phantasie anzuregen, krame ich wieder die eher einfacheren, schlichten Spiele hervor, alte Holzbaukästen, an denen Lo früher ihre Freude hatte, und die kleine Eisenbahn, die so schön im Kreis fährt, an den zugegeben etwas langweiligen Holzhäuschen und Holzbäumchen vorbei.

Beim Herauskramen dieser vergessenen Dinge tut sich aber vor mir plötzlich ein tiefes Zeitloch auf. Kann es sein, frage ich mich, daß Lo und ich erst vor etwas mehr als drei Jahren damit gespielt haben? Oder waren es nicht doch eher zehn oder fünfzehn?

Ich kann nichts dagegen tun, mit einem Mal ist eine gewisse Rührung da, ich sehe mich als nichtsahnenden Vater neben der kleinen Lo auf dem Boden sitzen. Ich starre auf all diese Spielsachen, doch mir fällt nicht ein, was sich damit anstellen ließe. Auf den ersten Blick scheinen sie für nichts geeignet zu sein, dann aber, nach den ersten Spielen, die Lo erfindet, gewinnen sie an Leben.

An all diesen einfachen Dingen, denke ich heute, hängt gemeinsames Erleben, diese Gegenstände haben die Gefühle an sich gezogen und die Empfindungen auf sich konzentriert. Hätte man Meßgeräte für so sensible Vorgänge erfunden, würden diese Apparate zu glühen beginnen, wenn sie nur in die Nähe dieses Holzspielzeugs kämen.

Und so ergeht es mir ja mit den meisten Spielsachen, die mir jetzt nach einer Zeit der Abwesenheit erneut in die Hände geraten. Wenn ich sie wieder anfasse, nehme ich einen direkten Gefühlskontakt auf zu den kaum vergangenen Tagen.

› 133 ‹

Die widrigen Erlebnisse sind wie weggeblasen, und die schönen, intensiven erstehen vor dem inneren Auge mit einer derartigen Macht, als wollten sie einen Rühr-Film herbeizaubern. Vor Sentimentalität glaube ich zu vergehen, und es fehlt nicht viel, und ich würde mich in Zeitlupe mit der kleinen Lo durch den Raum schweben sehen, während durchs geöffnete Fenster ein Rotkehlchenchor singt.

Die meisten Gefühlseinbrüche lösen bei mir übrigens Schuhe aus, ich bemerkte es leider erst, als es schon längst zu spät war. Eine unvorsichtige Bewegung, unten im Keller, eine kleine Kiste, die ich beiseite räumte, ein rascher Blick, und ich blieb am Schuhschatz der frühsten Lo-Jahre hängen. Winzige Schuhe, Berge von Schuhen, und alle begannen zu laufen!

Mit zittrigen Fingern suchte ich nach dem Deckel, um mich vor diesem Anblick zu schützen. Die blauen Schuhe, mit denen wir in einen schweren Regen gerieten! Die roten Lackschuhe, die so schnell häßlich wurden! Paar für Paar berichteten sie alle von Los Abenteuern ihres Größerwerdens, vom einzigen Fortschritt, für den ich mich je wahrhaftig begeistern konnte.

Schuhe, dachte ich einen Moment, haben etwas Ehrliches, sie können sich nicht wie Kleider verstecken, und sie zeigen schon sehr früh ihr wahres Gesicht. Etwas hilflos und mit der Zeit immer bescheidener werdend, gehen sie eine starke, innere Bindung ein zu dem, der sie trägt, er wächst in sie hinein, sie wachsen ihm zu, und so werden sie allmählich zu einem Teil der eigenen Haut, sie verwachsen mit einem, anders als alle anderen Kleidungsstücke, die ja immer nur gepflegt werden wollen und sich ihr eigenes Leben für immer bewahren.

Spielzeug, Schuhe, all diese kleinen und sich so unschuldig harmlos gebenden Dinge, die sich vollgesogen haben mit den Aromen der Kindheit – sie interessieren Lu natürlich überhaupt nicht, ja er scheint sogar zu bemerken, daß ich ganz in meiner Erinnerung versunken bin.

Ich setze Klötzchen auf Klötzchen, seltsam, habe ich vor einigen Jahren unter Los Anleitung damals schon gedacht, seltsam, welche Befriedigung es einem verschaffen kann, Klötzchen auf Klötzchen zu setzen, keine Rechtfertigungen sind nötig, dieses Klötzchen auf Klötzchen setzen reinigt den Kopf, man vergißt schließlich die gesamte Umgebung, es ist wie eine buddhistische Übung, und man baut, setzt und baut um, bis die kleine Aufgabe bewältigt ist und nichts sonst. Vor allem nichts sonst!

Jetzt aber schimmert durch diese alte Übung ein Sinn, Lu scheint ihn wahrzunehmen, er scheint zu begreifen, daß ich mit diesen Klötzchen etwas verbinde, sie gezielt setze oder mich erinnere, wie Lo sie gesetzt hat – jedenfalls geht das alles nicht mehr, das Klötzchenbauen nicht und auch nicht das Fahren mit der Bahn immer im Kreis.

Was aber geht *denn*? Lu schaut mich wieder an, wir sitzen uns jetzt auf dem Boden gegenüber, und wir scheinen beide begriffen zu haben, daß wir ein neues Leben beginnen müssen, ein Leben ohne Reprise und damit ohne Lo. Es ist ein einfacher und einleuchtender Gedanke, aber seine Folgen sind noch schwer zu ermessen. Was machen wir *denn*? würde ich Lu am liebsten jetzt ganz direkt fragen, doch vorerst sitze ich schweigend herum und packe lieber die Klötzchen ein und die Bahn, um Lu zu zeigen, daß ich mit diesen Dingen abgeschlossen habe.

Was machen wir *denn*? frage ich schließlich aber auch laut, und Lu lacht mich an, als wolle er mir Mut machen, jetzt auch zu lachen. Ich habe es mir zu einfach vorgestellt, denke

›135‹

ich, oder genauer: Ich habe mir überhaupt nichts vorgestellt. Ich habe gedacht, Lu mit den alten Spielen gut unterhalten zu können, doch Lu war der Klügere und hat mir gezeigt, daß ich nicht mit ihm, sondern mit jemand anderem spiele. Weg also mit den Klötzchen, für Lu muß ich mir etwas anderes ausdenken, ganz neue Spiele, die nur er und ich spielen.

Drei Tage lang haben wir alles Mögliche versucht, Zauberspiele, den Aufbau eines Indianer-Lagers, ein Ballett der Küchengeräte, nichts, es war alles nichts. Meist habe ich es nach einiger Zeit aufgegeben und bin dann mit Lu nach draußen gegangen, weite Waldwege, die er genauso liebt wie Lo und bei denen man nichts falsch machen kann.

Irgendwo ist der Schlüssel verborgen, habe ich nur gedacht, aber ich kam nicht auf das Einfachste. Dabei hätte ich bloß den Hinweisen folgen müssen, die Lu mir schon längst gegeben hatte: »Bolero«, Ravel, die Fährte der Musik!

Ich erinnerte mich daran, als ich die CD-Kassetten neu stapelte. Warum, dachte ich plötzlich, sind wir bloß bei Ravel stehen geblieben? Und warum habe ich Lu noch nicht das Klavier vorgestellt, ausführlich und ausdrücklich, ganz genau, so als wäre das Klavier nur für ihn?

Gemeinsam sind wir zum Klavier gegangen, und dann habe ich das Klavier auseinandergenommen. Ich habe den alten Deckel aufgeschraubt und die vordere Wand heraus genommen, ich habe Lu die Filzhämmer und die golden leuchtenden Saiten gezeigt, und dann haben wir begonnen, wie Harfenisten an diesen Saiten zu zupfen oder zu reißen.

Ich habe die Filzhämmerchen fallen, krachen und springen lassen, und Lu durfte mit kleinen Trommelstöcken die Saiten entlang fahren und sie einzeln bearbeiten. Wir haben das Klavier Teil für Teil kennengelernt, und ich habe mich gehütet, es wieder zusammenzubauen. Tagelang haben wir uns seit dem frühen Morgen mit nichts anderem beschäftigt, als in diesen großen Musikbauch zu kriechen und uns dort zu tummeln.

Das, dachte ich manchmal, hast du dir selbst als Kind doch immer gewünscht, genau das! du wolltest hinein in dieses alte Klavier, nicht nur darauf spielen, du wolltest nahe heran an sein Herz oder jedenfalls genau wissen, wo und wie es denn schlägt. Es ist, als erfülltest du dir damit einen eigenen Traum, vielleicht bist du deshalb plötzlich so bei der Sache!

Jetzt, nach einigen Tagen, wo ich alles noch einmal durchdenke, schließe ich aus, daß ich erneut einer Reprise erlegen bin. Sicher, ich habe selbst einmal als Kind mit dem Klavierspiel begonnen und mich fesselt irgend etwas gerade an diesem geheimnisvoll-alten Kasten besonders. Andererseits kann ich mich aber auch an nichts mehr erinnern, nicht daran, das Klavier auseinandergenommen, ja nicht einmal daran, es als kleines Kind überhaupt sehr beachtet zu haben. Erst an meinem vierten Geburtstag setzte man mich vor seine Tasten, und erst mit diesem Tag begann unsere gemeinsame Geschichte.

Das stimmt doch? frage ich mich. Oder etwa nicht? Oder sollte ich doch schon viel früher und vor allem heimlich …

Lu jedenfalls hat das Klavier entdeckt, und er liebt es noch immer, obwohl wir es wieder zusammengebaut haben. Jeden Morgen drängt und schiebt er mich zum Klavier, und dann nehme ich ihn auf den Schoß, und wir schlagen ein Liederbuch auf, und ich spiele ihm etwas vor.

Besonders liebt er es, wenn ich zu den Klängen auch noch singe. Ich singe die ältesten Volkslieder, die ich kaum noch in Erinnerung hatte, Strophe für Strophe, und manchmal denke ich: Wenn du sie durch einen dummen Zufall in zwanzig Jahren irgendwo hörst, wirst du das erstbeste Flugzeug nehmen, um auf direktem Weg zu Lu zu fliegen. Du wirst ihm eines dieser Lieder vorsingen, und wenn du Glück hast, wird auch er sich erinnern und einstimmen, und dann werdet ihr lachen über diese Tage, als ihr euch daran machtet, ein Klavier auseinanderzunehmen.

Tierleben

Alle paar Wochen wünschen Lo und Lu sich einen Aufenthalt im Zoo. Am Anfang bestand ein solcher Spaziergang vor allem darin, den weiten Rundweg zu schaffen. Lu im Buggy, Lo zu Fuß – so hielten wir an guten Tagen drei oder vier Stunden durch, bevor es am Ende in der Cafeteria Eis gab oder Kuchen.

Meine Aufgabe war es, die Namen der Tiere zu nennen, ich machte das knapp, präzise und sachlich, höchstens eine Ur-alt-Metapher ließ ich noch gelten. So sagte ich etwa »ah, da ist der Löwe, der König der Wüste«, und schaute Lo und Lu dabei zu, wie eine geheime Angst und Ehrfurcht sie überfiel und wie sie diesen Gefühlen etwa zwei bis drei Minuten trotzten, dann aber doch rasch weiter wollten.

Lo und Lu unterscheiden die Tiere nach ganz eigenen Kriterien, notierte ich im stillen in mein Diktiergerät, es gibt die Klasse der furchterregenden Tiere wie Tiger und Löwen, die der schwerfälligen und gemütlichen wie Flußpferde und Elephanten, die der sehr wendigen und begeisternden wie Seehunde und Affen, und die der sehr langweiligen und vor sich hin dösenden, ich denke hier etwa an den Wüstenfuchs und den Marabu, Tiere, die sich in zwei Stunden keinen Zentimeter von der Stelle bewegen.

So also war es früher, inzwischen aber sind Lo und Lu anspruchsvoller geworden, und auch ich habe eine gewisse Ermüdung bei mir registriert. Bei einem unserer letzten Besuche war uns der Rundgang bereits so vertraut, daß Lo schon im Affenhaus rief »jetzt kommt der Löwe, der König der Wüste«, und als wir vor dem Löwenkäfig standen, rief sie »jetzt kommen die Elephanten, die schweren Dickhäuter«.

Der Rundgang bestand nun vor allem darin, einen flüchtigen Blick auf die Tiere zu werfen und sie damit auch gleich abzuhaken. So eilten wir immer rascher von Käfig zu Käfig, als käme es darauf an, den Weg in Rekordzeit zurückzulegen. Im großen Aquarium, das so etwas wie der feierlich dunkle Schlußakkord ist, schummelten wir dann sogar völlig dreist, indem wir gar keinen Blick mehr auf die einzelnen Fische warfen, sondern die Direttissima quer durch den Bau direkt zum Ausgang nahmen. »Geschafft, in dreiundneunzig Minuten« hätten wir rufen können, aber so ging es natürlich nicht weiter.

Insgeheim machte ich mir auch längst Vorwürfe, es mit dem Tempo übertrieben zu haben. Meine schmucklosen Tier-Kommentare genügen eben nicht mehr, sagte ich mir, Lo und Lu erwarten jetzt mehr als einen Namen und vielleicht noch eine Uralt-Metapher, es muß dir gelingen, sie mit deinen Sätzen so zu fesseln, daß sie vor den Käfigen länger verweilen wollen.

Wenn man das Drehkreuz des Eingangs passiert hat, betritt man das tropische Gewächshaus. Die Wege sind schmal, nein, sehr schmal, man muß hintereinander gehen, zu beiden Seiten stellen sich prunkvoll blühende exotische Pflanzen zur Schau.

Was hier aber fehlt, sind die Tiere, und leider wissen Lo und Lu das genau. Tiere spielen in diesem Gewächshaus nämlich nur eine untergeordnete Rolle, es handelt sich um ein paar winzige Vögel, die in den hintersten Winkeln umherschwirren und ununterbrochen flehentlich zirpen. Wie alle anderen Besucher nehmen Lo und Lu keine Notiz von diesen Tieren, statt dessen beschleunigen sie.

Lo nimmt die prunkenden Pflanzen kaum zur Kenntnis, und Lu scheint in seinem Buggy mit den Zügeln zu klatschen, so sehr treibt er mich zur Eile. Es ist ein gewaltiger Fehler der Direktion, den Rundweg in einem Gewächshaus beginnen zu lassen, denke ich jedes Mal, Familien mit Kindern beschleunigen in diesem tierlosen Terrain, und dann ist das Tempo bereits so groß, daß man Mühe hat, vor dem Bassin mit den Seehunden überhaupt noch zum Stillstand zu kommen.

Diesmal jedoch versuche ich es. Ah, die Seehunde, rufe ich, schaut mal, wie leicht und schwerelos sie sich im Wasser bewegen!

»Leicht und schwerelos« reizt, wie ich feststelle, ihre Aufmerksamkeit, jedenfalls hält zumindest Lo inne und starrt irritiert in das Wasser. Dann aber wirft sie mir einen kurzen Blick zu: etwas ist anders als sonst, aber was und warum ist es anders?

Ich stelle mir vor, wie »leicht und schwerelos« nun als bunte Wortbänder mit Fragezeichen durch ihren Kopf ziehen, »leicht und schwerelos, schwerelos leicht«, aber es fliegt und treibt nur ein paar Sekunden, dann scheinen die bunten Bänder müde zu Boden zu sinken.

Weiter, ruft Lo, jetzt kommen die Affen, die Kletterkünstler! Wir wollen noch etwas bei den Seehunden verweilen, sage ich, und Lo schaut mich zum zweiten Mal an und tut mir dann sogar den Gefallen, noch einmal ins Wasser zu starren: »Leicht und schwerelos« treibt noch einmal durch die Luft, dann stürzt es endgültig ab.

Jetzt aber weiter, ruft Lo und löst sich vom Geländer.

Wenn die Seehunde hungrig sind, springen sie, sage ich. Der Wärter kommt mit einem Eimer voller Heringe, und dann springen die Seehunde aus dem Wasser bis zu ihm hinauf, bis zur Felsenplatte dort oben.

Lu gähnt und ruckelt an seinem Buggy, während Lo schon auf halbem Weg zum Affenhaus ist. Du langweilst sie, sage ich mir, warum soll es Lo und Lu auch interessieren, daß Seehunde springen, es wäre besser, Lo und Lu sähen es selbst, dann brauchtest du es ihnen nicht umständlich zu erklären.

»Umständlich« treibt nun mir durch den Kopf, ein graues Wortband, das den Himmel verdunkelt. Offensichtlich habe ich die falsche Textsorte gewählt, einen uneinsichtigen und aus der Luft gegriffenen Kommentar zum Seehunde-Leben, der nicht zu begeistern vermag.

Im Affenhaus wird alles aber noch schwerer. Ein Käfig reiht sich hier an den anderen, und ich sehe sofort, daß es ganz unmöglich ist, die Kinder vor einen dieser Käfige zu bannen.

Lo, komm einmal zu mir, rufe ich, und Lo kommt, wenn auch leicht widerstrebend.

Jetzt sind wir im großen Affenhaus, sage ich, wir wollen einmal sehen, welche Affen von all diesen hier am besten turnen.

Lo schaut mich wieder an, während Lu sich sehr kräftig vor und zurück bewegt, als wollte er den Buggy schleunigst verlassen und über die Felder auf und davon laufen.

Was ist am besten, fragt Lo zurück, und ich begreife, daß meine Frage zu undeutlich war.

Wir wollen sehen, welche Affen den ganzen Käfig zum Turnen nutzen, versuche ich genauer zu werden.

Warum wollen wir das sehen, fragt Lo, und ich bewundere insgeheim schon ihre Geduld.

Manche Affen sitzen nur stundenlang da und lausen sich, die sind faul, sage ich. Andere Affen springen und klettern durch den ganzen Käfig, die sind fleißig. Jetzt wollen wir sehen, welches die fleißigsten sind.

Und dann, fragt Lo, und es hört sich an wie: Und wozu?

Ja richtig, wozu, das frage ich mich inzwischen auch selbst.

Wir wollen die fleißigen von den faulen unterscheiden, um die Affen einmal etwas genauer zu beobachten und ihr Tun und Treiben aufmerksam zu studieren, müßte ich umständlich sagen, aber ich sehe schon »umständlich« durch eine bestimmte Partie meiner Gehirnzellen treiben.

Wir zeichnen die fleißigen, sage ich zu Lo, wir machen ein schönes Bild von den fleißigsten Tieren des Zoos, von denen, die uns am besten gefallen, und das Bild schenken wir zu Hause La Mamma, die wird sich freuen.

Machen wir das? frage ich nach, mit sacht werbender Nachdrücklichkeit, und versuche, Lu mit ein paar Faxen kurz abzulenken. Wenn Lu nämlich »zeichnen« hört, ahnt er sofort Schlimmes, denn »zeichnen« bedeutet, nicht mit Lo spielen zu können, sondern etwas anderes tun zu müssen, allein oder mit mir.

Was Lo betrifft, so würde sie im normalen Fall sofort zu zeichnen beginnen, denn sie zeichnet zu allen Gelegenheiten, beim Autofahren, im Restaurant, ja sogar im Schwimmbad. Zeichnen im Zoo aber ist neu, deshalb zögert sie noch einen Moment.

Wir gehen jetzt hinüber zu dem schönen bunten Kiosk, sage ich zu Lo, und dort kaufen wir dir einen Zoo-Tier-Block, einen ganz großen, und bunte Zoo-Tier-Stifte, und dann zeichnest du in den neuen Block mit den neuen Stiften ein neues Bild für die neue ... für La Mamma, sage ich, etwas erschöpft.

Wir sitzen im Affenhaus und warten, bis Lo die fleißigsten Affen gezeichnet hat. Sie kommen aus der Familie der Löwenmähnäffchen und springen wirklich ununterbrochen von einer Ecke des Käfigs in eine andere, als hätten sie einen Auftrag von mir bekommen. Ob Affen das besondere Interesse, das Menschen ihnen entgegenbringen, bemerken, frage ich mich, lege diese Frage in Gedanken aber gleich fort und zur Seite.

Während Lo zeichnet, gehe ich mit Lu an den Käfigen entlang und lese ihm die kurzen Texte auf den Schautafeln vor, schließlich fällt mir zu den Affen nicht unbegrenzt etwas ein und schließlich brauche ich im Affenhaus Unmengen von Text, um die Zeit zu überbrücken.

Wenn die Texte nur nicht so schlecht wären, mein Gott, für wen sind solche Texte geschrieben? Trockene Angaben über die Herkunft der Tiere, lateinische Namen, ein einziges Durcheinander von Informationen, beliebig und aufs Geratewohl aneinandergereiht!

Es wäre eine große und interessante Aufgabe, die Texte zu diesen Käfigen neu zu entwerfen, denke ich, ganz neue, hochinteressante und lebendige Texte, so gut, daß viele Besucher schließlich nur noch der Texte wegen kommen würden und eine gewisse Mundpropaganda einsetzte: Gehen wir doch einmal in den Zoo, dort sind die Texte vor den Käfigen ganz ausgezeichnet!

Aber wie? Wie müßten die Texte denn sein? Ich schiebe Lu, der übrigens noch erstaunlich geduldig ist, von Käfig zu Käfig, während ich insgeheim beginne, über neue Texte nachzudenken. Anekdotenreich sollten sie sein, denke ich, kurze Geschichten, kuriose Ereignisse, darüber, was die Tiere so mögen, was sie fressen und wieviel am Tag, und schon ergießt sich ein immer kräftiger werdender Wortwasserfall in mein Gehirn, es ist zum Verzweifeln, ich könnte das Diktiergerät jetzt dringend brauchen.

Dann ist Lo fertig, sie zeigt mir ihr Blatt, und ich schreibe auf die Rückseite das Datum und dazu »Löwenmähnäffchen, Großes Affenhaus, Südlicher Trakt«. Die Mähne ist goldbraun, mit rötlichem Unterton, und das spitz zulaufende Affengesicht ist sehr gut getroffen. Ich lobe Lo, weiß aber längst sehr genau, daß ein zweites Bild nicht mehr drin ist. Mir zuliebe würde sie es wohl sogar versuchen, aber sie würde schneller und deshalb schludriger zeichnen, und das möchte ich nicht. Außerdem wäre Lu ein zweites Bild nicht mehr zu erklären, er sitzt sowieso schon ganz vorn auf der Sitzkante des Buggys, als sammelten sich dort gerade sehr widrige Kräfte.

Am besten ich lasse ihn ein kleines Stück laufen, dadurch verteilen sich solche Kräfte meistens sehr schnell. Lo nimmt Lu an der Hand, dann stürmen sie los, das sanft an- und absteigende Zoo-Terrain ist ein ideales Gelände.

Zum Laufen sind wir aber nicht hier, denke ich, hier geht es um die Tiere und das Tierleben, ich sollte jetzt endgültig mit einigen suggestiven Tiergeschichten beginnen, aus dem Stegreif, so etwas muß doch möglich sein.

Als wir zu den Panthern kommen und Lo und Lu gerade eine Minute verweilen, versuche ich es. Das sind Panther, setze ich an und bemerke sofort, daß mein Wissen leider nicht reicht, die folgenden sechs oder sieben Minuten zu füllen. Wie oft habe ich schon Panther gesehen, ohne es für nötig erachtet zu haben, mich ihnen länger zu widmen, dabei gäbe es über Panther bestimmt viel zu erzählen. Panther gehören zu den schnellsten Tieren der Erde, mache ich weiter und habe das Erlebnis von den Worten, die wie modrige Pilze auf der Zunge zerfallen, wer war es noch, der diesen viel zitierten Vergleich in die Literatur eingeführt hat, versuche ich mich zu erinnern, irgendein Lyriker, dem in einer schwachen Stunde die Worte ausgegangen sind, ein für allemal.

Ich habe nie Gedichte geschrieben, auch so ein Manko, das ich mir vorwerfe, nie ein Gedicht, nicht einmal eine einzige Zeile, schlimm, aber auf diese Weise erlebte ich wenigstens nicht das Ausbleiben der Worte, das Versiegen, ich stelle mir das entsetzlich vor. Eben sind einem noch die schönsten Gedichte gelungen, ohne großes Nachdenken natürlich, ganz leicht, die Zunge vibrierte beinahe von selbst im Takt des Metrums, und dann plötzlich die Zungenfäulnis, das endgültige Aus …

Ein Gedicht über Panther, das wäre es, denke ich, aber ich brauche gar nicht weiter zu denken, zum ersten Mal an diesem Tag ist ein jähes Gefühl der Erleuchtung da, natürlich, das ist es, ich werde Rilkes Gedicht vom Panther aufsagen: »Der weiche Gang geschmeidig starker Schritte, der sich im allerkleinsten Kreise dreht …«, so etwas ist große Lyrik, mühelos klingend und leicht, der Zauber der Worte, sklavisch zitieren, das kann ich ja wenigstens.

Der Panther, sage ich laut und anscheinend so laut, daß ein vorbeiflanierendes Ehepaar stehen bleibt. Geht weiter, los, macht euch davon, würde ich ihnen am liebsten zurufen, aber dann schweige ich feige, und die beiden Worte verhallen fürs erste im Nichts.

Lu starrt mich an, »Der Panther« hat ihn anscheinend erschrocken, und Lo geht es nicht anders, sie greift schon nach meiner Hand.

Ich blicke mich um und warte, bis die Bühne endgültig leer ist. Dann fange ich an: Der Panther. Sein Blick ist vom Vorübergehn der Stäbe so müd geworden, daß er nichts mehr hält, ihm ist, als ob es tausend Stäbe gäbe, und hinter tausend Stäben keine Welt …

Halt, ich bin noch nicht fertig, es kommen noch zwei weitere Strophen. Seltsam, daß ich sie wahrhaftig ohne Stocken zusammenbringe, obwohl ich mir manchmal nicht mehr sicher bin, ob sich nicht Fehler in meine Erinnerung eingeschlichen haben. Sein Blick ist vom Vorübergehn der Stäbe … zum Beispiel, da fängt es ja schon an. Heißt es wirklich »vorübergehn«, oder nicht eher »vorüberziehn«, oder vielleicht sogar »vorüberfliehn« …, vielleicht sollte ich da nicht so pingelig sein und mich einfach für die Version entscheiden, die mir selbst am besten gefällt. Genau, ja, so mache ich es, ich werde eine eigene Version herstellen, meine Version des großen Rilke-Gedichts, ein winziger und beinahe rührend hilfloser Versuch, die Sprossen der hohen Lyrik zu erklimmen. So etwas könnte ein Anfang sein, mein lyrischer Anfang, der erste Schritt in Richtung Gedichte.

Ich habe Lo und Lu völlig aus dem Blick verloren, zum Glück stehen sie weiter neben mir. Noch immer starren sie mich beide an, »Der Panther« hat sie anscheinend beeindruckt. Noch mal, sagt Lo, und ich glaube nicht richtig zu hören. Hast du noch mal gesagt, liebe Lo, frage ich, und Lo nickt und sagt: Noch mal.

Es gibt in diesem Augenblick nichts, was ich mir lieber zweimal sagen ließe. Der Panther, nochmal, vielleicht etwas lauter und im Vortrag bestimmter als vorhin, das traue ich mir durchaus zu, und so lege ich los und gebe auch nichts mehr auf stehenbleibende Ehepaare, die meiner Rezitation mit offenen Mündern lauschen.

Als ich fertig bin, klatscht Lo in die Hände und wiederholt: Stäbe gäbe, Stäbe gäbe ..., sie hat sich den ersten lyrischen Treffer in Rilkes Gedicht gleich gemerkt und herausgeangelt. Ein wenig unheimlich ist es, denn auch als wir schon bei den Flußpferden sind, ist es noch immer so, als ob es tausend Stäbe gäbe, Stäbe gäbe ..., und hinter tausend Stäben keine Welt.

Ich habe eine vorläufige Lösung für unser Problem gefunden, denke ich. Von nun an werde ich Lo und Lu jeden Abend Gedichte vorlesen, baden werden wir in Zeilen und Strophen, noch mal, immer wieder noch mal, bis wir sie auswendig können.

Meine weißen Ara haben safrangelbe Kronen ..., ist dann das zweite Gedicht, das mir noch auf Anhieb einfällt, als wir kurz vor dem Ende des Rundgangs den Käfig mit den Aras passieren. Lo und Lu stehen wieder still und lauschen ergriffen. »Meine weißen Ara«, denke ich, ist ein vollkommenes Gedicht, noch vollkommener als das von den Panthern. Wenn man es vor einem Ara-Käfig aufsagt, scheinen selbst die Tiere in sich zu gehen und zitternd dem nachzusinnen, was einem Zaubermeister der Worte zu ihnen eingefallen ist.

Wir aber machen uns auf den Heimweg, voller Elan, weil wir eine neue Welt entdecken wollen.

Die Anfangsgründe der Poesie

In der Anthologie »Allerleirauh« stehen viele schöne Kinderreime, und Hans Magnus Enzensberger hat sie gesammelt und Dagrun und Tamaquil gewidmet. Ich brauche das Buch also nur noch aufzuschlagen, einige Gedichte auszuwählen und sie dann Lo und Lu zu widmen.

Kurz vor dem Zubettgehen ist es soweit. Wir sitzen auf Lus Bettchen, Lo und Lu schauen erwartungsvoll, und ich schlage das Buch auf, als öffnete ich eine Schatzkiste. Gleich losgelegt, mit dem ersten Gedicht: Sälzchen, Schmälzchen, Butterchen, Brötchen, Kribbelkrabbelkrötchen ...

Und? Wie ist der Erfolg? Lo schaut etwas nachdenklich, sie hat anscheinend nicht viel verstanden. Sälzchen? Schmälzchen? Was ist das?

Sälzchen ist Salz, erkläre ich, und Schmälzchen ist Schmalz. Und was ist Schmalz, fragt Lo.

Schmalz ist Fett, Tierfett, sage ich, Gänseschmalz ist das Fett der Gans, es sitzt unter der Haut, glaube ich.

Gänsehaut, sagt Lo, da muß Lu lachen.

Kribbelkrabbelgänsehaut, sagt Lo, und Lu muß gleich noch mehr lachen.

Moment mal, sage ich, es ist ein Gedicht, ein komisches, kleines Gedicht: Sälzchen, Schmälzchen …

Butter und Salz, sagt Lo, und Lu lacht nun, als wollte er nicht mehr aufhören.

Sälzchen, Schmälzchen ist kein idealer Einstieg, gebe ich zu und blättere gleich weiter. Lirum larum Löffenstiel, alte Weiber essen viel, junge müssen fasten … Das finde nun wiederum ich nicht ideal. Alte Weiber, nein, so etwas lese ich lieber nicht vor, und was soll das Ganze auch: Frauen, die fasten müssen, und das Brot, das im Kasten liegen soll …, es geht einfach zu sehr durcheinander, Lo wird das mit wenigen scharfen Fragen gleich wieder erledigen.

Mein Hinkelchen, mein Hinkelchen, was machst in unserem Garten? Pflückst uns all die Blumen ab, machst es gar zu arg. Mutter wird dich jagen, Vater wird dich schlagen. Mein Hinkelchen, mein Hinkelchen, was machst in unserm Garten?…

Ja, gut, das könnte gehen, das ist unverfänglich und leicht zu verstehen, außerdem steht ein Tier im Mittelpunkt.

Ich lese »Mein Hinkelchen« vor, erkenne an Los erschrockenem Gesicht aber gleich meinen Irrtum.

Was ist denn, Lo, frage ich.

Das Gedicht ist nicht schön, sagt Lo.

Aber warum nicht, frage ich.

Die jagen und schlagen das Hinkelchen, sagt Lo.

Nun ja, sage ich, sie jagen und schlagen es keineswegs immer, sondern nur, wenn es böse war.

Das arme Hinkelchen, sagt Lo und schaut, als kämen ihr gleich die Tränen.

Sie haben es ja gar nicht wirklich gejagt und geschlagen, sage ich, sie würden es eben nur tun, wenn sie das Hinkelchen beim Blumenpflücken beobachteten.

Armes Hinkelchen, sagt Lo da erneut, es hinkt und darf keine Blumen abpflücken. Und dann wird es auch noch geschlagen.

Es würde geschlagen, sage ich, wenn es pflücken würde.

Hinkt das kleine Mädchen, weil es soviel geschlagen wurde? fragt Lo.

Was? frage ich, aber nein! Das Hinkelchen ist doch kein Mädchen, es ist ein Hahn, ein Hähnchen, kein Mädchen.

Ein Hähnchen? verzieht Lo das Gesicht jetzt ganz angewidert. Aber ein Hähnchen mag doch gar keine Blümchen.

Manchmal eben doch, sage ich, in gewissen, nun ja, in seltenen Fällen.

Nein, sagt Lo, mag es nicht. Und warum hinkt es?

Es hinkt doch gar nicht, sage ich.

Das ist ein sehr dummes Gedicht, sagt Lo, weißt du denn gar keine richtigen Gedichte?

Richtige? frage ich, was meinst du mit richtigen?

Na richtige, richtige Gedichte, sagt Lo, ohne Sälzchen und Hinkelchen, so wie das mit dem Panther und das mit den Aras.

Ich lege »Allerleirauh« vorerst zur Seite, ich ahnte nicht, welche Fallen es birgt. Ich vermute, es handelt sich um Kindergedichte, die Erwachsene für Kindergedichte halten. Vielleicht sind es auch nur Kindergedichte, die Hans Magnus Enzensberger für Kindergedichte hält. Oder es sind, ja, jetzt habe ich es, es sind Kindergedichte für Dagrun und Tamaquil. Jedenfalls habe ich bei Lo und Lu damit kein Glück. Womit aber dann? Was könnten richtige Gedichte sein, die Lo und Lu zumindest in großen Teilen verstehen?

Sollte ich es einmal mit Goethe versuchen? Mit Goethe, ja doch, mit Goethe. Einfach einmal einen Band mit Goethe-Gedichten aufschlagen und einige vortragen, nach kurzer Prüfung. Gut, machen wir einen zweiten Versuch!

Ich lese das Gedicht von der Libelle, die die Quelle umflattert, das gefällt Lo, ja, es gefällt, und ich darf weitermachen.

Ich lese das Gedicht vom herzigen Veilchen, das auf der Wiese stand, gebückt in sich und unbekannt, und es gefällt Lo noch sehr viel mehr, obwohl es ein trauriges Gedicht ist, ja, ein bißchen traurig. Und dann lese ich das Gedicht vom großen Teich und den Fröschlein, die in seiner Tiefe verloren saßen und nicht ferner quaken noch springen konnten, weil der große Teich zugefroren war, und das gefällt Lo und Lu nun so sehr, daß sie zu quaken beginnen und nicht mehr aufhören wollen.

Ich werde ein Heft anlegen mit vorlesbaren, guten Gedichten für Kinder, denke ich, ohne Sälzchen und Schmälzchen, statt dessen große Gedichte der Weltliteratur, die auch Kinder verstehen. Ich sollte die Gedichte der großen Lyriker durchgehen, mit dem Blick darauf, ob ein Kind sie begreift. Und dann die Stellen, die es nicht versteht, genau prüfen. Und die unverständlichen Stellen umschreiben und aus ihnen verständliche machen! Das würde ein schöner Band Kinder-Welt-Literatur!

Lo und Lu quaken und springen vom Bettrand auf den Boden, und vom Boden wieder hinauf auf den Bettrand. Dreimal Goethe habe ich schon, denke ich, das ist eine Menge für einen einzigen Lyriker. Mal sehen, wieviel ich von Goethe zusammen bekomme: »Das Heidenröslein«, auf jeden Fall noch, »Der Zauberlehrling«, ja, auch das müßte gehen, ich schätze vorsichtig, es könnten zwanzig sein, zwanzig gute, vorlesbare Gedichte für Kinder.

Und Schiller? Wahrscheinlich kein einziges. Schiller ist etwas für Jugendliche, für Pubertäre, für junge Männer mit vielen Pickeln und weit geöffneten Nasenflügeln, denke ich mich in Rage. Schiller hat wahrscheinlich kein einziges Gedicht für Kinder geschrieben, katastrophal-beschränkt und verbissen, wie er war, denke ich weiter und bemerke, wie Schiller in meiner Achtung rapide sinkt und schließlich überhaupt nicht mehr zählt.

Ich sehe die Lyrik jetzt mit einem anderen Blick, sage ich mir, so ein erkenntnisgeleitetes Interesse oder eine interessegeleitete Erkenntnis ... herrjeh, wie komme ich nur auf diesen Theoriekram ..., bringt allerhand ans Licht, eine ganz neue Perspektive, genau das meinte ich.

Und dann ernte ich zum Abschluß des Tages noch einmal die drei ersten Früchte. Die Libelle, das Veilchen, die Fröschlein ... – in manchen gerade der bekanntesten Goethe-Gedichte lebt ein Schimmer von der Aura kindlichen Sprechens, notiere ich noch, aber ich weiß, daß ich für diesen Satz kein Diktiergerät brauche.

Mondscheinsonate

Es beginnt schon zu dunkeln, als Lo mich an der Hand nimmt. Sie will noch einmal hinaus und die kleine Schleife durch den Wald gehen, die wir früher oft zusammen gegangen sind. Wir werden uns beeilen müssen, denke ich, in einer halben Stunde ist es stockdunkel, da könnte Lo sich im Wald ängstigen.

Ich sage aber nichts, sondern ziehe mit Lo auf und davon, sie hält meine Hand noch, als wir ein kleines Stück hintereinander gehen und das Handhalten schwerfällt. Es ist ein beruhigendes Gefühl, eine warme Kinderhand zu halten, denke ich, dabei ist es gar nicht so klar, wer hier wen hält, im Augenblick habe ich fast das Gefühl, als hielte Lo meine Hand und als wäre sie hier die Ältere, seltsam.

Ich sage aber weiter nichts, sondern überlege, was Lo wohl vorhaben könnte, da höre ich, wie sie zu erzählen beginnt. Jetzt kommen die schönen glatten Stämme, sagt Lo, die grau-

›151‹

en, die von den Buchen, und da hinten, da stehen die braunen, rauhen, die von den Kiefern, nicht wahr?

Ich zögere einen Moment, da spricht sie schon weiter: Kiefernzapfen gibt es aber noch nicht, und auch die Bucheckern sind noch nicht da. Im Winter sammeln die Eichhörnchen alles und tragen es in ihre Verstecke, nicht wahr?

Es ist sehr still, und ich habe jetzt das Gefühl, als wäre der Waldboden sehr weich oder als schliche man mit sehr leichten Schuhen aus feinstem Leder über einen Waldteppich aus Kiefernnadeln.

Schade, daß man mit dem Dreirad nicht durch den Wald fahren kann, sagt Lo weiter und hält meine Hand, ich würde mit dir so gern einmal durch den Wald fahren, ganz schnell, ganz ganz schnell. Und dann würden wir hören, wie die Tiere erschrecken und wie sie davonlaufen.

Ich überlege, an welche Tiere sie denkt, Vögel jedenfalls kann sie nicht meinen, denn sie drückt sich sehr genau aus und würde niemals behaupten, daß Vögel davonlaufen. Ich komme aber gar nicht dazu, sie zu fragen, denn sie redet schon weiter: Ich würde gerne mal sehen, wo die Eichhörnchen schlafen. Einmal haben wir einen Feuersalamander gesehen, weißt du noch, der ist in sein Schlafloch gekrabbelt, nur der Schwanz schaute noch raus.

Wir erreichen nun die schmale Brücke, die über die Schlucht führt. Unten fließt ein kleiner Bach, in der Dunkelheit hört man das helle Plätschern viel lauter als sonst.

Gut, daß der Mond so schön scheint, sagt Lo weiter, dann kommen wir auch nicht vom Weg ab.

Ich bin jetzt nahe daran, sie zu fragen, ob sie nicht etwa Angst hat, aber ich brauche sie so etwas gar nicht zu fragen, denn ich sehe ja, sie hat keine Angst. Was hat sie nur mit mir vor? denke ich und horche selbst viel aufmerksamer als sonst in die Dunkelheit. Nachts sind hier Füchse unterwegs, erinnere ich mich, auch Wildschweine sind hier nachts unterwegs,

und diese dumpfen, erstickt wirkenden Rufe sind Käuzchen-
schreie, das zumindest weiß ich genau.

Das Käuzchen ruft, hörst du, fragt Lo, aber sie sagt es völlig
gelassen, als wäre sie mit dem Käuzchen befreundet. Früher
habe ich nicht gewußt, was Käuzchen sind, sagt sie, da habe
ich mich ein bißchen gefürchtet. Jetzt weiß ich, was Käuzchen sind, ich weiß es ganz genau, nicht wahr, ganz genau.

Wir erreichen jetzt ein etwas breiteres Wegstück, hier liegt
ein großer Stapel Buchen, lange, entrindete Stämme, vom
Mondlicht beleuchtet, so daß sie in der Dunkelheit glänzen.
Lo springt sofort hinauf und balanciert auf dem obersten
Stamm langsam entlang, sie hält meine Hand aber noch weiter, ich habe beinahe etwas Mühe, den Arm so hoch zu halten.

Jetzt springe ich runter, sagt Lo, und du fängst mich auf, so
wie früher, und dann springt sie mir direkt in die geöffneten
Arme, und auch ich erinnere mich plötzlich an früher, als sie
beinahe jeden Nachmittag genau an dieser Stelle sprang, in
meine geöffneten Arme.

Ich sage aber weiter keinen einzigen Ton, es ist, als hätte es
mir die Stimme verschlagen. Lo scheint aber auch nicht zu
erwarten, daß ich etwas sage, sie geht mit mir spazieren, sie
hält mich an der Hand, soviel ist jetzt klar. Komm, sagt sie,
wir gehen jetzt diesen Weg, da sind im Winter die Eiszapfen,
nicht wahr, und ich höre, wie sie mit mir spricht wie mit
einem Kind, ganz verständig und deutlich, als wollte sie
mich beruhigen.

Lo, denke ich, was ist nur los, was machst du mit mir, aber sie
erzählt weiter in vertraulichem Ton, Geschichten aus dem
Kindergarten, kurze Episoden, wie sie sich mit der Trine
draußen versteckt hat und die Erzieherinnen sie nicht finden
konnten, oder was sie sich vorgenommen hat für die nächsten Wochen: Bilder zu malen, etwas zu weben, ein Häuschen zu basteln.

Es hört sich aber gar nicht nach Lo an, denke ich, es ist, als erklärte einem da jemand ganz ernsthaft, was ihn in den nächsten Wochen an Aufgaben erwartet. Einen Moment schaue ich deshalb vorsichtig zur Seite, denn mit einem Mal kommt es mir jetzt so vor, als ginge eine große Lo neben mir her, halb erwachsen, eine Lo, die ihr Leben zu meistern versucht. Nein, sage ich mir da aber sehr rasch, neben dir geht noch die kleine Lo, sie zeigt dir, was sie kann und spricht von dem, was sie weiß, sie führt dich durch ihren Wald, so weit seid ihr inzwischen, es ist allerhand.

Da vorne setzen wir uns, sagt Lo sehr bestimmt, und ich begreife im ersten Augenblick nicht, was sie dazu treibt, sich in der tiefsten Dunkelheit irgendwo in den Wald zu setzen. Wir setzen uns auf den Plauderstamm, sagt Lo, und da erst weiß ich Bescheid. Am Plauderstamm haben wir früher oft haltgemacht, ich habe mich auf den alten Eichenstamm gesetzt, Lo ist um mich herumgekreist, und ich habe eine Birne oder einen Apfel aus der Tasche geholt und sie geschält.

Ich habe auch eine Birne dabei, sagt Lo, und ich schweige weiter, als versteckte ich mich in einem Traum. Und ein Messerchen, sagt Lo, als wir auf dem Plauderstamm Platz nehmen.

Es ist jetzt so dunkel, daß wir nur noch wenige Meter weit sehen. Lo wartet, bis ich die Birne geschält habe, dann hält sie die rechte Hand auf, läßt sich die Schalen geben und legt sie als kleinen Haufen hinter den Baumstamm. Die holt der Fuchs sich dann später, sagt sie ganz ruhig, als wüßte sie genau, was wann wo im Wald geschieht.

Wir sitzen jetzt nebeneinander, und ich bin mir sicher, es ist doch die große Lo. Gleich wird sie mir von ihrer Familie erzählen und davon, was ihre Kinder im Kindergarten so treiben. Hinter uns raschelt etwas im Laub, ich tue aber so, als bemerkte ich nichts.

Sollen wir nachsehen, ob es ein Igel ist, fragt Lo, aber sie fragt inzwischen so, als erwarte sie keine Antwort. Sicher ist es ein

Igel, sagt sie weiter, wir stören ihn besser nicht, wenn er sich die Birnenschalen holt.

Holen Igel sich Birnenschalen, denke ich noch, da erinnere ich mich, daß ich selbst Lo genau das einmal erzählt habe, vor wie vielen Monaten, genau hier. Man müßte Los Gedächtnis jetzt sehr exakt kartographieren, denke ich, all die kleinen Landschaften darin und die Sätze, die sie mit all den vielen Details dieser Landschaften verbindet.

Jetzt gehen wir weiter, sagt Lo und nimmt meine Hand. Wir befinden uns aber gar nicht mehr in dem großen Waldstück, in dem wir früher nachmittags spazieren gingen, wir gehen vielmehr Seite an Seite durch eine Zeitlandschaft, durch das große Reich der Erinnerungen, das Lo für uns vermißt.

Wenn es sehr kalt wäre, kämen rechts jetzt die Eispfützen, nicht wahr, sagt sie, und ich habe das Gefühl, als zöge sie mich nun ein wenig den kleinen Abhang hinauf, zu den beiden Bänken weit oben, von wo man tagsüber einen schönen Blick hat, hinab in die Schlucht. Die Umgebung der Bänke ist die Gegend der seltenen Steine, der Quarze und Basalte, der Sand- und Kalksteine, die wir aus dem Boden gebuddelt und manchmal als dicke Brocken mit nach Hause genommen haben.

Schade, sagt Lo, zum Steinesuchen ist es zu dunkel, aber es macht nichts, ich habe ja immer welche dabei. Das ist nicht wahr, denke ich, jetzt träumt sie, und als löste mir dieser unerwartete Satz endlich die Zunge, sage ich: Du hast wirklich Steine dabei, Steine von hier?

Ja, sagt Lo, ich habe immer Steine dabei, einen kleinen Quarz und einen Granit. Im Kindergarten lege ich sie in meine Kiste, und am Mittag nehme ich sie wieder mit. Das ist doch nicht wahr, will ich sagen, aber ich sage nichts, denn ich weiß, daß es wahr ist. Jeden Morgen nimmt sie zwei Steine mit, und jeden Mittag bringt sie die Steine dann wieder heim, denke ich, als müßte mir zu diesem Satz etwas Theo-

retisches einfallen, eine ungeheure Erkenntnis, eine Schluß-
folgerung.

Du hast doch auch immer etwas dabei, sagt Lo weiter, und
da bleibe ich stehen: Ich?! Ich habe etwas dabei?! Nein, ich
habe keine Steine dabei, keinen einzigen, Lo, wie kommst du
darauf?

Du hast doch die kleine Feder dabei, sagt Lo, die kleine Feder
von den Vögeln, die immer so krächzen, wie heißen sie noch?

Ich durchwühle nun meine Jackentaschen, und es wundert
mich gar nicht, als ich in der rechten plötzlich die kleine Feder ertaste. Ich habe die Feder, ohne es zu merken, den ganzen Weg lang mit den Fingerspitzen berührt, denke ich, und
frage mich jetzt, was mit mir los ist.

Du hast recht, sage ich zu Lo, ich habe die kleine Feder dabei. Es ist eine Eichelhäher-Feder, die meinst du, nicht wahr?

Eichelhäher kann ich mir einfach nicht merken, sagt Lo,
woran das nur liegt?

Ja, woran liegt das? würde ich nun am liebsten mit fragen,
aber ich schweige lieber, weil ich schon ahne, daß mir zu dieser Frage keine Antwort einfallen würde.

Eichelhäher ist ein zusammengesetztes Wort, sage ich da
aber doch, so daß es mich selbst überrascht, vielleicht kann
man sich solche zusammengesetzten Wörter schlechter merken als die anderen, nicht zusammengesetzten.

Eichel und Häher, sagt Lo, stimmt, das ist zusammengesetzt,
vielleicht sollte ich mir nur noch Häher merken.

Das ist eine gute Idee, sage ich, und es kommt mir so vor, als
besprächen zwei Sprachwissenschaftler Probleme der For-
schung.

Gleich sind wir wieder zu Haus, sagt Lo, als wir oben, auf der
Höhe, den dunklen Wald wieder verlassen. Das war ein schöner Spaziergang, findest du nicht auch?

Ja, das war sehr schön, sage ich, wenn du Lust hast, machen
wir so etwas öfter.

Eigentlich wollte ich es schon viel früher machen, sagt Lo, kurz bevor wir das Haus erreichen.

Und warum hast du mir dann nichts davon gesagt? frage ich.

Ich habe gewartet, bis Vollmond ist, sagt Lo, dann brechen wir uns im Wald nicht die Beine.

Ich sage nichts mehr, ich krame nur noch nach meinem Schlüssel und schließe die Tür langsam auf. Und als wir das Haus betreten, denke ich: Jetzt waren wir jahrelang unterwegs.

Zwei Zimmer

Das Gartenhaus wird langsam zu klein, denn durch die Zimmer im oberen Stock ziehen lange Karawanen von Tieren, Kamele, Elephanten, Krokodile, sie verbreiten sich überall, sogar unter den Betten, wo die Oasen versteckt sind. Hat man aber die versteckten Oasen passiert, kommt man ins Land der Spiele, wo die bunten Würfel über den Boden kullern und die Fang-den-Hut-Hüte sich jagen, Mikadostäbe liegen verstreut herum, und man muß über sie wegspringen, wenn man hinaus will ins Freie, in die weiten Täler, wo die winzigen Häuschen stehen und die Eisenbahn fährt, direkt vor der großen Bühne des Kasperle-Spiels, über dem die Mobiles kreisen.

Nahe bei den Mobiles sind die Berglandschaften, die Schluchten mit Kissen und die kleinen Zelte, unter die man sich bei Blitz und Donner kauert, während weiter hinten, nahe dem Bad, die offene Seenplatte beginnt, Frösche und Fische, und dann erkennt man die Segelboote und das U-Boot, das die Wassertiefen gerade durchpflügt.

Ist man da aber hindurch und hat das weite Meer glücklich

befahren, trifft man im hellen Wiesengelände auf die Staffelei und die Wandtafel mit den bunten Kreiden, die langen Regale sind voller Hefte, Kladden und Bücher, während im Studio gleich nebenan die Erzähler ihre Stimmen erheben, Harry Rowohlt erzählt dort von Winnie Puh, und die krächzende Stimme von Hans Clarin meldet sich mit alten Märchen.

Das Haus wird langsam zu klein, sage ich zu La Mamma, und es ist mir etwas peinlich, so etwas zu sagen, denn ich habe für das Problem des zu kleinen Hauses keine Lösung.
Das Haus ist längst viel zu klein, bestätigt La Mamma, und ich bemerke, daß sie ebenfalls keine Lösung hat für das Problem.
Ich hätte gern mal einen Raum, in dem ich ungestört arbeiten kann, mache ich weiter, so eine Art von Büro, mit blauem Boden, du weißt schon.
Ja, sagt La Mamma, ich verstehe, ein Büro, wo du allein bist.
Nicht allein, sage ich, das ist es nicht. Mir reicht schon ein Büro, wo ich ein Blatt auf einen Tisch legen kann, und es liegt am nächsten Morgen noch genau da, ohne daß sich die Karawanen um das Blatt gekümmert haben.
Welche Karawanen, fragt La Mamma.
Ist schon gut, sage ich und gehe nach draußen, um das zu klein gewordene Haus zu umrunden.

Am einfachsten wäre es, das Haus um ein ganzes Stockwerk zu erhöhen, denke ich draußen, aber das geht nicht. Ein so erhöhtes Gartenhaus wäre kein Gartenhaus mehr, es sähe lächerlich aus, und außerdem müßte man das Dach abreißen und die Wände einschlagen, und zu so einem Chaos ist ja niemand bereit.
Man könnte vielleicht etwas anbauen, denke ich weiter, ein oder zwei Zimmer, aber so etwas Angebautes sieht meistens

noch viel furchtbarer aus als ein zusätzliches Stockwerk. Wintergärten werden zwar gern angebaut, in den meisten Fällen sind es aber ganz elende Anbauten, mickrige Glaskästen, die wie Gewächshäuser aussehen. Man sitzt in hellen Korbstühlen darin und schaut aus dem Gewächshaus heraus, und in den Gewächshausecken stehen dickbauchige Blumentöpfe mit exotisch sich rankenden Pflanzen, die man am späten Abend mit den letzten Resten des letzten Weißweinglases begießt.

Sowohl nach oben vergrößern als auch zur Seite hin anbauen kommt nicht in Frage, denke ich, das Haus ist einfach so, wie es ist, da ist nichts zu machen. Vielleicht sollte man statt des Umbauens mit gewissen Ordnungsmaßnahmen beginnen, das würde bedeuten, den Kinderraum zu begrenzen. Die Karawanen müßten zusammenrücken, und all diese Kontinente und Meere dürften letztlich nicht mehr als höchstens drei Zimmer beanspruchen.

Ich denke so etwas aber nur, um es immerhin einmal zu denken, denn ich weiß, daß solche Gedanken eben nur Theorie sind, die Theorie aber nicht hilft, wir haben schließlich immer wieder versucht, sie zur Praxis zu machen. Spätestens zwei Tage nach jedem Aufräumen kommen die ersten Kamele wieder hervorgekrochen, sie balancieren über die Mikadostäbe zur Seenplatte, und schon haben sie ein paar Fische gefunden, die mit ihnen die Segelboote besteigen.

Es geht nicht nach oben und es geht nicht zur Seite und es geht nicht theoretisch, sage ich und habe das zu kleine Haus jetzt umrundet.

Was sagst du, fragt mich da Lo, die plötzlich auftaucht.

Ich finde, das Haus ist zu klein, sage ich.

Findest du? fragt Lo, und es wundert mich, daß sie so tut, als habe sie die Enge noch nicht bemerkt.

Ja, sage ich, finde ich. Ich habe ja nicht mal mehr ein Zimmer zum Schreiben.

Brauchst du ein ganzes Zimmer zum Schreiben, fragt Lo.

Ja, brauche ich, antworte ich, ich kann doch nicht ewig mal hier schreiben oder mal dort, am Ende schreibe ich noch in der Küche.

Kannst du in der Küche nicht schreiben, fragt Lo.

Nein, sage ich, wirklich nicht, in der Küche auf keinen Fall.

Dann sollten wir ein neues Haus bauen, sagt Lo.

Das geht nicht, sage ich, La Mamma und ich möchten hier bleiben und nicht von hier fortziehen.

Ich meine ein neues Haus neben dem alten, sagt Lo.

Das geht auch nicht, sage ich, wie stellst du dir denn das vor?

Ein kleines Häuschen mit einem Zimmer zum Schreiben, sagt Lo, nur für dich.

Du meinst ein Häuschen, das nur aus einem einzigen Zimmer besteht, frage ich.

Ein Zimmer ist vielleicht etwas wenig, sagt Lo, in einem einzigen Zimmer wärest du ja sehr allein.

Stimmt, sage ich, und was machen wir da?

Wir bauen zwei Zimmer, sagt Lo, ein Zimmer für dich und eins für uns, damit du nicht mehr allein bist.

Wir haben einen Architekten kommen lassen und ihm unsere Pläne erklärt: Ein zweistöckiges Häuschen, das aus genau zwei Zimmern besteht, direkt neben dem Gartenhaus und etwas kleiner. Der Architekt hat dann selbst zu planen begonnen und einige Stunden versuchsweise geplant, und als er endlich davonfuhr, wußten wir, daß wir das Häuschen selbst planen mußten.

»Selbst planen« erinnerte mich aber an früher, an die Tage der Hangbepflanzung und Gartengestaltung, und so sagte ich zu La Mamma: Weißt du, woran ich gerade denke?

An Bergamo, sagte La Mamma, und ich sagte: Genau.

Jetzt sitze ich im oberen Stock eines kleinen, zweistöckigen Häuschens, das aussieht wie der kindliche Ableger des etwas größeren Gartenhauses. Der obere Stock besteht nur aus einem einzigen Zimmer, aber es ist mein Zimmer, eine Art von Büro, ohne blauen Boden, aber mit einer hohen, offenen Holzdecke. Auch der untere Stock besteht nur aus einem einzigen Zimmer, da sind die vielen Bücher, das Klavier und die anderen Musikinstrumente untergebracht.

Wenn ich arbeite, schaue ich in eine grüne, fast unbegrenzte Weite, und manchmal sehe ich zwei Kobolde die steilen Hänge hochklettern oder unter den Bäumen verschwinden. Sie tragen Stöcke und Stangen, jeden Tag verstecken sie sich woanders, folgen labyrinthischen Wegen und Pfaden und locken mich oft schon durch ihr bloßes Erscheinen hinaus.

Meist nehme ich mir aber vor, ihnen nicht gleich zu folgen, und dann sitze ich eine Weile in meinem immer stiller werdenden Zimmer und höre Walter Gieseking zu, der Präludien und Fugen von Bach spielt. Giesekings Spiel verbreitet sich richtiggehend in dieser Stille, sie wächst dann und wächst, bis mein Zimmer ein einziges Präludien-und Fugen-Reich ist, und ich darin nur noch sitze wie ein steinernes Monument des alten Bach selbst.

Ich höre dann gar nichts anderes mehr, sondern nur noch die Musik, das andere Leben scheint verschwunden, und selbst wenn ich aus dem Fenster in die grüne Weite schaue, schaue ich nicht auf das Leben um mich herum, sondern auf das Bild eines alten italienischen Meisters, zu dem eine Begleitmusik spielt.

Manchmal halte ich die Stille dann aber doch nicht mehr aus und gehe rasch in die Landschaft und mache mich auf den Weg, die beiden Kobolde zu suchen. Wenn ich mich etwas entfernt habe, höre ich aber plötzlich Bachs Musik wieder, nur jetzt so, als käme sie aus der Ferne und als hätte ich sie zuvor ganz anders gehört.

Dann drehe ich mich um und werfe einen Blick auf den kleinen Ableger des größeren Gartenhauses und denke: Wer mag da wohl wohnen, seltsam, wer mag wohnen in diesem stillen und erleuchteten Raum, in dem gerade Bachs Musik spielt, da wäre ich gerne zu Haus.

Antrittsbesuch

Wenn man den Bahnhof verläßt, steht man direkt vor dem Dom, und ich denke mir, das ist zu viel für Lo und Lu, sie wollen nicht sofort nach ihrer Ankunft in Köln hinein in den Dom. Im Zug war vom Dom zwar schon eine Weile die Rede, wie er überhaupt schon lange Zeit in unseren Gesprächen auftauchte, aber jetzt, unmittelbar nach der Ankunft, überrascht und erschreckt er einen dann eben doch. Ich gehe also mit den beiden zunächst außen herum um den Dom, daß dies eine zugige Ecke ist, hat schon mein Großvater gesagt, und es stimmt noch immer, obwohl mein Großvater schon lange tot ist.

Fast alle meine inzwischen verstorbenen Verwandten sind in ihrem meist recht langen Leben immer wieder nach Köln gefahren, und die lebenden machen es ihnen unaufhörlich nach, unsere gesamte sehr große Sippschaft fährt nach und trifft sich seit Jahrhunderten in Köln, es ist nicht zu erklären, warum das so ist, vielleicht tragen wir alle eine Art Trieb mit uns herum. Manche von uns – wie zum Beispiel ich selbst – hatten sogar das große Glück, in Köln geboren zu werden oder dort gelebt zu haben, das verstärkt den Trieb noch um einiges. Wenn wir eine Weile nicht in Köln gewesen sind, beginnt die Köln-Sehnsucht an unserer Seele zu ziehen. Irgendwo in der Ferne gehen wir dann ein Kölsch trinken und verderben uns dabei furchtbar den Magen, weil man Kölsch nur in Köln trinken kann.

Heute statte ich mit Lo und Lu unseren Antrittsbesuch in Köln ab, ich habe mir vorher genau überlegt, welche Route ich beim ersten Mal wähle, denn es kommt beim ersten Mal natürlich darauf an, ihnen den Köln-Virus so einzuimpfen, daß er sie infiziert für ihr ganzes Leben.

Hinter dem Dom befindet sich der Heinzelmännchen-Brunnen, damit will ich anfangen, statt sofort mit dem Dom aufzutrumpfen, den wir jetzt im Rücken haben, noch immer nahe genug. Die Heinzelmännchen-Geschichte ist Lo und Lu durch unsere abendlichen Gedicht-Lektüren seit langem bekannt, hier in der Nähe des Brunnens gewinnt die ganze Geschichte aber noch einmal an Leben, denn plötzlich steht Schneiders Weib nahe vor einem und hält sich die Laterne vors schöne Gesicht.

Seit ich das Gedicht wieder ausgegraben und Lo und Lu vorgelesen habe, bin ich von ihm erneut sehr angetan. Seinen wilden und geradezu avantgardistischen Wort-Mischmasch hatte ich völlig vergessen, jedes Mal, wenn ich ihn jetzt rezitiere, komme ich dabei in Schwung, es ist, als hätte sein Autor August Kopisch, hinter dessen Namen ich ein absolut sonderbares und rares Lyrik-Talent vermute, eine Art Kölsch-Lyrik verfaßt, so leicht und obergärig schäumt seine lyrische Sprache.

Am liebsten würde ich diesen kühnen Vergleich bei einem Glas Kölsch weiter durchdenken. Die Gelegenheit dazu ergäbe sich gleich neben dem Heinzelmännchen-Brunnen im Brauhaus Früh, dessen hohes Eingangsportal längst geöffnet ist, auch die Tür zur Kölsch-Schwemme gleich am Eingang steht offen, und man blickt hinein in einen dunklen und durchfeuchteten Kölsch-Magen, der unaufhörlich mit frisch gezapftem Kölsch gefüllt wird.

Das Brauhaus von Peter Josef Früh war für viele aus unserer Familie manchmal das einzige Kölner Ziel, wenn sie auf Durchreise waren und zum Umsteigen vielleicht eine halbe Stunde Zeit hatten. Vom Bahnhof aus braucht man genau einhundertdreiundvierzig Sekunden zum »Früh«, man postiert sich nahe dem Eingang in der Schwemme und umspielt mit der Zunge durstig die Lippen, dann hält man das erste Glas Kölsch sofort in der Hand.

0,2l Kölsch trinkt man in etwa acht, neun Sekunden, alles längere Trinken, Kosten oder Absetzen des Glases hat mit richtigem Kölsch-Trinken nichts zu tun, ein Kölsch kann seine besondere Wirkung nur entfalten, wenn man es in einem Zug trinkt.

Wenn man für das Umsteigen in Köln also eine halbe Stunde Zeit hat, dann bringt man es im »Früh« doch auf etwa sechs bis acht Kölsch, den Rückweg zum Bahnhof nimmt man quer durch den Dom und schafft ihn, auch wegen des besonderen Antriebs, den das Kölsch verleiht, dann in genau einhundertdreißig Sekunden.

Ich könnte mich vom Heinzelmännchen-Brunnen aus also sehr bequem ins »Früh« treiben lassen, schon in einer knappen Viertelstunde brächte ich es dort auch zu einem halbwegs befriedigenden Genuß. Ich bin aber noch nicht sicher, wie Lo und Lu auf solche Köln-Rituale reagieren, sie könnten wie der Dom auch etwas Erschreckendes haben, und deshalb bleibe ich vorerst bei Kopischs Versen und lasse die Männlein kommen, die klappten mit Beilen und schnitzten an Speilen und spülten und wühlten und mengten und mischten und stopften und wischten ... – so geht das ja Zeile für Zeile, immer toller, es ist Kölsch-Lyrik, ich sagte es schon. Hinter uns, auf der Domplatte, rappelt aber jetzt pünktlich eine kleine gelb-grüne Bahn heran, es ist der Zoo-Express oder der Schokoladen-Express, der Schokoladen-Express ist mir übrigens lieber, weil er ein Stück durch die Altstadt und

›164‹

dann am Rhein entlangfährt und ich außerdem nicht schon wieder in einen Zoo gehen will.

Heinzelmännchen-Brunnen *und* Schokoladen-Express hintereinander sind ein großer Erfolg, es handelt sich um eine beinahe paradiesische Reihung, und Lo und Lu wundern sich, daß es eine Stadt gibt, deren große Brunnen Kindergedichte erzählen und deren kleine Bahnen Kinder am Rhein entlang direkt zu einem Schokoladen-Museum fahren.

Obwohl das Brauhaus »Früh« keine dreißig Schritte entfernt liegt, setze ich mich doch zu Lo und Lu in den Schokoladen-Express, der richtige Köln-Aufenthalt, halte ich hier aber einmal fest, beginnt aber weder mit einem Brunnen noch mit sonst einem architektonischen Detail, sondern ausschließlich mit mindestens drei schnell getrunkenen Kölsch, es ist übrigens wichtig, daß man sie wirklich schnell trinkt und sich nicht anstiften läßt, sehr viel mehr als genau drei Stück zu trinken, deshalb trinkt man übrigens schnell, das Schnelltrinken läßt einen nicht Kölsch-seßhaft werden, sondern schiebt einen nur an für die weiteren Kölner Geschäfte.

Während ich mit Lo und Lu im Schokoladen-Express zum Rhein schaukle, denke ich daran, daß ich heute noch kein einziges Kölsch getrunken habe, ein oder zwei hätte ich mir ruhig erlauben dürfen, denke ich weiter, ich hätte die Kinder am Heinzelmännchen-Brunnen spielen lassen und aus der Schwemme des »Früh« heraus ein Auge auf sie werfen können, leider fällt mir so etwas erst jetzt ein, als es zu spät ist, ich sitze ja schon längst im Schokoladen-Express.

Noch nie, denke ich, während der Zug weiterrumpelt, habe ich einen so seltsamen Köln-Einstieg gewählt. Auf den Heinzelmännchen-Brunnen habe ich früher höchstens einen flüchtigen Blick geworfen, und den Schokoladen-Express habe ich bisher eher als etwas Lästiges und vor allem Häßliches wahrgenommen, auf der grauen Domplatte wirkt sein Gelbgrün wie ein greller Farbfleck, und wenn dazu noch seine aufdringlich helle Glocke geläutet wird, die vor dem Hintergrund der schweren und gravitätischen Dom-Glocken ja nur noch lächerlich wirkt, wendet man sich als Erwachsener endgültig von so einem Scheusal ab.

Ich habe auch nicht gern, wenn mir jetzt, mitten auf der Fahrt, eine penetrante Stimme mein Köln erklärt, niemand soll mir sagen, daß wir den Alten Markt passieren, das weiß ich selbst, ich wehre mich gegen dieses Touristen-Vokabular, ich bin hier kein Tourist, am liebsten risse ich mir das Hemd auf, um allen meine Köln-Wunden und mein Köln-Herz zu zeigen, doch bevor ich davon zu erzählen beginne, fange ich selbst über die Umgebung zu sprechen an, zwei Stimmen kämpfen nun gegeneinander, doch Lo und Lu möchten die fremde Köln-Stimme hören, weil sie die noch nicht kennen.

Im »Früh« hätte ich jetzt bereits meine drei Köln-Begrüßungs-Kölsch getrunken, fällt mir ein, ich möchte wissen, wann ich endlich dazu komme. Im Schokoladen-Museum, denke ich, jedenfalls nicht, obwohl es dort auch Kölsch gibt. Man kann aber in der Nähe von soviel massiver Schokolade kein Kölsch trinken, es verliert seinen Geschmack, das weiß ich, und während Lo und Lu ins Schokoladen-Museum hinein laufen, denke ich noch, hoffentlich bestehen sie nicht auf einer Führung.

Im Foyer des Museums gibt es aber eine Einkaufs-Abteilung, und Hunderte von Schokoladen-Tafeln, die viel dicker und schwerer als sonst in Geschäften sind, liegen zu komplizierten Türmen aufgebahrt neben- und übereinander, ganz zu schweigen von den rundturmartigen Hochbauten, in denen lauter bunte Süßigkeiten wie Pralinen oder Geleesorten lagern, ich nehme, wenn überhaupt, meist nur drei, vier kleine Schaum-Mäuse, das kommt heute aber überhaupt nicht in Frage, weil ich meine Begrüßungs-Kölsch noch nicht getrunken habe und ich diese Kölsch nach dem Genuß von drei weißen Schaum-Mäusen nicht mehr werde trinken können, die Gründe dafür habe ich schon exakt dargelegt.

Lo und Lu aber machen diese Türme und Hochbauten einen ganz unsinnigen Spaß, sie laufen mit kleinen Schaufeln umher und schütten die frische Ware in große Tüten, während ich hinter ihnen hereile und ihnen das Verderbliche und Gesundheitsschädliche der frischen Waren erläutere. Lo und Lu aber erwidern nur, sie wollten all die Süßigkeiten ja keineswegs essen, sondern einfach nur mitnehmen, weil sie so schön bunt seien und sich daher zum Spielen eigneten.

Nachdem wir für zwei große Tüten bezahlt haben, gehen wir zu Fuß zurück; noch einmal fahre ich nicht mit diesem Schokoladen-Express und erkläre das auch. Lo und Lu ist das im Augenblick recht, mit ihren zwei großen Tüten laufen sie am Rhein entlang, man kann sich die schweren Schiffe anschauen oder den Rheinbagger, der Sand und Kies aus den Tiefen des Flusses holt.

Lauter Spielwiesen und Klettermöglichkeiten gibt es am Rhein, ich setze mich immer wieder hin und warte auf Lo und Lu und erörtere in Gedanken, wo ich noch meine Begrüßungs-Kölsch trinken könnte, Peters Brauhaus ist jetzt sehr nah und auch das Brauhaus Sion ist gar nicht weit, aber bisher habe ich stets im Brauhaus Früh angefangen, und solche Rituale soll man nicht mutwillig außer Kraft setzen.

Den halben Vormittag, bemerke ich mit einem Blick auf die Uhr, haben wir nun für Heinzelmännchen-Brunnen, Schokoladen-Express, Schokoladen-Museum und Rheinufer verbraucht, es ist kaum zu fassen, wie die Zeit vergeht, wenn man die Ausgestaltung vor allem Lo und Lu überläßt. Bis zum Mittag möchte ich ihnen noch etwas aus der Römerzeit zeigen und zumindest einige Schritte in den Dom gemacht haben, Lo und Lu haben aber in der Ferne, nahe der Zoobrükke, eine Gondelbahn entdeckt, und genau dorthin wollen sie jetzt, so daß ich einigen Widerstand brechen muß, bis ich sie vom Rheinufer weglotsen kann.

Wir werden mit einem Taxi zur Gondelbahn fahren, zu Fuß ist das viel zu weit, erkläre ich und gehe voran, als gingen wir schnurstracks zu den Taxis, die ja nicht am Rheinufer, sondern in Domnähe warten. Ich weiß, daß die Gondelbahn-Idee jetzt eine große Macht in Los und Lus Gedankenwelt hat, es wird sehr schwer werden, sie ganz davon abzubringen, aber ich will es versuchen, sonst werden wir nie in die Römerzeit gelangen und den Dom nicht einmal betreten, ganz zu schweigen davon, daß ich nicht an meine Begrüßungs-Kölsch kommen werde, die am Mittag übrigens schon erheblich fader schmecken als am frühen Morgen.

In der Nähe der Domplatte gibt es eine alte römische Hafenstraße, für den Anfang ist das Römerzeit genug, denke ich, in den kommenden Jahren werden Lo und Lu dann alle Einzelheiten kennenlernen, das ganze Römisch-Germanische Museum, Mosaik für Mosaik und Grabstein für Grabstein, ein richtiger Kölner kennt ja selbst die lateinischen Grabinschriften auswendig.

Bei unserem Kölner Antrittsbesuch aber soll uns die römische Hafenstraße genügen, sie besteht aus großen Basaltstein-Platten mit sehr breiten Fugen, über die nie im Leben ein römisches Fuhrwerk gefahren sein kann. Lo und Lu aber gefallen die großen Platten und die breiten Fugen, sie können von Platte zu Platte auf einem Bein hüpfen, und wer mit dem anderen aufkommt, hat schon verloren. In der Nähe ist auch ein kleiner Brunnen, da fließt sogar Wasser, für einen Moment erinnert mich das an die unzähligen Brunnen Roms, und ich denke daran, daß es längst höchste Zeit ist, mit Lo und Lu zusammen nach Rom zu fahren.

Fast glaube ich, die Gondelbahn mit den schönen Gondeln über dem Rhein aus Los und Lus Gedankenwelt verdrängt zu haben, da sieht Lo einen Taxistand gleich in der Nähe. Be-

› 168 ‹

vor wir zur Gondelbahn fahren, sage ich rasch und bestimmt, wollen wir den lieben Gott noch im Dom besuchen, wir können nicht den ganzen Tag in Köln verbringen, ohne einen Schritt in den Dom getan zu haben.

Das verstehen Lo und Lu seltsamerweise, ich nehme Lo links und Lu rechts an der Hand, und dann treten wir zum ersten Mal ein in den Dom, es ist ein feierlicher Moment, und ich gebe zu, daß ich aufgeregt bin und mein Herz spürbar klopft.

Wie oft bin ich schon im Dom gewesen, die ersten Kinderjahre fast jede Woche, und da es meist eisig kalt war im Dom und die Kälte des hohen Mittelschiffs einen am Eingang besonders schneidend befiel, begann man als Kind nach dem Eintreten meist rasch zu laufen. Ich lasse Lo und Lu los und will ihnen etwas erklären, daß sie hinaufschauen zu den Fenstern und zum hohen Gewölbe, da laufen sie aber schon los, wie an der Schnur gezogen, rasen sie durchs rechte Seitenschiff, und ich höre einen der Dom-Schweizer im roten Gewand einen empörten Satz ausspucken von der Art, die ich schon als Kind oft zu hören bekam, als ich selber losraste.

Das Rasen durchs rechte Seitenschiff endet vor der Marienkapelle, in der sich Stefan Lochners Altar der Kölner Stadtpatrone befindet, es handelt sich, wie ich freilich Lo und Lu jetzt noch nicht erklären kann, um ein Allerheiligstes des Kölner Weltbürgertums, um ein Kleinod der ältesten Köln-Legenden, um ein dreiflügeliges Altarbild, das der richtige Kölner bis ins Muster der Brokatvorhänge auf der Darstellung der Verkündigung der frohen Botschaft an die Jungfrau Maria kennt.

Erklären kann ich Lo und Lu aber immerhin, daß in der Mitte des Hauptbildes gut sichtbar Maria mit dem Jesuskind sitzt und die Heiligen Drei Könige sie gerade besuchen, um ihr Geschenke zu bringen, und daß links die heilige Ursula mit ihren Gefährtinnen zuschaut und rechts der heilige Gereon mit seinen Gefährten, und auf dem grünen Wiesenstück des Bodens blühen die seltensten Blumen, einige winzige Engel kreisen wie Fledermäuse um die Köpfe der Hauptfiguren, und zwei der winzigsten Engel halten hinter Maria wieder einen Vorhang aus kostbarstem Brokat.

Ich müßte jetzt weitermachen und erklären, warum die heilige Ursula und der heilige Gereon auftreten, ich müßte also ihre Geschichte erzählen, das erscheint mir im Moment aber einfach zu viel, Lo und Lu wollen weiter, zum Schrein der Heiligen Drei Könige, über den will ich auch noch etwas sagen und Lo und Lu dürfen ihn durch ein kleines Fernglas genauer betrachten.

Während ich ihnen aber noch von den Heiligen Drei Königen erzähle und davon, wie sie nach Köln gekommen sind, bemerke ich, auf welch unsicherem Fundament meine Erzählungen stehen. Kunsthistorisch mag alles einigermaßen stimmen, theologisch dagegen stoße ich immer wieder auf Lücken, was, wie ich weiter bemerke, vor allem daran liegt, daß ich nicht richtig aushole, ich erzähle vom lieben Gott, der Maria und dem Jesuskind seltsam fragmentiert, als wollte ich bestimmte Details noch für mich behalten.

Welche Details willst du warum für dich behalten, frage ich mich, neben dem Schrein der Heiligen Drei Könige stehend, den Lo und Lu gerade bestaunen, was sind das für geheime Geschichten, um was geht es da?

Es hat, ahne ich zumindest, mit den großen religiösen Themen zu tun, ich muß darüber nachdenken, ob und wie ich sie Lo und Lu einmal erzähle, soll ich mit all diesen Glaubensfundamenten herausrücken oder soll ich dieses früheste und älteste Wissen meiner eigenen Kölschen und damit natürlich katholischen Kindheit bis auf weiteres für mich behalten?

Neben dem Schrein der Heiligen Drei Könige im Kölner

Dom stehend, bemerke ich also, daß ich mich vor einigen sehr wichtigen und jetzt brennenden Fragen bisher gedrückt habe: Soll ich Lo und Lu so etwas wie den Glauben an Gott in allen Einzelheiten, stückweise oder in kleinen Mengen überliefern, oder soll ich es ganz bleiben lassen, bis sie alt genug sind, solche Glaubensfragen allein zu durchdenken? Und, einmal angenommen, ich überlieferte ihnen den Glauben an Gott, wie weit soll oder muß ich dann gehen, bis in alle Details, bis zur Jungfrauengeburt und zur Auferstehung und bis zum Glauben an das ewige Leben?

Mein Gott, ich hätte das früher durchdenken müssen, sage ich mir jetzt, ein bloßes Herumstehen vor dem Altarbild von Stefan Lochner macht ja kaum einen Sinn, wenn nicht genau geklärt ist, was die heilige Ursula und den heiligen Gereon mit dem Glauben an Gott genau verbindet, von der Geschichte der Heiligen Drei Könige und dem unruhigen Zug ihrer Knochen über die Alpen hierher schweige ich einmal ganz.

Fürs erste, finde ich, haben Lo und Lu im Dom genug gesehen, einen ersten Eindruck haben sie wohl schon empfangen, »empfangen« ist seltsam, wie kommst du auf diese Vokabel, frage ich mich, »einen ersten Eindruck empfangen« scheint mir sehr katholisch zu sein, was ist das, denke ich, fange ich schon an, katholisch zu denken?

Zwölf Uhr, Mittagszeit, sehe ich nach einem Blick auf die Uhr, und dann spreche ich von meinem Hunger und daß ich Durst habe, furchtbaren Durst, und freue mich über meinen kleinen Erfolg, denn auch Lo und Lu haben Hunger und melden, daß sie Durst haben, furchtbaren Durst.

Zum Glück, liebe Kinder, sage ich, ist das Brauhaus Früh ganz in der Nähe. Wir werden dort etwas essen und trinken und uns ein wenig ausruhen.

Und danach fahren wir weiter zur Gondelbahn, freut Lo sich schon im voraus.

Und danach sehen wir weiter, sage ich und nehme Lo links und Lu rechts, und steuere auf das Brauhaus Früh zu, das zu dieser Stunde noch einige Tische frei hat, sehr schöne, einfache, blank gescheuerte Brauhausholztische.

Zwei Kölsch, bestelle ich, und zwei Apfelsaftschorle.

Zwei Kölsch, fragt der Köbes, kommt noch jemand?

Zwei Kölsch, sage ich, für jedes Kind trinke ich eins.

Verstehe, sagt der Köbes, muß ich mir merken, ich habe nämlich vier Kinder.

Kaum eine Minute später ist alles da, die zwei Kölsch und die zwei Apfelsaftschorle, und kaum zwei weitere Minuten später habe ich beide Kölsch auch schon getrunken. Leider kann ich Lo und Lu nicht erklären, welche Seligkeit es bedeutet, ein oder zwei Kölsch zu trinken, denke ich, vielleicht sehen sie es mir ja auch einfach an, ja, sie werden schon merken, wie selig ich bin. »Selig« ist wieder reichlich katholisch, jetzt nimmt das Katholische dich langsam in Beschlag, denke ich weiter und bestelle etwas gut Kölsches zu essen, Himmel un Äd und halven Hahn, all diese Kölschen Spezialitäten und Leckereien, die umständlich zu beschreiben und jedem Hänneschen zu erklären ich jetzt, nach einigen weiteren Kölsch, einfach nicht mehr bereit bin.

Die Hauptsache ist auch, daß es Lo und Lu schmeckt, wir probieren und kosten, und ich trinke noch einige Kölsch, bis die Seligkeit mich so übermannt hat, daß ich nicht mehr an meinen Aufbruch zur Gondelbahn glaube.

Ich sollte das große Thema der theologischen Offenbarung nicht von mir wegschieben, ich sollte es klären, sofort, sage ich mir und gerate ein wenig ins Grübeln. Wo sollte ich einem solchen Thema aber gründlicher nachgehen können als hier in Köln, in der Nähe des Doms, wo sollte ich eher zu einer Lösung gelangen? Ich werde hier sitzen bleiben, genau hier, an dieser historischen Stätte, und ich werde die theologischen Fragen zu lösen versuchen, und wenn ich fünfzig Kölsch dafür brauche, denke ich endlich und weiß plötzlich einmal genau, was ich als nächstes tun muß...

Nach unserer ersten gemeinsamen Mahlzeit im Brauhaus Früh habe ich eine Kölner Verwandte angerufen, die schon lange einmal etwas mit Lo und Lu unternehmen wollte. Ich habe sie gefragt, ob sie Zeit und Lust habe, den beiden die Gondelbahn an der Zoobrücke zu zeigen und eine Gondelbahnfahrt mit ihnen zu machen, einmal hin, einmal zurück. Und dann haben wir am Taxistand auf die liebe Verwandte gewartet und als die drei sich auf den Weg gemacht hatten, bin ich zurück ins Brauhaus Früh gegangen, um die theologischen Fragen bei einigen weiteren Kölsch zu durchdenken.

Der Glaube an Gott

Zwei Kölsch, sage ich zu dem Köbes, der mich gleich wieder erkannt hat.
Zwei, fragt er, obwohl keine Kinder mehr da sind?
Wenn ich nur eins trinke, könnte sich das andere später benachteiligt fühlen, antworte ich.
Von Ihnen lerne ich heute aber eine Menge, sagt der Köbes und beeilt sich, erneut zwei Kölsch zu bringen.

Die Fragen, die ich mir stellen muß, sind sehr schwierige Fragen, fange ich langsam zu denken an, aber ich sollte über diesen schwierigen Fragen nicht schwer werden, sondern meinem Nachdenken eine gewisse Leichtigkeit und Frische zu erhalten versuchen.
Die Frage nach dem Glauben an Gott ist zunächst nämlich einmal etwas sehr Einfaches, weil Lo und Lu sie längst beant-

› 173 ‹

wortet haben. Sie können sich die Erde und den Himmel ohne ein großes, übergeordnetes Wesen, das all das erschaffen hat, gar nicht vorstellen. So wie sie noch an viele Zauber auf dieser Erde glauben, so glauben sie auch noch ganz selbstverständlich an Gott, von dem sie annehmen, daß er weit oben, in den fernsten Himmeln, lebt und auf seine Schöpfung herab blickt. »Gott« ist also so etwas wie ihre Zauberer-Idee für den Anfang und für das Ende, er ist der Name dessen, der immer schon vor ihnen da war und der da sein wird, wenn von uns Lebenden niemand noch die Erde bewohnt.

Dieser Zauberer-Glaube ist, wie gesagt, noch sehr einfach, er hat auch noch nichts mit der Kirche, ihren theologischen Gesetzen und Regeln, zu tun, sondern ist wie ein Instinkt, der Lo und Lu dazu treibt, sich etwas Großes und Wunderbares vorzustellen, das außerhalb unserer Erde existiert, aber dennoch mit ihr verbunden ist. Mit dieser Verbindung freilich fangen die schwierigen Fragen dann an, schließe ich den ersten Absatz meines Gedanken-Tractatus ab und schaue auf den frischen Bierdeckel, auf dem sich zwei markante Bleistiftstriche für zwei Kölsch befinden.

So in Ruhe habe ich lange nicht mehr an einem Wirtshaustisch gesessen, weiche ich ein wenig vom Thema ab, denn wenn ich mit Lo und Lu zusammen sitze, habe ich natürlich gar keine Ruhe. Jeden Moment muß ich neu reagieren, eine Frage beantworten, die Übersicht behalten, man bemerkt selbst oft gar nicht, wie sehr einen das mitnimmt und anstrengt. Erst jetzt, in einem solchen Moment, bemerkt man deutlich, welche völlig ungewohnte Ruhe einen umgibt, und eine längst verloren geglaubte Gelassenheit breitet sich in einem sehr wohltuend aus.

Andererseits neigt man in einem gewissen Alter dazu, behäbig zu werden, und deshalb hat es auch seine gute Seite, daß Lo und Lu einem so etwas erst gar nicht erlauben. Wenn ich etwa an einige meiner Freunde denke, so haben sie sich in den letzten Jahren ganz erstaunlich verändert. Viel von ihrer Umtriebigkeit und früheren Neugier haben sie nämlich verloren, statt dessen schwärmen sie notorisch von den schönsten Ruheplätzen der schönsten Inseln und Städte der Welt. Ein wenig sind sie alle zu kleinen Gourmets und Rotwein-Fetischisten geworden, ich kann gar nicht hinhören, wenn sie von ihren einsamen Wohlfühlstunden erzählen, die sie in ihren kultiviert angelegten Weinkellern bei Kerzenlicht und gedämpfter Musik verbringen.

In meinem jetzigen Zustand hielte ich es keinen Abend lang in einer solchen Umgebung aus, ich würde auf und davon laufen und mich gröberer Kost zuwenden, etwas gehoben Gröberem meine ich, keineswegs aber etwas Grobem, etwas Robusterem. Das Zusammensein mit Lo und Lu bewirkt neben vielen anderen Veränderungen nämlich eine untergründige Abneigung gegen beinahe jede Form von intellektueller Artistik, mein Gott, haben die denn keine anderen Sorgen, fragt man sofort scharf, wenn man all die Debatten in den Nachtkulturbeiträgen der dritten Programme erlebt.

Zwei Kölsch, fragt der Köbes, und ich antworte: So soll es sein. Wo war ich, frage ich mich selbst dann aber streng, richtig, ich befand mich in einem ernsthaften Gespräch mit mir über die Fragen des Glaubens, und ich hatte als erstes festgehalten, daß der Glaube an Gott für Lo und Lu zunächst einmal etwas Natürliches ist, ihr Kinderglaube antwortet auf ihre einfachsten und natürlichsten Fragen, auf die Fragen danach, wer das Leben geschaffen hat und was geschieht, wenn es hier zu Ende ist.

Ich kann Lo und Lu auf solche Fragen unmöglich mit Theorien kommen und ihnen etwas Abgebrühtes vom Nichts und dem Urknall erzählen, sie würden mir auch gar nicht glauben, es drängt sie im Moment ja auch sonst nur zu den Märchen und Zaubergeschichten und keineswegs zu trockenen Theorien.

Außerdem sollte ich mich an meine eigene Kindheit erinnern, denn auch ich habe doch ganz selbstverständlich damals an Gott geglaubt, der Glaube an Gott hatte sogar etwas sehr Beruhigendes, ich erinnere mich noch daran, wie einfach und beruhigend es zum Beispiel war, Gott von sich zu erzählen, davon, was einen bedrückte, wovor man Angst hatte und wie man sich die Lösung eines Problems mit Gottes Hilfe vorstellte. Solche Erzählungen und Dialoge waren die Grundlagen meiner kindlichen Gebete, und sie richteten sich immer wieder und einzig nur an den einen und großen Gott, kaum aber an Jesus Christus, seinen eingeborenen Sohn, unseren Herrn …

Mein kindlicher Glaube war, wenn ich es richtig betrachte, ein Glaube an Gott, den einen und unteilbaren, es war eine strenge und einfache Form des Monotheismus, in der es für Jesus Christus, den Sohn, zunächst keinen Platz gab. Das »Vater unser im Himmel« war das erste längere Gebet, das ich lernte, und es entsprach bis in seine letzte Wendung hinein genau dem, was ich glaubte und mir selbst ausgedacht hätte, wenn ich so begabt gewesen wäre, mir so etwas auszudenken. Im »Vater unser« aber kam Jesus Christus nicht vor, er hatte mit diesem Gebet seine Jünger zwar beten gelehrt, sich dadurch aber selbst wie ein menschlicher Beter verhalten, der zu dem einen Gott betete, dessen Reich kommen möge, im Himmel wie auf Erden …

Himmel un Äd, denke ich da plötzlich auf Kölsch und erinnere mich an unser Mittagessen, Himmel un Äd gehören im Blick auf Gott, den einen Schöpfer, eben zusammen, Gott verbindet Himmel un Äd, mein Gott, es ist seltsam, wie leicht es einem in Köln fällt, so etwas in Kölsch bei jeweils zwei Kölsch zu bedenken. Irgend etwas in Köln trägt und drängt einen hin zu den schwierigsten Fragen, und man beginnt, sie leicht zu beantworten.

Das ist wohl das Schönste, denke ich weiter, und es regt mich nun beinahe schon auf, ja, das ist das Schönste: Das Schwierigste leicht zu betrachten, es ernst zu nehmen und doch nicht zu ernst und nicht zu schwer darüber zu werden, vom Schwierigsten also so leicht und doch ernsthaft zu reden, daß es zu Herzen geht.

»Zu Herzen gehen« ist jetzt wieder katholisch gedacht, korrigiere ich mich, aber dann lasse ich das »zu Herzen gehen« doch gelten, auch das, was ich denke, soll ja letztlich nichts anderes als »von Herzen kommen« und »zu Herzen gehen«, was es aber nur tut, wenn es nicht zu schwer ist und auch nicht zu leicht. Das Schwere erdrückt oder macht sentimental, das Leichte entbindet und verführt zu Zynismus, es kommt also darauf an, das Schwierige so zu erleichtern, daß es als Schwieriges spürbar bleibt und einen doch weder niederdrückt noch sich verflüchtigt ..., mein Gott, ich sollte das festhalten, ich denke ja gerade ganz ungeheuerlich präzise, nur eine Spur zu umwegig ist mein Denken noch, das muß ich sagen und deshalb breche ich dieses Denken vorerst hier einmal ab ...

Zwei Kölsch, sagt der Köbes, stellt die beiden Gläser hin, macht seine Striche und verschwindet, ohne mich weiter in ein Gespräch zu verwickeln.

Die erfahrenen Köbesse, fange ich wieder an, wissen ganz genau, wann der Gast bereit ist, in ein Gespräch verwickelt zu werden und wann nicht, nichts ist ja schlimmer als die jungen, unerfahrenen Köbesse, die noch sehr viel reden und gar kein Auge haben für den Gast, der in Ruhe nachdenken will. Mir zum Beispiel sieht der erfahrene Köbes mit seinen vier Kindern jetzt ganz genau an, wie angestrengt und hingebungsvoll ich gerade denke, ich denke daran, daß Los und

Lus kindlicher Glaube an Gott meinem eigenen kindlichen Glauben sehr ähnlich ist und daß er sich erstreckt bis zu den Grenzen des »Vater unser im Himmel«, in dem Jesus Christus, der eingeborene Sohn, ebensowenig vorkommt wie die Jungfrau Maria …

Fast war mir als Kind, denke ich weiter und zögere etwas, ob ich so etwas Ketzerisches wohl denken darf, fast war mir die Jungfrau Maria sogar näher als der eingeborene Sohn, denn neben Gott Vater mußte es im Himmel ja unbedingt auch eine Frau geben, eine sehr schöne und gütige, eine Art Ingrid Bergman würde ich heute sagen, die neben dem Vater auf dem Thron sitzt oder auf ihrem eigenen Thron, wie war das noch, jetzt wird es unklar, denn genau jetzt verlasse ich das gesicherte kindliche Glaubensterrain, womit prompt die theologischen Haarspaltereien beginnen.

Ich vernachlässige also die Frage, auf welchem Thron Maria sitzen darf oder soll, und nehme sie einfach thronlos hinein in den kindlichen Glauben, sie gehört zu Gott Vater, was schon dadurch zu beweisen ist, daß zahllose der kindlichen Gebete dann auch Maria galten, Maria, der Himmelskönigin, im Monat Mai war die hohe Zeit dieser Gebete und Lieder, ich habe daran die schönsten Erinnerungen, und diese Erinnerungen haben mit der großen Freude zu tun, die ich nach dem Verlassen der Kirche im Mai empfand, eine ungeheure Genugtuung und Ruhe trug ich da mit mir herum, als könnte ich ganz sicher sein, bis zur nächsten Andacht unter Marias vollkommenem Schutz zu stehen.

Gott Vater und Maria ergänzten sich also, der Glaube an sie war der kindliche Glaube an ein fernes, aber dennoch ansprechbares Paar, das zwar nicht verheiratet war, aber eben doch zusammengehörte. In der Kindheit habe ich die Nähe dieser beiden großen Glaubensgestalten nie als bedrückend empfunden, all die Greuelgeschichten, die sonst über katholische Kindheiten berichtet werden, sind an mir vorübergegangen, Gott Vater und Maria die Himmelskönigin waren einfach nur so etwas wie die besten Zuhörer, denen man im stillen zujubelte, wenn man froh war, und zu denen man sich flüchtete, wenn es einem schlecht ging.

Das »Vater unser im Himmel« und das »Gegrüßet seist Du, Maria« waren also die Ur-Gebete der Kindheit, die im Grunde schon den ganzen magischen Kinderglauben enthielten, mehr Text braucht es eigentlich nicht, der Kinderglaube ist vielmehr im Text dieser beiden Gebete vollkommen einleuchtend zusammengefaßt. Bis hierher ist also alles noch einfach, schwierig wird es erst, wenn ich an Jesus Christus denke, an die Geschichte vom eingeborenen Sohn.

Warum Gott nämlich Mensch geworden ist und das noch in der Gestalt eines Sohnes, empfand ich schon als Kind als eine kaum zu beantwortende Frage, für die auch mir selbst nie eine einzige überzeugende Antwort einfiel. Statt einfacher und überzeugender Antworten gab es für diese Frage nur eine Katechismus-Antwort, die man auswendig lernte. Das Auswendiglernen einer Antwort auf eine so wichtige Frage war aber kein gutes Zeichen, denn es deutete an, daß die Erscheinung von Gottes Sohn auf dieser Erde gewisser umständlicher und weitschweifiger Erläuterungen bedurfte und sich nicht von selbst verstand.

Die Katechismus-Antwort, Jesus Christus sei auf die Welt gekommen, um uns von unseren Sünden und unserer Schuld zu erlösen, stellte mich als Kind denn auch nicht zufrieden, denn wie hätte ich als Kind begreifen sollen, um welche Sünden und welche Schuld es sich handelte? Mit dem dunklen und griesgrämigen Gerede von Sünde und Schuld, das meist ja auch noch die sehr ferne und wenig glaubhafte Geschichte von Adam und Eva nach sich zog, geriet der einfache, magische Kinderglaube ins Wanken und stieß auf so etwas wie Theologie. Daß Gott ein Mensch geworden war, war schon sehr schwer zu begreifen, daß er es in der Gestalt eines Sohnes geworden war, noch viel schwerer, daß es daneben aber auch noch einen heiligen Geist und damit so etwas wie eine Dreifaltigkeit geben sollte, verstand außer Theologen kein Mensch mehr.

Als Kind habe ich mir notgedrungen denn auch nur eine Art Kurzfassung der ganzen komplizierten Geschichte zurecht gelegt. Gott hatte die Erde erschaffen, soviel war klar. Nachdem er sie erschaffen hatte, hatte er sich von ihr zurückgezogen, mit der Zeit jedoch bemerkt, wie böse die Menschen geworden waren und welchen Unsinn sie mit den irdischen Gaben anstellten. Um ihnen das richtige, geduldige und vor allem gewaltlose Leben noch einmal beispielhaft vorzuführen, schickte Gott seinen Sohn auf die Welt. Nachdem der den Menschen sein gutes Beispiel gegeben hatte, verschwand er wieder im Himmel, in den Gott dann auch jene Menschen aufnehmen würde, die dem guten Beispiel seines Sohnes zumindest in Ansätzen folgten.

An dieser gerafften Form von Theologie habe ich bis zu meiner Pubertät festgehalten, dann freilich gerieten auch diese Glaubenssätze ins Wanken, sie waren einfach schwer zugänglich und bedurften einer gewissen großzügigen Phantasie, auf die man als Jugendlicher allmählich zu verzichten begann. Meine Kirchenbesuche sind seltener und schließlich ganz selten geworden, und am Ende habe ich Kirchen wohl nur noch aus nostalgischen Gründen aufgesucht, denn sie erinnerten mich mit all ihrem Dunkel und ihren Weihrauchdüften ja durchaus noch an etwas Schönes, an die frühesten Kindertage nämlich, zu deren Glück ein stabiler Kinderglaube beigetragen hatte ...

Was aber ist am Ende aus diesem Kinderglauben geworden, habe ich ihn als Erwachsener etwa ganz verloren und gegen was habe ich ihn denn eingetauscht?

Jetzt wird es ernst, denke ich bei dieser Frage mit einem gewissen Erschrecken und stehe auch gleich auf, als wollte ich dem Ernst ausweichen oder zumindest eine kurze Auszeit vor ihm nehmen. Manchmal kommt es mir so vor, denke ich aber schon weiter, als hätte ich den magischen Kinderglauben in Wahrheit gar nicht verloren, sondern nur für einige Zeit in mir versteckt, jedenfalls habe ich doch nie angenommen, es gebe gar keinen Gott, nein, das nicht. Eher könnte man sagen, daß ich aufgehört habe, an Gott zu denken und mich bei jeder Gelegenheit an ihn zu wenden, obwohl, so ganz stimmt das nicht, denn manchmal brach immer wieder etwas in mir auf und dann habe ich eben doch, aber heimlich, an Gott gedacht und mich an ihn gewendet ...

Im Grunde habe ich also mein Leben lang an Gott geglaubt, sage ich plötzlich zu mir und schaue mich um, als hätte ich versehentlich laut gesprochen, ich spreche aber nicht laut, es kommt mir nur so vor, weil ich aufgeregt bin und nicht recht fasse, wozu ich mich eben durchgedacht habe.

Hör jetzt auf, weiter zu denken, denke ich, halte hier einmal ein, und dann gehe ich langsam und als trüge ich eine schwere Denklast durch die großen Brauhaussäle des Brauhauses Früh. Langsam füllen sich diese Säle nun wieder, in manchen Winkeln brennt schon das Licht, wie angenehm ist es, durch so große Säle zu gehen, denke ich, und wie schön muß es sein, hier in großer Gesellschaft große Feste zu feiern, mit lauter Himmel un Äd und mit lauter Kölsch, die kein Mensch am Ende mehr zählt.

Ich steige hinunter zu den Toiletten im Keller, da wasche ich mir durchs Gesicht, und als ich wieder oben an meinem Tisch bin, sage ich zu meinem Köbes: Der große Ecksaal gefällt mir am besten, da würde ich gerne mal feiern.

Dann feiern Sie doch, sagt mein Köbes und bringt sofort wieder zwei Kölsch, von der Taufe bis zur Beerdigung feiern wir hier einfach alles.

Ich lasse mich taufen, denke ich da und streiche diesen Gedanken zunächst kurz, doch er läßt sich nicht so einfach vertreiben. Wir lassen Lu taufen, korrigiere ich mich, Lu sollte getauft werden, wir haben es bereits mehrmals aus den verschiedensten Gründen verschoben. Lo wurde in Rom getauft, saust es mir dann durch den Kopf, Lu aber ist noch immer nicht richtig getauft, wahrscheinlich liegt es daran, daß ich mir in bezug auf den Glauben einfach nicht sicher genug war, innerlich nagte und bohrte es dunkel in mir, und so brachten wir es einfach nicht zu einem Anlauf, Lu taufen zu lassen.

Als ich mit Lo in Rom war, war so etwas gar kein Problem, Rom bestand ja mit all seiner Macht einfach auf dieser Taufe, so wie heute Köln auf Lus Taufe besteht, mein Gott, so ist es wahrhaftig, und das bedeutet, daß Lu natürlich in Köln getauft werden wird und natürlich nirgendwo anders als nebenan, im Kölner Dom, wo auch ich getauft wurde, gleich nebenan.

Einmal taufen, würde ich nun am liebsten dem Köbes zurufen, lehne mich dann aber etwas zurück, um die Rückenlehne des Stuhles als festen Halt deutlich zu spüren. Die schwierigsten Fragen habe ich durch gründlichstes Nachdenken gelöst, denke ich. Festzuhalten bleibt, daß ich auf eine stabile Kurzfassung der Geschichte von Gott Vater und Gott Sohn zurückgreifen kann, den heiligen Geist lasse ich vorerst einmal beiseite. Mit dieser Kurzfassung werde ich Lo und Lu gegenüber aufwarten, sie erklärt einigermaßen, warum Gottes Sohn auf die Welt kommen mußte und warum es sich lohnen könnte, ihm dorthin zu folgen. Auch die Geschichten der vielen Heiligen, die ich als Kind so liebte, werden sich gut an die Kurzfassung anschließen lassen, schließlich kann man die Heiligen als Menschen verstehen, die dem Beispiel des Gottessohnes zu folgen versuchten.

Genau in diesem Rahmen aber werde ich den Glauben belassen, denke ich schließlich. Gott Vater, Gott Sohn, Maria und die Gemeinschaft der Heiligen – das genügt, das Sünden- und Schuld-Spektakel brauche ich dazu nicht und auch nicht die vielen Details der Theologie von der Jungfrauengeburt bis zum Zölibat.

Vor allem aber sollte ich mich auf die Reste meines eigenen Glaubens verlassen, denn wie sollte ich Lo und Lu die überzeugende Kurzfassung des Glaubens nahebringen, ohne selbst daran zu glauben? Als eine schöne Erzählung darf ihnen diese Fassung jedenfalls nicht vorkommen, denke ich, sonst würden Lo und Lu ja bemerken, daß ich es selbst nicht ernst meine, wodurch der Glaube erschüttert wäre und dessen in den Kinderjahren so beruhigende und stärkende Wirkung dahin wäre. Nein, damit Lo und Lu glauben, was ich sage, muß ich es selber glauben, und ich *glaube* ja schließlich, ja doch, minutiös habe ich mir in den vergangenen Stunden vorgeführt, daß und wie ich glaube und ab jetzt werde ich es auch laut tun und dazu stehen, so soll es sein, Credo, Alleluja und Amen.

Nun fühle ich mich fast so wie als Kind wenige Minuten nach einer Maiandacht, denke ich, und dieses gute Gefühl werde ich jetzt auch nicht weiter zerdenken, auf gar keinen Fall. Ich werde noch einmal hinübergehen in den Dom und mich in die Sakramentskapelle, die auch die Taufkapelle ist, setzen und dann werde ich in Gedanken die Einzelheiten der Taufe durchgehen, von der Taufkerze bis zum großen Ecksaal und der Gemeinschaft der Heiligen, Moment, nein, der Gemeinschaft der Feiernden.

Die letzten zwei Kölsch, rufe ich dem Köbes zu.

Was, schon die letzten, fragt er zurück.

Leider, sage ich, für heute schon, heute habe ich nämlich nur zur Probe getrunken.

Dann findet der Ernst wohl ein ander Mal statt, fragt der Köbes, und vielleicht drüben im Ecksaal?

So Gott will, sage ich und bemerke zum Schluß, wie der davoneilende Köbes meinen Zustand zum ersten Mal kritisch taxiert.

Märchenstunde

Die Stunde der Märchen ist am Mittag, kurz nach dem Essen, denn Lo und Lu wollen nach dem Essen natürlich nicht schlafen, sondern aufbleiben und etwas erleben. Ein wenig müde sind sie schon, aber sie wollen es nicht zugeben, und so setzen sie sich auf das große, breite Sofa, schleppen die Märchenbücher heran und warten darauf, daß ich ihnen vorlese. Ich selbst würde zu dieser Stunde nichts lieber tun, als mich ausruhen, aber es geht nicht, Lo und Lu finden Ausruhen langweilig und etwas für alte Menschen, und da ich kein alter Mensch sein will, tue ich so, als spürte ich die Mittagsmüdigkeit nicht im geringsten.

Also setze ich mich in die Mitte, Lo sitzt immer rechts und Lu links, man kann daran nichts ändern und nie davon abweichen, selbst wenn einen manchmal der Übermut packt und man die eingesessenen Ordnungen umwerfen möchte.

Um Umwerfen und Ordnungen geht es jetzt aber nicht, denn vor uns auf dem Boden liegt längst der Bücherstapel, den Lo und Lu herbeigeschleppt haben, und ganz oben auf diesem Stapel liegt ein völlig zerfleddertes, blau eingebundenes Buch mit den »Märchen der Brüder Grimm«, 1937 im »Volksverband der Bücherfreunde« erschienen und voller seltsamer Kritzeleien, die manchmal sogar quer über die Seiten gehen.

Ich kann mich nicht mehr daran erinnern, je so gekritzelt zu haben, aber ich muß es gewesen sein, aus diesem Märchenbuch wurden auch mir einmal die Märchen der Brüder Grimm vorgelesen. An die meisten der hundert farbigen Bilder nach Aquarellen einer gewissen Ruth Koser-Michaels erinnere ich mich sehr genau, und wenn ich den grünalgigen großen Flaschengeist, der aus Daumesdicks Flasche mit rollenden gelben Augen aufsteigt, länger betrachte, erinnere ich mich sogar daran, wie sehr ich mich vor diesem Unhold gefürchtet habe.

Womit fangen wir heute an, frage ich Lo und Lu.

Mit einem lustigen Märchen, sagt Lo.

Und mit welchem, frage ich.

Mit dem von der Gretel, die alles aufißt, sagt Lo und fängt bereits an, ein wenig zu kichern.

Mit dem Märchen von der Gretel, die alles aufißt, meint Lo das Märchen von der klugen Gretel, an das ich selbst keine Erinnerung aus meiner Kindheit habe, aus gewissen Gründen vermute ich inzwischen, daß mir dieses Märchen vorenthalten wurde. Es handelt sich nämlich um ein sehr seltsames und auch seltenes Märchen, in dem man dreist lügen, mogeln und schummeln darf, ohne daß man dafür bestraft wird. Im blauen Band mit den »Märchen der Brüder Grimm« ist es eines der ganz wenigen unmoralischen Märchen, und ich habe mich schon mehrmals gefragt, warum gerade dieses Märchen Lo und Lu derart anzieht.

Im Mittelpunkt dieses Märchens steht nur eine Person, die kluge Gretel, die gern ißt und gern trinkt, im Grunde tut sie nichts sonst und das noch den ganzen Tag. Schon gleich zu Beginn des Märchens ist von diesem übermäßigen Essen und Trinken die Rede, ich brauche es kaum zu erwähnen, da fangen Lo und Lu bereits an zu lachen, sie finden die wollüstig essende und trinkende Gretel unglaublich komisch, ja sie verfallen in ein so heftiges, schallendes Lachen, daß ich eine kleine Pause machen muß, bis sie sich beruhigt haben.

Warum lachen sie so, habe ich mich oft gefragt, diese schlichte Märchen-Eröffnung ist doch nicht so sehr zum Lachen, vielleicht freuen sie sich darüber, daß es der Gretel gut geht, oder sie genießen es einfach, daß ein Märchen einmal nicht mit irgendeiner Reise, einem Abenteuer oder sonst einer Hürde beginnt, sondern nur damit, daß jemand Platz nimmt und viel ißt und viel trinkt, denke ich, ein solcher Anfang ist nun einmal sehr selten, denn die Brüder Grimm haben ja meist darauf geachtet, daß es für ihre Helden etwas zu tun gibt.

Die kluge Gretel aber hat gar nichts zu tun, sie trägt schöne Schuhe und dreht sich in ihnen, und sie ist so zufrieden, daß man sich eine unzufriedene Gretel gar nicht vorstellen kann. Lo und Lu lachen, weil sie sich mit der Gretel wohlfühlen, sie lachen über die Angsthasen und die, die sich bewähren müssen, sie verlachen das ganze Märchenvolk, das sich immerzu abstrampelt und abzappelt, denke ich manchmal weiter, aber vielleicht übertreibe ich damit auch etwas und Lo und Lu lachen nur, weil sie die Gretel mögen und sich an ihren dicken roten Backen erfreuen.

Manchmal denke ich auch, die ersten wenigen Zeilen von der froh essenden, trinkenden und sich in ihren Schuhen drehenden Gretel sind ein eigenes Märchen, ein Märchen, das gleich im Märchen beginnt und nicht im Wald oder einer Hütte, um dann erst ein Märchen zu werden. Man könnte es bei den wenigen ersten Zeilen also belassen, denke ich weiter, das wäre dann eine Kurzprosa der knappsten und märchenhaftesten Art, wenige Zeilen, die zugleich Auftakt, Geschichte und Schluß sind, »es war einmal eine kluge und muntere Gretel ...«, »die tat nichts lieber«, »und so lebte sie gut und zufrieden«, das wäre avantgardistische Prosa, ich sollte das einmal durchdenken, weiter komme ich damit aber meist nicht, denn Lo und Lu haben sich dann meist längst ausgelacht und legen keinen Wert auf avantgardistische Prosa.

Das Märchen der Brüder Grimm geht dann auch weiter: Die kluge Gretel erhält von ihrem Herrn den Auftrag, zwei Hühner zu braten und macht sich gleich an die Arbeit. Die zwei Hühner sind für den Herrn und einen Gast, den der Herr für den Abend zum Essen geladen hat, aber noch sind die Hühner nicht fertig, noch sind es die Hühner der Gretel, die sie brüht, rupft und an den Spieß steckt, man kann sich die Sorgfalt, die die Gretel auf ihre Arbeit verwendet, sehr gut vorstellen, ja man sieht sie jetzt deutlich, wie sie ein wenig schwitzend, aber weiter gut gelaunt den Spieß dreht.

Die Stelle mit dem sich drehenden Spieß ist für Lo und Lu erneut ein Anlaß zum Lachen, Lu erregt sie so sehr, daß er die Drehbewegung jetzt nachahmt, er dreht den Spieß pantomimisch und verdreht ein wenig die Augen, womit er andeuten will, wie sehr dieses Drehen ihm und der Gretel gefällt.

Wenn Lo oder Lu pantomimisch mitmachen, ist ein Höhepunkt des Märchen-Genusses erreicht, denn im pantomimischen Mitmachen werden Lo und Lu für Momente zu Gestalten der Märchen. Deshalb zögere ich, weiterzulesen, ich lasse Gretel den Spieß drehen und drehen, es handelt sich um einen Augenblick seligen Stillstands, und Lus Backen leuchten so rot, als wären es die Backen der Gretel.

Meist haben die pantomimischen Stellen mit kleinen Ekstasen zu tun, denke ich, denn indem Gretel den Spieß dreht, dreht sie die beiden Hühner natürlich nicht nur auf der Stelle, sie dreht sie vielmehr langsam und genießerisch hinein in den eigenen Bauch, der sich kurze Zeit später öffnen wird, um zunächst das eine und darauf das andere Huhn zu verschlingen.

Los und Lus Lachen, das sich vom Spießdrehen bis zum Verschlingen der Hühner noch einmal steigert, ist also eine Art Lachen der Vorlust, notiere ich, es pirscht sich heran an die endgültige Lust des Verschlingens, es erwartet sie und es explodiert, wenn von den beiden Hühnern dann nichts mehr da ist.

Lo und Lu lieben jene Märchen am meisten, in denen es Gelegenheiten zum Lachen und damit meist auch zu pantomimischem Handeln gibt. Fällt das Pantomimische aus, hören sie oft nur distanziert zu wie beim bekannten Märchen von einem, der auszog, das Fürchten zu lernen, das sie völlig kalt läßt und dessen künstlichen Witz sie gar nicht mögen. Schlimmer als solche Märchen, die sich mehr an Erwachsene wenden, sind aber noch solche, die auf Rührung hinzielen, das schlimmste Beispiel dafür ist das Märchen von »Brüderchen und Schwesterchen«, in dem das Brüderchen ja bekanntermaßen in ein Reh verwandelt wird, das dann eine Weile mit braunen Augen im Wald herumliegt, so daß das Schwesterchen sich auf seinen Rücken schmiegen kann, um besser einschlafen zu können.

Märchen wie das vom »Brüderchen und Schwesterchen« lese ich nicht mehr vor, sie locken, wie ich längst vermute, mit so etwas wie einer Vorstellung vom sanften Tod, die Angst, die die Rührung begleitet, ist nämlich in meinen Augen letztlich nur Todesangst, die auf eine gefährliche Art eingeschläfert wird, viel gefährlicher und indirekter jedenfalls als in jenen Märchen, in denen der Tod selbst auch auftritt oder der Teufel und seine Großmutter den Tod höchstens erwähnen.

Lo und Lu jedenfalls befällt so etwas wie Entsetzen, wenn das Rehlein sich hinlegt, während sie den Teufel und seine Großmutter einfach nur eklig finden. Erst seit ich Grimms

Märchen Lo und Lu vorlese, habe ich eine Vorstellung davon, wie verschieden Grimms Märchen doch sind und wie wenige von ihnen dann doch nur für Lo und Lu taugen, vielleicht gerade einmal ein Dutzend, kaum mehr.

Das Märchen von der klugen Gretel aber ist weiterhin so etwas wie das reine Vergnügen. Auf dem bunten Bild von Ruth Koser-Michaels, das Lo und Lu fast die ganze Zeit im Auge behalten, sitzt Gretel nämlich nun auf einem gediegenen Holzhocker, hat neben sich einen großen Krug Wein stehen, hält ein braunes, gebratenes Huhn mit beiden Händen und steckt es sich gerade in den weit und lustvoll geöffneten Mund.

Daß die Gretel etwas so Lustvolles und gleichzeitig Verbotenes tut, ergibt, denke ich, eine ideale Mischung: Das Lustvolle rechtfertigt das verbotene Tun, und das Verbotene gibt dem Lustvollen noch einen gewissen Kitzel, so daß Lo und Lus Kichern jetzt auch etwas hämisch ausfällt, schließlich zeigt es die Gretel dem vornehmen Herrn, der zwei gut gebratene Hühner gar nicht so genießen kann wie die Gretel, die nicht einmal ein schlechtes Gewissen hat nach ihrer orgiastischen Mahlzeit.

Die Gretel ißt einfach alles auf, sagt Lo, und jedes Mal, wenn sie es sagt, beginnt Lu erneut kullernd zu lachen, es ist jetzt, als liebäugelte er sehr mit der Gretel oder als wäre er wieder für einen Moment die Gretel selbst, so prustend und wohlgenährt sitzt er neben mir auf dem Sofa.

Dreimal hat das Märchen von der klugen Gretel inzwischen also vom Essen erzählt, rufe ich mich selbst zur Raison. Zunächst hat es das Essen immer wieder erwähnt, dann hat es das Essen durch das Drehen des Spießes näher gerückt und schließlich hat es das Essen selbst ausgemalt, genau diese heimliche Wiederholung macht seine Stärke aus, Lo und Lu dürfen beim Essen verweilen und doch phantasieren sie immer wieder anders vom Essen, zunächst nur abstrakt, mit jedem neuen Schritt aber konkreter.

Bis hierher ist das Märchen beinahe vollkommen, denke ich und bemerke beim Weiterlesen, daß wir nun gleichsam das zweite Kapitel des Märchens aufschlagen, denn natürlich kommen nun der Herr und bald auch der Gast, die sich zu schaffen machen wollen an den zwei gut gebratenen Hühnern, die doch längst in Gretels Bauch ruhen.

Das zweite Kapitel ist so etwas wie die Ruhe- oder Anspannungs-Phase, in der sich Lo und Lu ganz anders verhalten als zu Beginn. Sie sitzen still, sie halten die Luft an, ja sie ziehen sich in sich zusammen, als müßten sie sich einigeln, um für das drohende schlimme Ende gewappnet zu sein.

Ich selbst bemerke, daß ich dazu neige, das zweite Kapitel etwas schneller zu lesen als das vergnügliche erste, denn natürlich warte auch ich schon auf das dritte und letzte Kapitel, wo die kluge Gretel die beiden Herren gegeneinander ausspielen wird, indem sie den Gast in die Flucht schlägt und dem Herrn einredet, der Gast habe die beiden Hühner gestohlen.

Lo und Lu mögen es aber nicht, wenn ich das zweite Kapitel schneller lese und dadurch wie ein bloßes Übergangs-Kapitel behandle. Jede Phase eines Märchens, habe ich daher inzwischen gelernt, braucht ihre Zeit, jede will ausgekostet sein, nur zusammen wirken sie richtig, indem sie hintereinander und möglichst in gleicher Länge Vergnügen, Entsetzen und Entspannung hervorrufen.

Völlig falsch wäre es deshalb, sich nur die Stellen herauszupicken, die mich oder Lo und Lu besonders begeistern, wie es auch völlig falsch wäre, einige Passagen willkürlich zu verändern. Schon die geringste Änderung im Tonfall läßt Lo und Lu aufhorchen und glauben, etwas sei falsch, denn jedes Märchen gibt es nur in einer einzigen, unveränderlichen Version, gäbe es noch eine andere, würde man mit ihm nicht vertraut.

Am Anfang habe ich das noch unterschätzt. Ich verstand nicht, warum Lo und Lu so großen Wert darauf legten, ein Märchen immer wieder und wieder in derselben Version zu hören. Weil mich das Vorlesen zu langweilen begann, kürzte ich, veränderte kleine Details und dachte mir schließlich sogar ganz neue Varianten und Schlüsse aus.

Lo aber kann sehr zornig werden, wenn sie so etwas bemerkt. Wenn sie zornig wird, nimmt sie mir das Buch aus der Hand, trägt es fort, verschleppt oder versteckt es, denn das Buch gehört dann nicht mehr mir, es darf mir nicht mehr gehören, und ich erhalte es erst wieder zurück, wenn ich verspreche, mit dem Vorlesen ganz von vorne zu beginnen und genau das zu lesen, was da steht, nichts sonst, keinen einzigen, dazu erfundenen, eigenen Satz.

Meist zeige ich nach kurzer Widerrede auch so etwas wie Reue, ich bekomme das Buch dann wieder, und ich beginne wieder von vorn und lese dann unbeweglich weiter, als wäre ich bloß ein neutrales Sprachrohr oder eine blasse Stimme, die ein paar Laute ausstößt. Es fällt mir sehr schwer, so vorzulesen, denn natürlich zieht ein solches halblautes und beinahe regungsloses Lesen dann doch die Mittagsmüdigkeit an, und so sitze ich, steif und steifer werdend, da und lese an gegen das Gähnen und das dumpfe Versacken, das ich auf keinen Fall zeigen darf, weil es Los und Lus Freude an Märchen nur trüben würde.

Beim Märchen von der klugen Gretel jedoch passiert mir so etwas nicht, es ist einfach zu überraschend und schon deshalb ganz anders als viele andere, weil die Gretel sich einfach nicht aufregt, ja noch nicht einmal Angst bekommt, sondern so gelassen bleibt, daß man schließlich aufhört, sich um sie zu sorgen.

Wenn sie es geschafft hat, sich die beiden Männer vom Leib zu halten und sie hinaus, ins Freie zu treiben, sieht man sie die Tür wieder schließen, um genau auf dem Schemel Platz zu nehmen, auf dem sie am Anfang saß. Sie sitzt, reibt sich die Hände und trinkt aus ihrem Krug. Und dann denkt sie ans Essen, und Lo sagt: Jetzt liest du das schöne Märchen noch mal.

Auf dem Land

Alle paar Wochen packen wir das Auto voll und fahren aufs Land. Nach zehn Minuten Fahrt reihen wir uns auf der Autobahn ein, spätestens dann beginnt Lo zu zeichnen, was sie links und rechts sieht, manchmal malt sie den halben Fahrtweg als lange Rolle, die man später aufhängen könnte, oder sie malt ein einziges, großes Bild, in dessen Ecken und Winkeln sie all das plaziert, was ihr während der Fahrt auffällt.

Lu dagegen hat meist ein Bilderbuch aufgeschlagen, und er schaut so lange hinein, daß er oft sogar das Umblättern vergißt. Wir alle wissen nicht ganz genau, was Lu da so lange betrachtet, es scheint aber so, daß zu jedem betrachteten Tier oder Ding eine lange Geschichte gehört – und die erzählt sich Lu eben im stillen, was dann einige Zeit dauert.

Vorne im Auto sitze ich und versuche, die rückwärtigen Szenen von Los Zeichnen und Lus Meditation während der Fahrt im Blick zu behalten. Meist schiebe ich gleich zu Beginn unserer fast vierstündigen Fahrt eine Kassette ein und lasse sie die ganze Zeit über laufen, eine gleichbleibende Geräuschkulisse beruhigt nämlich enorm und verwandelt die lange Fahrzeit in eine kompakte, nicht teilbare Einheit.

Eine Weile haben wir Sprech- und Erzählkassetten gehört, aber das war nicht das Richtige, denn meist wollte nur ein Kind sie hören, während das andere geradezu stur darauf bestand, ausgerechnet diese Kassette nicht jetzt, sondern erst später oder auch gar nicht, manchmal sogar nie mehr hören zu wollen. Jeder gesprochene Text hat seine Liebhaber und seine Verächter, weiß ich jetzt, anders als Musik spalten gesprochene Texte die Zuhörer und ziehen stärker als Töne Sympathien an oder Antipathien.

Unsere Lieblingskassette ist eine sehr alte Kassette mit italienischen Liedern, die ich einmal auf einem Flohmarkt am Meer entdeckte. Sie lag völlig heruntergekommen, verblaßt und verstaubt in einem Haufen anderer, von den Käufern eher verachteter Kassetten, und ich hatte nicht die geringste Vorstellung von der Musik, mit der sie bespielt war. Zu erkennen war auf ihr nämlich nur das schwarz-weiße Foto eines älteren Mannes, der einen wie ein freundlicher, kinderliebender Onkel anschaute, sein Name war Lillo Gregori, aber auch dieser Name sagte mir nichts.

Inzwischen wissen wir längst, daß Lillo Gregori genau der freundliche, kinderliebende Onkel ist, als der er auf dem Foto erscheint. Auf der Kassette singt er einige italienische Volkslieder aus der Region der italienischen Marken, er singt nicht eben so, als wäre er ein begnadeter Sänger, aber er singt sie sehr deutlich und mit einer großen Passion. Jedes Lied stellt er in einer kurzen Einführung vor, manche hören sich sehr gewichtig an und zitieren die großen italienischen Dichter, in anderen grummelt Lillo Gregori nur etwas vor sich hin und erzählt von seinen Kindertagen, in denen anscheinend alles um ihn herum nur Gesang war, Kindergesang, Elterngesang, halb Italien ein einziges Singen.

Lillo Gregoris Liedkassette ist also überhaupt nichts Besonderes, und doch lieben wir sie mehr und hören sie viel öfter als andere Kassetten. Ich habe mich lange gefragt, woran das wohl liegt, und eine Weile hatte ich mir sogar eine Art »Theorie der idealen Kassette« zurechtgelegt, die in der Behauptung gipfelte, Kassetten-Lieder und -Texte seien dann besonders gelungen, wenn sie so etwas wie die physische Präsenz des Sängers oder Sprechers vermittelten und dann so wirkten, als säße der Sänger oder Sprecher singend und plaudernd neben einem auf dem Beifahrersitz.

Ich habe diese Theorie, die ich noch länger ausführen müßte, nicht völlig verworfen, aber inzwischen doch auch bemerkt, daß Lillo Gregoris Sprechen und sein Gesang Lo, Lu und mich einfach an das Meer und die dort verbrachten sonnigen Tage erinnern. Wenn wir Lillo Gregori hören, kommt es uns wohl so vor, als führen wir am Strand entlang oder aus den italienischen Bergen hinunter zum Meer, auf einer solchen Bergstrecke haben wir jedenfalls Sommer für Sommer Lillo Gregori singen gehört und nur, wenn wir völlig durchgedreht und so gut gelaunt waren, daß Lillo Gregori einfach nicht mehr zu unserem Hochgefühl paßte, haben wir Luciano Pavarotti eine Chance gegeben und Luciano hat dann »Volare« gesungen.

Mit der Hilfe von Lillo Gregori fliegen wir also über die Autobahn, Lo zeichnet und Lu erzählt sich im stillen lauter geheime Geschichten, von denen niemand viel weiß, bis endlich die ersten Windräder auftauchen, zwei Stück, eins rechts, eins links. Wir machen jedes Mal einen Sport daraus, wer die Windräder zuerst sieht, meist bemerken wir sie alle in demselben Moment, doch der Streit darüber, wer der erste war, schwelt dann noch eine Weile.

Die Windräder drehen sich langsam und als ginge ihnen schon sehr bald die Luft aus, und wenn wir an ihnen vorbei sind, verlassen wir auch schon die Autobahn und fahren dann eine Weile über schmale, winzige Straßen, an Seen, Teichen und Tümpeln entlang, über Höhenrücken und weite Ebenen immer tiefer hinein in das Land.

Auf dem Land spielen die Menschen nur eine untergeordnete, eine dem Land dienende Rolle, in den Hauptrollen befinden sich die Bäume, Pflanzen und Tiere, und so beginnen wir auch gleich, das Land rechts und links nach Außergewöhnlichem abzusuchen und sehen die ersten Raubvögel auf den Spitzen der Bäume nahe der Straße. Diese Tiere sitzen steif da wie brütende, sinnende Zeichen der Schwere des Landes, und sie nehmen von einem nicht die geringste Notiz. Nur manchmal sehen wir einen von ihnen, meist einen Mäusebussard oder einen Falken, wie aus einer Laune heraus in den Himmel aufsteigen, und dann kreist und schwebt er über unseren Köpfen, als gefalle es ihm dort oben, mit einigen Flugübungen zu glänzen.

Auf den weiten Wiesen stehen die braun-weißen Kühe in großen Herden, und manchmal gibt es auch eine kleine Gruppe von Pferden zu sehen. Im Sommer fahren wir durch ein hohes Spalier von Korn oder Mais auf den Feldern, die dann tiefgolden oder sumpfgrün aufleuchten, und wir nehmen uns vor, Los und Lus Größe während unseres Landaufenthaltes mit der einer Maisstange zu vergleichen, um zu sehen, wie groß Lo und Lu inzwischen geworden sind.

Nach der langen Fahrt aber biegen wir dann irgendwann in einen Waldweg ein und halten vor unserem Ferienhaus an, und danach laufen wir meist ein, zwei Stunden in der Nähe des Hauses herum, über die nahen Felder und die Feldwege, und meist zieht es uns zu den über dreihundertjährigen Eichen an einer Feldkreuzung, auf deren schweren Ästen man hinaufklettern kann bis in die Spitzen.

Im Ferienhaus sieht es so aus, als wären wir gerade erst aufgebrochen und als hätten all die Dinge darin nur einen kurzen Moment auf uns warten müssen, trotzdem kommt es uns immer so vor, als hätten wir all die Zimmer sowie den Keller und vor allem den Speicher wieder sehr freundlich zu begrüßen. Auf diese Weise nehmen wir das ganze Haus erneut in Besitz, wir rufen uns die Namen der Geräte und Dinge zu, und dann bemerken wir auch die Tiere draußen, die Katzen, die vorsichtig ums Haus schleichen und vor allem die vielen Vögel, die im Winter auf Futter warten, jedes Mal stürzen sich Schwärme von ihnen aus dem angrenzenden Wald zu uns ins Freie und dann haben wir manchmal das Gefühl, in einen Tierfilm geraten zu sein, in dem es darauf ankommt, Vogelarten genau zu unterscheiden und exakt zu benennen.

In der ersten Nacht auf dem Land schlafen wir alle so tief wie sonst nie, wir schlafen uns richtiggehend hinein in das Land, als löschten die großen Eindrücke der weiten Bilder die Stadterinnerungen schlagartig aus, und wenn wir nach dieser Nacht aufstehen, haben wir die Stadt wahrhaftig vergessen und tauchen ein in das Leben des Landes.

Zu Beginn unseres Aufenthaltes ziehen wir meist noch zu Fuß über das Land, wir durchlaufen die nächste Umgebung und gehen über die Felder. Im Herbst haben wir Drachen dabei, die auf den windigen Höhen weit hinaufsteigen, und im Sommer laufen wir an Weizen, Gerste und Hafer vorbei und bringen sie jedes Mal durcheinander.

So laufen wir eine Weile, bis wir das Haus irgendeines Verwandten erreichen, denn das weite Land ist die Gegend der vielen Verwandten, sie wohnen dort gar nicht weit voneinander entfernt, und beinahe jedes Wohnhaus hat sein eigenes Reich, das Lo und Lu dann erkunden.

Im nahen Dorf gibt es ein schönes, altes, nahe der Dorfkirche stehendes Kaufmannshaus mit vielen Zimmern und hellen Erkern, und an einem kleinen Fluß, in dem wir im Sommer oft baden, gibt es den großen Bauernhof, zu dem eine Gastwirtschaft gehört, und in einer Talmulde liegt ein weiterer Bauernhof mit vielen Pferden und Kühen, und all diese Terrains und ihre Umgebungen wurden schon vor langer Zeit von Verwandten bewohnt, und noch immer leben dort lauter Verwandte, als hätte sich nichts dort verändert und als wäre das Leben einfach dasselbe geblieben.

Natürlich ist das Leben keineswegs dasselbe geblieben, auch auf dem Land hat es sich sehr verändert, aber da wir ja nicht die ganze Zeit auf dem Land leben, kommt es uns bei unseren Aufenthalten immer so vor, als hätte sich überhaupt nichts verändert. Der große Genuß des Landlebens besteht, denke ich sogar inzwischen, vor allem darin, der Illusion der Zeitlosigkeit zu erliegen, oft geben wir uns sogar richtig Mühe, diese Illusion zu erhalten, weil sie so wohltuend ist und uns für einige Zeit den sonstigen Alltag vom Leib hält.

Und so verbringen wir die Tage auf dem Land, als gäbe es die Zeit nicht, wir lesen kaum noch Zeitungen und die Tagesnachrichten sind uns egal, statt dessen sehen wir, wie das Korn gesät und im Sommer geerntet wird, wir erleben die Kartoffelfeuer im Herbst und gehen zum Lachs- und Forellenfischen, es ist, als gehörten wir als bunte Beistell-Figuren selbst ins große Bilderbuch des schönen und friedlichen Landes, so vollkommen ist oft die Illusion.

Überall und immer wieder aber begegnen wir den Tieren, niemals sonst sind wir ihnen so nah, schon am frühen Morgen sehen wir auf einer Wiese die Rehe, und wir wissen genau, wo die Fischreiher in den Sumpfwiesen auf ihre Beute lauern, nichts ist schöner als die Fischreiher zu sehen, wie sie sich dann erheben und mit ihren großzügigen Flugbewegungen, die grauen Flügel zu einer geheimen Melodie schwingend, die Flußtäler durchfliegen, jedes Mal, wenn wir sie sehen, schreien wir auf vor Entzücken, so sehr überraschen und gefallen sie uns.

Das Land ist denn auch die Gegend der großen Festtage, nirgendwo feiert man Weihnachten, Ostern oder Pfingsten besser als auf dem Land, manche Festtage gibt es in der Stadt ja nicht einmal, so gibt es zum Beispiel den Karfreitag nur auf dem Land, am frühen Nachmittag ist es dort dann so still, daß man sich auf den Feldern umzuschauen beginnt, was wohl passiert ist.

Woche für Woche geht man auf dem Land in die Kirche, weil man jeden Sonntag als Sonntag erlebt, nach dem Gottesdienst steht man noch eine Weile auf dem Kirchplatz herum, jeder macht das so, und obwohl alle behaupten, das Leben habe sich in den letzten Jahrzehnten grundlegend verändert, gehen die Männer noch oft in eine nahe Wirtschaft und warten aufs Mittagessen, das die Frauen dann zubereiten, während die Kinder in ihren Sonntagskleidern noch draußen spielen.

Wenn die Mittagessen gelungen sind, sind es richtige Land-Mittagessen, wie überhaupt das Essen auf dem Land ein ganz anderes ist als in der Stadt, man ißt Kartoffelbrot und es gibt Eierkäs, man ißt kräftige Eintopfgerichte mit viel Fleisch und guten Würsten, und oft kommt es einem beim ersten Kosten wieder so vor, als schmecke man erst auf dem Land die Speisen wieder so richtig.

Wir laufen also über die Felder, wir klettern und schwimmen, so oft es geht, in den Flüssen und Seen, wir essen die Landkost und leben wie in einem französischen Landfilm, nur daß die Landsprache unverkennbar ein dunkles Deutsch ist, eine Art tiefes Raunen und Sägen.

Schon nach wenigen Tagen hat uns das Land völlig verschluckt, und dann leben wir in seinem Magen, wir zählen die Tage nicht mehr, es gibt keine Museen und keine Theater, und wenn wir uns irgend etwas aus der großen Welt anschauen wollen, fahren wir zu einem kleinen Kino aus den fünfziger

Jahren, das noch einen Vorraum mit Barhockern hat und dessen enge, gepolsterte Holzsitze immer laut krachend nach hinten knallen, wenn man allzu schnell aufsteht.

Im Kino gibt es natürlich wieder das andere, städtische Leben zu sehen, wichtigtuerisch und laut tritt es einem hier entgegen, aber wenn man das Kino verläßt, spürt man die Ruhe des Landes dann um so mehr, man überquert einen Bach, und schon auf der Brücke schüttelt man ein wenig darüber den Kopf, was sich die Stadtmenschen da wieder ausgedacht haben, anstatt nur über eine Brücke zu gehen und einen Blick hinab ins Wasser zu werfen.

Und so vergißt man den Film dann auch sehr rasch, das Land ist dazu da, daß man vergißt, denke ich manchmal, und wir stellen uns irgendwo an einen rauschenden Bach oder ein Wehr, und Lo und Lu suchen die glatten Steine und lassen sie übers Wasser springen, stundenlang hüpfen die glatten Steine über das vor sich hin murmelnde Wasser, und ich schaue zu und brauche endlich auch nichts mehr zu denken, keine »Landtheorie«, keine Rechtfertigungen und erst recht nichts aufdringlich Neues, das Land ist für uns einfach, so sehr es sich auch von Jahr zu Jahr hinter unserem Rücken verändert, das unveränderliche, ewige Land, da ist nichts zu machen.

Wenn wir dann wieder aufbrechen müssen, ist eine merkwürdige Land-Traurigkeit da, ein vorerst letztes Mal gehen wir über vertraute Felder und lassen den vertrauten Wald zurück. Man möchte noch einmal überall hin laufen, um Abschied zu nehmen von jedem Baum, aber natürlich geht das nicht, und so packen wir unser Auto meist stumm mit all unseren Taschen und Koffern voll, und dann reißen wir uns beinahe gewaltsam los und fahren wieder auf die Windräder zu, Lillo Gregori hören wir dann nicht, still sitzen wir da und schauen ununterbrochen zum Fenster hinaus, und erst wenn wir uns wieder einreihen in den Autobahnstrom, ist unser Land-Leben beendet, und der Verkehrsfunk meldet sich, und die Nachrichten breiten sich langsam wieder zwischen uns aus …

Heimkino

Seit einiger Zeit denken La Mamma und ich darüber nach, ob Lo und Lu fernsehen sollen, La Mamma hält eine strenge Fernseh-Askese für künstlich und sogar albern, und auch ich denke, eine solche Askese könnte die Gier nach Fernsehbildern nur steigern. Mir selbst ist diese Gier noch sehr vertraut, denn in meiner Familie hatten wir bis zu meinem fünfzehnten Lebensjahr überhaupt kein Fernsehen. Meine Kindheit habe ich dadurch in einer Zeit der Bilderruhe verbracht, so daß ich noch heute die fünfziger Jahre nur in Schwarz-Weiß erinnere, das ganze Jahrzehnt ist eine lange Serie schwarz-weißer Fotos ohne jeden Ton.

Fernsehen konnte ich also nur heimlich, und ich tat es bei einem Freund, der gleich nebenan wohnte und der fernsehen durfte, solange er wollte. Wir schauten uns Sportübertragungen an und alte Stummfilme, und wenn ich in unsere Wohnung zurück kam, merkte meine Mutter sofort, daß ich ferngesehen hatte.

Längeres, stumm ertragenes Fernsehen machte mich nämlich jedes Mal depressiv, die Depression war ein dumpfes Gefühl der Hilflosigkeit, als wäre man zu lange unter Wasser getaucht, ohne immer mal wieder nach Luft zu schnappen. Müde und lustlos saß ich nach solchen Fernsehstunden herum und konnte mir schließlich nur dadurch helfen, daß ich zu Bett ging.

Nie mehr fernsehen, sagte ich mir jedes Mal, aber dann ging ich doch wieder hinüber zu meinem Freund, der beim Fernsehen Salzstangen knabberte und Erdnüsse aß, als machten die vielen Bilder hungrig. Ich versuchte dann auch, beim Fernsehen etwas zu mir zu nehmen, aber auch das half nicht weiter, schließlich ekelte ich mich sogar vor Salzstangen und Erdnüssen, ja ich begann, mich vor allem zu ekeln, vor dem Fernsehen und am Ende sogar vor meinem Freund.

Dadurch habe ich es dann wirklich geschafft, nur sehr wenig fernzusehen, denn ich hatte eine so starke innere Abwehr, als wäre ich einmal süchtig gewesen und könnte bei einem Rückfall sterbenskrank werden. Meine Eltern hätten sich bei ihrer ersten Fernsehanschaffung also gar kein abschließbares Gerät anschaffen müssen, schließlich war ich bei dieser Anschaffung Mitte der sechziger Jahre längst von all der Fernseherei gründlich geheilt, aber sie schafften sich aus Sicherheitsgründen dann doch ein solches Gerät an, das dann wie ein beleidigter, verstummter Geselle in unserem Wohnzimmer stand und nur selten benutzt wurde.

Durch solche Erfahrungen bin ich davon abgehalten worden, mich je an das Fernsehen zu gewöhnen, denn auch später, als die Zeit der abschließbaren Fernsehgeräte längst vorbei war, blieb das Fernsehgerät in meiner Familie immer nur ein bloßer Herumsteher, der schließlich ganz aus dem Wohnzimmer entfernt und in einem Werkstatt-Raum meines Vaters untergebracht wurde.

Das Schlimmste am Fernsehen, denke ich inzwischen, ist gar nicht das Fernsehen selbst, das Schlimmste ist die viele Zeit, die man vor dem Fernseher verbringt, ohne sie doch eigentlich dort verbringen zu wollen. Kaum hat man sich auf irgendeine Sendung eingelassen, gerät man auch schon in die nächste und wieder eine andere Sendung hinein. Ohne sich zu versehen, hat man schließlich Stunden vor dem Fernseher zugebracht, genau das ist die Gefahr, denn noch ist die Zahl der Lebensstunden begrenzt, so daß einige vor dem

›201‹

Fernseher verdöste Stunden hinterher ärgerlich ins Gewicht fallen.

Das Schlimmste am Fernsehen, sage ich daher zu La Mamma, sind die vielen Stunden, die man vor dem Fernseher verbringt.

Dazu darf es bei Lo und Lu keinesfalls kommen, antwortet La Mamma.

Hast du eine Idee, wie wir es vermeiden, frage ich.

Es gibt Eltern, sagt La Mamma, die sich neben ihre Kinder setzen, während sie fernsehen.

Die gibt es, sage ich, aber wir gehören doch wohl nicht dazu, oder willst du dich wahrhaftig jedes Mal neben Lo und Lu setzen, wenn sie fernsehen? Denk mal an all die vielen Stunden, die wir dann vor dem Fernseher säßen, die vielen Stunden sind schließlich das Schlimmste am Fernsehen.

Dazu darf es bei Lo und Lu auf keinen Fall kommen, sagt La Mamma, und dann schauen wir stumm vor uns hin.

Zu einem Thema ist das Fernsehen bei uns erst geworden, seit Lo im Kindergarten ist, denn vorher wurde unser tragbares, kleines und ziemlich unscheinbares Fernsehgerät tagsüber auf einem schmalen, noch unscheinbareren Rollwagen einfach hierhin und dorthin geschoben, und wenn La Mamma und ich es einschalten wollten, schalteten wir es spät abends oder nachts ein, wenn Lo und Lu schliefen.

Im Kindergarten aber erzählen die anderen Kinder anscheinend sehr häufig vom Fernsehen, vieles, worüber gesprochen wird, ist, wie Lo manchmal andeutet, sogar überhaupt nicht zu verstehen, wenn man nicht ferngesehen hat. Anfangs hat Lo noch erklärt, es mache ihr nichts aus, diesen Gesprächen zwischen den anderen Kindern dann nicht folgen zu können, andererseits kann man von ihr nicht verlangen, immerzu wegzuhören oder sich woandershin zu begeben, wenn vom Fernsehen die Rede ist.

In einem Moment der Verärgerung habe ich dann einmal gesagt, Fernsehen sei grundsätzlich langweilig, ja es gehöre zum Langweiligsten überhaupt, weswegen wir es auch gar nicht weiter benutzten. Die Heftigkeit meines Ausbruchs hat Lo dann aber so stark beeindruckt, daß sie ihn im Kindergarten und auch zu Hause immer wieder zitiert hat. Fernsehen ist langweilig, ja das Langweiligste überhaupt, hat sie im Kindergarten gesagt, sich dadurch aber keine Freunde gemacht, so daß ich nach einiger Zeit sogar gezwungen war, meine harschen Bemerkungen etwas abzumildern und davon zu sprechen, daß Fernsehen sehr langweilig sein *könne*, wenn man zuviel fernsehe, daß es aber dann und wann durchaus auch etwas gebe, das man eben *nur* im Fernsehen sehen könne.

Lo wollte dann wissen, was genau das denn sei, und erst da wurde mir klar, daß ich die Kindersendungen im Fernsehen gar nicht kannte und ihr daher auch nicht im einzelnen erklären konnte, was das Fernsehen bietet.

Wir sollten uns mal einige Kindersendungen anschauen, habe ich zu La Mamma gesagt. La Mamma stimmte dem zu, sie hielt meinen Vorschlag sogar für eine hilfreiche Idee, bis uns klar wurde, daß Kindersendungen ja meist nur in Zeiten laufen, in denen wir gar nicht fernsehen.

Wenn wir jetzt plötzlich vormittags oder nachmittags fernsehen, hat La Mamma gesagt, gewöhnen wir Lo und Lu am Ende noch daran, dazu sollte es aber keinesfalls kommen.

Was redest du denn, habe ich gleich wieder etwas verstimmt geantwortet, es wird nicht dazu kommen, denn wir haben schließlich ja gar keine Zeit, vormittags oder nachmittags fernzusehen, oder willst du dir freinehmen, um in Ruhe einige Kindersendungen anschauen zu können?

Das fehlte gerade noch, hat La Mamma gesagt, worauf ich ihr vorgeschlagen habe, einen Videorecorder anzuschaffen, um Kindersendungen vormittags oder nachmittags aufzeichnen und nachts in Ruhe anschauen zu können.

du meinst wirklich, wir sollten nachts Kindersendungen sehen, hat mich La Mamma gefragt, aber auch ihr war da längst klar, daß mein Vorschlag die einzige Lösung für das Problem war, etwas Besseres fiel niemand von uns beiden noch ein.

Wir haben dann mit unserem neuen Videorecorder einige Kindersendungen aufgezeichnet und die Erfahrung gemacht, daß das Anschauen von Kassetten mit aufgezeichneten Sendungen einen noch mehr ermüdet als normales Fernsehen. Da wir nämlich wußten, daß die Sendungen bloß aufgezeichnet waren und längst nicht mehr liefen, fühlten wir uns berechtigt, ihr Tempo dann und wann zu beschleunigen, um die nichtssagenden Teile schneller hinter uns bringen. Das aber führte mit der Zeit dazu, daß wir nur noch beschleunigten und immerzu vorwärts spulten, komplette Sendungen flogen vor unseren abgestumpften Blicken mit großem Tempo vorbei.

Vor allem die Auftritte jedweder Art von Moderatoren ließen uns sofort den Vorspul-Knopf drücken, denn als wir uns ein wenig eingesehen hatten, begriffen wir rasch, daß ein ins Bild gerücktes Moderatorengesicht dort meist viel zu lange verharrte und nichts anderes ankündigte als puren Stillstand.

Am schlimmsten aber waren die kleinen Wortwechsel, die diese Moderatoren dann mit Kindern aus dem Publikum führten. In einer dreißigminütigen Sendung gingen, wie wir bald exakt ermittelten, mindestens siebzehn Minuten für das Drumrumreden drauf, allein die eingeblendeten Beifallsstürme des Publikums nahmen in einer solchen Sendung mehr als fünf Minuten in Anspruch. Schon die bloße Einblendung von Publikum zu Beginn einer Sendung ließ uns nach einiger Zeit daher nur noch kopfschüttelnd auf die Uhr schauen, denn längst wußten wir ja, was eine solche Einblendung für unseren Zeithaushalt bedeutete.

Wir spulten vor und spulten die gesamte Sendung in Minuten- und Sekundenfetzen, die wir mit Hilfe einer Stoppuhr genau registrierten. So entwickelten wir immer strengere Maßstäbe für den Aufbau von Kindersendungen, wobei wir, ohne das zunächst geplant zu haben, das Kriterium der genutzten Zeit zu unserem Hauptkriterium machten.

Es gibt keine bessere Kindersendung als die »Sendung mit der Maus«, sage ich nach alldem zu La Mamma.

Stimmt, sagt La Mamma, schon daß es keinen Moderator oder kein Publikum gibt, ist wohltuend.

Diesen ganzen Purismus und Minimalismus der kurzen Beiträge finde ich glänzend, mache ich weiter, da erklären sie einem in fünf gerafften Minuten, wie Kartoffeln geerntet werden, und dann kommen kurze Geschichten, die noch wirkliche Geschichten sind und ohne die albernen Verfolgungsjagden auskommen, die sonst in Zeichentrickfilmen die Hälfte der Sendezeit füllen.

Ja, sagt La Mamma, ich finde allein schon die Abwechslung gut.

Was heißt da allein schon die Abwechslung, sage ich, das ist alles kalkuliert, fünf Minuten Unterricht, fünf Minuten Entspannung. Und der Unterricht ist vollkommen fernsehgerecht.

Wieso denn das? fragt La Mamma.

Weil sie einem vor allem mit Hilfe von Bildern und mit nur sehr wenig Text erklären, wie Kartoffeln geerntet werden, sage ich. Wenn *ich* dasselbe nur mit Hilfe von Worten erklären sollte, bräuchte ich zwanzig Minuten, und dann hätte ich es noch immer nicht so gut erklärt, wie es Bilder können.

Ich glaube nicht, daß man Bilder und Worte miteinander vergleichen kann, sagt La Mamma, Bilder erklären einen Vorgang so, Worte anders, es sind zwei verschiedene Erklärungsmodelle.

Willst du behaupten, daß du Lo und Lu einfach so, aus dem Stegreif, den Ablauf einer Kartoffelernte erklären könntest, frage ich.

Warum nicht, antwortet La Mamma, wenn ich mich genauso lang darauf vorbereiten würde wie die Leute vom Fernsehen? Was glaubst du, wie lange die für ihre fünf Minuten Sendezeit wohl gebraucht haben, bis sie soweit waren?

Darüber will ich jetzt nicht nachdenken, sage ich, können wir uns vorläufig trotzdem darauf einigen, daß die »Sendung mit der Maus« vorbildlich ist?

Können wir, sagt La Mamma, wir sollten Lo und Lu mal eine Probesendung zeigen.

Ich glaube, die Sendung läuft sonntags morgens, sage ich.

Sonntags, am Vormittag? fragt La Mamma.

Ja, sage ich, leider, die Sendezeit finde ich auch nicht ideal. Sonntag vormittags sind wir meist unterwegs, und außerdem finde ich fernsehen am Vormittag grundsätzlich nicht gut.

Und was schlägst du statt dessen vor? fragt La Mamma.

Daß wir die Sendung aufzeichnen, sage ich, Lo und Lu werden den Unterschied nicht bemerken, und vorspulen werden sie ja nicht können.

Aufzeichnen? fragt La Mamma entsetzt, jeden Sonntag eine ganze Sendung *aufzeichnen*?

Das wird nicht reichen, sage ich, wir müssen auch ältere »Maus-Sendungen« aufzeichnen, um einen gewissen Vorrat zu haben.

Wir? fragt La Mamma da noch rhetorisch, ein Glück, daß ich gar nicht weiß, wie man Sendungen aufzeichnet.

Inzwischen habe ich einen halben Meter Kassetten mit »Maus-Sendungen« aufgezeichnet, die Kassetten sind sogar beschriftet. Durch den Einsatz der Kassetten haben sich ganz unerwartet aber auch gewisse Rituale der Sehzeiten entwickelt, an die ich zuvor nie gedacht hatte.

Es beginnt am frühen Abend, wenn es allmählich dunkelt, damit, daß Lu eine schwere, weiche Decke zu seinem Bett schleppt, um sie dort auszubreiten. Er streicht sie glatt, klopft noch einige Beulen heraus und ruft nach seiner Schwester, deren Aufgabe darin besteht, die Fensterläden zu schließen. Während Lo die Läden schließt, zieht Lu den schmalen Rollwagen, auf dem sich das kleine, tragbare Fernsehgerät befindet, in die Nähe des Bettes. Dann setzen sich beide auf die weiche, gut geglättete Decke und schauen das Fernsehgerät an.

Jedes Mal, wenn sie so nebeneinander sitzen und mit einer gewissen aufgeregten Erwartung das Gerät anschauen, sitzen sie da wie im Kino. Sie haben die Hände auf dem Schoß gefaltet und sind so auf die Vorführung gespannt, daß sie beinahe versteifen. Ohne sich noch zu regen, starren sie das tote Gerät an, in das bald der Blitz fahren wird, um die bunten Fackeln der Bilder zu entzünden.

Dies ist der Moment, in dem ich die Kassette hole. Lo und Lu wissen genau, was sich in der schwarzen Plastikumhüllung befindet: Dreißig Minuten Film, mit Anfang und Ende, dreißig Minuten zitterndes Flackern, das dann in einem tiefen Dunkel erlischt.

Ich beuge mich zu dem Videorecorder hinab und schiebe die Kassette langsam hinein, die Erotik des kurzen Moments verblüfft mich jedes Mal neu. Dann beginnt der Videorecorder seine intime Beschäftigung mit der Kassette, er liest sie, spult sie ein wenig vor und wieder zurück, bringt sie in die richtige Startposition und läßt sie endlich gewähren: Ein leises, kaum merkliches, tiefe Zufriedenheit ausstrahlendes Summen deutet darauf hin, daß der Film anläuft, mit geringer Verspätung meldet sich dann auch der Ton, bis alles paßt und zusammen stimmt und die große Fahrt auf den Bilderozean beginnt.

Lo und Lu mögen es nicht, wenn ich nach diesem Start noch in ihrem Zimmer verweile. Während sie mit dem einen Auge auf das Fernsehgerät starren, achten sie mit dem anderen sehr streng darauf, daß ich mich zügig entferne.

Ich muß die Kassettenhülle beiseite legen und den direkten Weg zur Tür einschlagen, ohne Umwege und ohne jede Unterbrechung, am besten ist es, wenn ich mich geräuschlos entferne. Ich muß die Türklinke vorsichtig niederdrücken und hinausschlüpfen, dann muß ich auf Zehenspitzen die Treppe heruntergehen, um in den Tiefen des Hauses zu verschwinden.

Manchmal mache ich auf der Treppe aber noch einmal Halt. Ich höre, wie Lo und Lu eine Kartoffelernte erklärt bekommen und wie Pezzi sich mit der Mary auf weite Fahrt begibt, ich höre die Ticktack-Schritte der kleinen Maus, die gerade durchs Bild läuft, oder ich höre die freundliche Stimme von Käptn Blaubär, der mit seinen Lügengeschichten beginnt.

Es kommt vor, daß ich mich dann für einige Augenblicke hinsetze und zu erraten versuche, was gerade passiert. Nebenan, denke ich, läuft gerade ein Film. Nach dreißig Minuten ist er zu Ende, und Lo und Lu werden etwas anderes machen. Genau so sollte Fernsehen sein, knapp, befristet, eine schmackhaft zubereitete Portion, die man mit großem Appetit verspeist, ohne sich damit vollzustopfen. Sonst aber bleibt der Bildschirm leer. Es gibt keine dreißig Programme und keine Talk-Shows für Kinder, es gibt nur das dumme Gesicht eines kleinen, tragbaren Fernsehgeräts.

Und dann stehe ich auf und schleiche die Treppe herunter, während ich mich noch einmal vergewissere, daß die unauffällig-kleine Fernbedienung, mit der man so allerhand anstellen kann, sich in meiner rechten Hosentasche befindet und dort ruht wie ein schwerer Stein, den vorerst noch niemand ins Wasser wirft.

Höhlengänge

Längst haben wir die kurzen Wege, auf denen wir das Haus früher umkreisten, hinter uns gelassen, jetzt brechen wir, wann immer wir an den Nachmittagen Zeit haben, in die nahen Wälder auf, die direkt an das Gartenhaus anschließen. Ich habe meist einen kleinen Rucksack dabei, und Lo trägt eine Umhängetasche, während Lu oft mit einem Stock loszieht, den er irgendwo in den Wäldern gefunden hat. Auf jeder Wald-Expedition findet er einen neuen und besseren Stock, und dann muß ich den alten an mich nehmen, überhaupt erhalte ich während unserer Expeditionen allerhand zugesteckt, deswegen habe ich den Rucksack dabei.

Vorerst aber ziehen wir mit leeren Taschen los, in kleinen Serpentinen geht es einen Abhang hinauf, und Lo und Lu nehmen eine Abkürzung zur Höhe, die sie zwingt, den Hang auf allen vieren hinaufzuklettern. Ich vermeide die Abkürzung meist, das Klettern auf allen vieren ist nicht meine Sache, aber manchmal muß ich eben doch mit, allein schon um zu beweisen, daß ich die Abkürzung noch schaffe. Dann klettern wir hintereinander die Abkürzung hinauf, Lu als erster, Lo in der Mitte und ich hinterher, es ist, als befänden wir uns auf einer Schweizer Bergwiese, so alpenländisch feuern wir uns an und reden uns ins Gewissen, keinen unbedachten oder falschen Schritt zu machen.

Oben angekommen, loben wir uns einige Zeit, wir schauen jetzt hinab ins Tal, dann geht es auf einem Höhenpfad weiter, unwegsames Terrain, sage ich meist, wir gehen jetzt durch unwegsames Terrain.

Im unwegsamen Terrain aber liegen Baumstämme und Äste undHolzbrocken herum, meist verzögert dieses Holz-Durcheinander das Fortkommen, und so packen Lo und Lu zu und beginnen, das Holz-Durcheinander an irgendeiner Stelle neu zu ordnen, zu einer kleinen Behausung oder auch nur zu einem Dach, das zwischen zwei Baumstümpfen entsteht.

Bei diesen Holzarbeiten darf ich meist nicht mitmachen, ich werde nur herbeigerufen, wenn ein Teil noch zu schwer ist, sonst ist es am besten, wenn ich mich auf einen Stamm setze und geduldig schaue, wie die Arbeiten vorangehen. Zwei- oder dreimal habe ich, um mich zu beschäftigen, eine Lektüre aus meinem Rucksack gezogen, doch ich mußte schnell feststellen, daß Lo und Lu mein Lesen als Desinteresse an ihrer Arbeit auslegen und daher jedes Mal, wenn ich zu lesen beginne, sofort alle Äste und Zweige fallen ließen.

Deshalb sitze ich als bloßer Betrachter dieser Szene hier auf einer Bank oder einem Baumstumpf und sehe zu, wie sie die Äste im Kreis um einen dicken Stamm postieren und dann mit Laub zudecken, dieses ganze Schleppen, Zurechtlegen und Aufstellen erinnert mich seltsamerweise immer etwas an Joseph Beuys, besonders wenn wir auf dem Rückweg sind und an diesen kleinen Zelten aus Holz vorbeikommen, die dann so aussehen, als hätten nicht wir, sondern Fremde sie an dieser Stelle aufgerichtet, muß ich an Beuys denken, ohne daß ich es Lo und Lu lange erkläre, was würden sie mit einem Namen wie dem von Beuys auch schon anfangen?

Ich sollte in Katalogen der Arbeiten von Beuys einmal nachschauen, ob es solche Holzzelte nicht unter seinen Arbeiten gibt, denke ich, aber dann reißen mich Lo und Lu aus derartigem Nachsinnen, weil sie nun weiter wollen, hinunter in die Schlucht, wo es kühl ist und dunkel und wo man einen kleinen, fast immer wild sprudelnden Bach überqueren muß, ohne mit den Füßen neben die aus dem Wasser ragenden Steine zu treten.

Ich kann mir nicht vorstellen, daß irgend jemand sonst in diese tiefe Schlucht steigt, noch nie ist uns dort jemand begegnet, und es gibt auch gar keine Wege hinab, vielmehr sind wir einfach nur einmal einer plötzlichen Eingebung von Lu gefolgt, der in die Schlucht hinabblickte und darauf bestand, in diese dunkle Tiefe zu steigen, und dann haben wir uns gesagt, warum nicht, natürlich, sofort, und sind ins Dunkel gestiegen, ohne uns noch lange zu besinnen.

Ich selbst hatte große Vorbehalte gegen die dunkle und unwegsame Schlucht und deshalb habe ich einige Tricks aufgeboten, um Lo und Lu abzuschrecken. So habe ich erklärt, tief unten befinde sich die Höhle von Ali-Baba, gerade diese Erklärung war es dann aber, die Lo und Lu darauf bestehen ließ, unbedingt in die Schlucht zu klettern. Während wir hinabstiegen oder eher hinabrutschten, überlegte ich mir, wie ich die Höhle wieder aus ihren Phantasien verschwinden lassen könnte, dann aber wurde es immer seltsamer und seltsamer, und wir erreichten in der tiefsten Tiefe der Schlucht eine Art Weiher oder Teich, in dem der wild sprudelnde Bach plötzlich versiegte, als würde sein Wasser an dieser Stelle von einem unergründlich tiefen Schlund lautlos verschluckt.

Um den Weiher herum ist das Gelände sumpfig und ein wenig morastig, dort wachsen Pflanzen und Bäume, von denen ich die meisten gar nicht mit Namen kenne, ein verwunschenes Terrain, denke ich meist, sage aber auch das natürlich nicht laut, dabei handelt es sich wahrhaftig um verwunschenes Terrain, um eine Märchenlandschaft, in die kaum ein Sonnenstrahl fällt, die romantischen Dichter, denke ich, hätten ihr Vergnügen an diesem Ort gehabt, sofern sie sich in diese Schlucht hinab getraut hätten.

Unheimlich ist es in der Tiefe der Schlucht natürlich auch, niemand würde sich wundern, dort die seltsamsten Tiere zu treffen, dämonische Fabelwesen mit großen Krallen und weiten Flügeln, Flugechsen und Sumpfmolche, ich spinne diese Phantasien meist nicht weiter aus und verschweige auch sie vor Lo und Lu, die mit einer mir unverständlichen Ruhe den Weiher umkreisen und mit langen Stöcken in seiner Tiefe rühren.

Bei einer dieser Umkreisungen aber hat Lo in einer nahen Felswand eine Eisentür entdeckt, hier ist die Höhle von Ali-Baba, habe ich sie rufen hören und bin so zusammengezuckt, als hörte ich die bösen Räuber sich nähern. Ich bin zu ihr gesprungen und stand dann selbst vor der Tür, wieso ist hier eine solche Tür, das gibt es doch gar nicht, habe ich beinahe zwanghaft gedacht, während ich in ruhigem Ton noch einmal von Ali-Baba erzählte, bemüht, die Geschichte jetzt etwas zu entschärfen.

Lo und Lu aber sind von der Eisentür begeistert, sie hat einen schweren Ring, mit dem man gegen sie anklopfen kann, und so stehen wir jedes Mal vor der Tür, blicken durch einen mir unerklärlichen Sehschlitz ins dunkle Innere und rufen so lange »Sesam, öffne Dich!«, bis unser Rufen wie leichtes Echo-Donnern in der Tiefe des Berges verhallt.

Ich würde mich gar nicht wundern, wenn die Tür sich doch einmal öffnete, es handelt sich wirklich um sehr verwunschenes und wunderbares Terrain, aber dann muß ich dafür sorgen, daß Lo und Lu sich nicht zu lange mit Ali-Baba und seiner Höhle beschäftigen, sonst verschlingt uns der stille Weiher am Ende auch noch.

Leider gibt es nur eine Möglichkeit, Ali-Babas Terrain zu verlassen, wir müssen eine sehr steile Bergwand hinauf, die uns nur hier und da einige verwachsene Bäume anbietet, an denen wir uns festhalten können. Meist wollen Lo und Lu um keinen Preis diese Wand hinauf, einmal waren sie sogar bereit, trotz der großen Gefahr umherziehender Räuberhorden in der Schlucht zu übernachten, aber irgendwann müssen wir schließlich hinauf, da hilft nichts. Oft gibt Lo sich als erste einen Ruck, Lu folgt dann seufzend und schimpfend, und ich habe als letzter die Aufgabe, drohenden Stürzen zuvor zu kommen.

Etwa in der Mitte der Wand befindet sich dann aber eine

große Höhle, Lu nennt sie die »Bärenhöhle«, und jedes Mal, wenn wir sie erreichen, schaut er etwas ängstlich hinein. Lu ist ganz sicher, daß Bären hier hausen, als Beweis hat er in der Tat seltsame Kratzspuren an den Wänden der Höhle gefunden, auch die Reste eines Feuers, die er in der Höhle gefunden hat, lassen ihn an Bären denken, obwohl doch noch kein Mensch davon berichtet hat, daß Bären fähig sind, sich in Höhlen ein Feuer zu machen.

Auf Fragen, wie die Bären so etwas anstellen könnten, antwortet Lu nicht, allerdings weiß er genau, welche Sorten von Bären sich hier herumtreiben: Waschbären, sagt er jedes Mal, Waschbären und Grizzlys.

Aber Lu, wendet Lo nach einer solchen Antwort meist ein, hier gibt es doch keine Waschbären und Grizzlys, die gibt es doch nur in Amerika. Sie kommt aber mit einem solchen Einwand nicht weiter, denn Lu ist sich seiner Sache vollkommen sicher, und man darf ihm nicht allzu lange widersprechen, sonst redet er nicht mehr mit einem und behält sein Bären-Wissen für sich.

Die Bären kommen nämlich, wie er einem weiter erklärt, am frühen Abend hierher, kurz bevor es dunkelt, deshalb wartet Ali-Baba in seiner Höhle noch etwas, bis er nach Hause geht, denn Ali-Baba hat natürlich Angst vor den Bären. Wenn sie aber dann ihr Feuer entzündet haben, weiß er, daß sie ihre Höhle nun nicht mehr verlassen, erst dann bricht auch er auf und verläßt seine Höhle, am frühen Abend scheint im Wald ein reges Kommen und Gehen zu herrschen, jedenfalls behauptet das Lu.

Manchmal schaue ich, wenn Lu gerade mittendrin in diesem Erzählen ist, hinüber zu Lo, um mit ihr Augenkontakt aufzunehmen und mich mit ihr ein wenig über Lus kuriose Geschichten zu amüsieren, aber Lo schaut meist nicht zu mir zurück, sondern hört zu und starrt hinaus in den Wald. Ich habe angenommen, daß Lo dem kleineren Lu kein Wort glaubt, inzwischen vermute ich aber, daß sie jedes seiner Worte genau abwägt und prüft, während sich in ihrem Kopf längst andere Geschichten formen, von denen keiner von uns etwas ahnt.

Einmal nämlich hat Lo den kleineren Lu mitten in seinem Erzählen unterbrochen und, als wäre nun wiederum sie völlig sicher, behauptet, Ali-Baba verlasse seine Höhle keineswegs erst am frühen Abend, weil am frühen Abend die Räuber zurückkämen, sie selbst habe die Räuber schon einmal am frühen Abend laut lärmen und zurückkommen hören.

Aber Lo, hätte ich da beinahe vor lauter Erstaunen gesagt, glaubst du etwa auch noch all diesen Unsinn von Ali-Baba, Räubern und Bären?, doch ich habe lieber geschwiegen, weil mir ihre Geschichten wie Traum-Erzählungen vorkamen und ich Träumen nicht widersprechen und sie erst recht nicht zerstören will.

Gehen wir weiter, frage ich Lo und Lu, während ich auf die seltsamen Kratzspuren an den Wänden der Höhlen starre, über deren Herkunft auch ich gern mehr wüßte.

Nein, sagt Lo, wir müssen noch ein wenig warten.

Warten, frage ich, worauf sollen wir warten?

Ali-Baba geht jetzt nach Hause, sagt Lo, er darf uns nicht sehen, sonst kommt er nie wieder.

Gut, sage ich, dann warten wir noch einen Moment, allzu lange sollte es aber nicht dauern.

Warum nicht? fragen Lo und Lu beinahe gleichzeitig.

Weil auch der Wolf manchmal zu dieser Zeit unterwegs ist, sage ich.

Aber Papa, sagt da Lo, was redest du denn? Es gibt hier doch gar keine Wölfe, Wölfe gibt es doch nur in Rußland.

Hast du eine Ahnung, fange auch ich da plötzlich an zu erzählen, hast du eine Ahnung. Es ist nämlich so …

Volksfest

Lo will zum Volksfest, denn sie hat in der Stadt die Plakate
mit den bunten Karussellpferden gesehen. Die bunten Karus-
sellpferde sehen aus, als wäre das Volksfest eine Veranstal-
tung aus den fünfziger Jahren, da ich aber weiß, daß dem
nicht so ist, sage ich: Lo, das Volksfest ist laut und macht die
ganze Zeit Krach, es gibt dort große Bierzelte mit lauter
Rumsdada-Musik, ich weiß ganz genau, es wird dir nicht
gefallen, laß uns also lieber nicht hingehen.

Lo hat zunächst geschwiegen und die Sache ein paar Tage
durchdacht, doch als wir wieder vor einem Plakat standen,
sagte sie: Schade, daß wir nicht aufs Volksfest dürfen, ich ginge so gern auf das Volksfest, das bißchen Krach ist doch egal,
und die Rumsdada-Musik würde mich auch nicht stören, wo
es so schöne Karussells gibt.

Als Lu das hörte, war auch er gleich für das Volksfest, »Karussell« war ein magisches Stichwort, und so hörte ich mir
einige Zeit lauter Träume von bunten Karussell-Pferden und
friedlichen Karussell-Löwen an, bis ich sagte: Gut, gehen wir
also aufs Volksfest, ihr werdet schon sehen, daß es nichts für
euch ist!

Als wir das große Volksfest-Gelände betreten, fällt mir auf,
daß ich seit Jahrzehnten auf keinem Volksfest gewesen bin,
ich habe die Entwicklung des Volksfestes zu einem Massen-
spektakel in seinen Einzelheiten also weitgehend verpaßt.
Ich kann mich auch nur noch an kleinere Volksfeste erinnern, ein Karussell, eine Achterbahn und ein harmloses Riesenrad, das war meist die Trias, um die sich ein paar Verkaufs-
buden scharten. Zu größeren Volksfesten zog es mich nicht,
so daß ich erst jetzt, bei Betreten des weiten Terrains, ganz
begreife, wohin ich geraten bin.

All die harmlosen, kleinen Vergnügungsgeräte meiner Kindheit sind nämlich verschwunden, sie haben sich zu großen, völlig überdimensionierten Apparaten entwickelt, aus denen schrille Einpeitscher-Stimmen dröhnen, als lockten sie einen geradewegs in die Hölle.

Als ich den Lärm höre und die ersten Wagen ihre Loopings drehen sehe, sage ich zu Lo und Lu: Seht ihr, ich hatte recht, man versteht sein eigenes Wort nicht, wir sollten schleunigst umkehren, bevor uns das alles zuviel wird.

Lo und Lu aber können mich nicht mehr hören, sie haben auch längst etwas Schönes gefunden, ein Karussell ist es natürlich, dessen Wagen bunte Elephanten- und Dinosaurier-Köpfe haben und während der Rundfahrt auf und ab steigen.

Ich muß nur noch zur Kasse, zwei Fahrten sind, wie ich finde, recht teuer, während es bei vier Fahrten einen gewissen Rabatt gibt, der vier Fahrten beinahe preiswerter erscheinen läßt als lediglich zwei.

Also fahren Lo und Lu jeweils zweimal, sie sitzen in den auf und ab schwebenden Wagen so, als machte die Fahrt großes Vergnügen, während mein starrer Blick an ihren Fahrzeugen hängt, als dürfte ich ihn keinen Moment schweifen lassen. Es kann nichts passieren, sage ich mir, an so einem Karussell ist noch nie etwas passiert, da bemerke ich, daß ich die Wagen fixiere, weil Lo und Lu ab und zu winken. Jedes Mal, wenn eines von beiden Kindern an mir vorbeifährt, winkt es mir freundlich zu, damit hatte ich gar nicht gerechnet. Jetzt aber, wo ich diesem treuen und Dankbarkeit ausstrahlenden Winken ausgesetzt bin, fange auch ich an zu winken, natürlich winke ich, ich winke ja ununterbrochen, deshalb muß ich die auf und ab schwebenden Wagen also genau fixieren.

Als Lo und Lu nach zwei Runden dann aussteigen, bin ich schon versucht, ihnen zwei weitere zu spendieren, allein um sie noch einmal winken zu sehen. Sie haben ein viel freundlicheres und zu Herzen gehenderes Winken als etwa die eng-

›216‹

lische Queen, denke ich, sie winken nämlich, indem sie einen
sehr genau anschauen, während die Queen ihre Hand wie
einen Scheibenwischer bewegt, als wollte sie die Bilder der
Menschen am Wegrand aus ihrem Blickfeld entfernen.

Lo und Lu bestehen aber gar nicht darauf, noch weiter Karussell zu fahren, sie haben vielmehr in der Nähe die Auto-
Scooter für Kinder entdeckt. An Auto-Scooter für Kinder
kann ich mich auch nicht mehr erinnern, in meiner Kindheit
gab es so etwas wohl nicht, Auto-Scooter gehörten vielmehr
erst in die Jahre der Pubertät, als sich jeweils zwei Jungs daran machten, jeweils zwei aufschreiende Mädchen mit ihrem
Scooter in die Enge zu treiben und den Scooter der Mädchen
möglichst kraftvoll zu treffen.
Kinder aber benutzen, wie ich jetzt feststelle, einen Auto-
Scooter ganz anders. Sie setzen sich in die kleinen, silbern und
golden glitzernden Wagen, schnallen sich an und geben be-
hutsam Gas. Dann fahren sie außen herum, an den Rändern
des Feldes entlang, langsam, mit offenen Mündern genießen
sie diese Runden des Gleitens, es ist, als kreisten sie da in ihrer
Welt, schwerelos und weit weg vom Treiben und Drängen.
Aus dem Auto-Scooter heraus können Lo und Lu leider
nicht winken, sie halten das Steuer, wie es sich gehört, mit
beiden Händen, der Verkehr fordert ihre ganze Aufmerksamkeit. Wenn ihr Blick mich dann aber doch einmal für Bruch-
teile erfaßt, huscht ein Lächeln über ihr Gesicht. Es muß
sich um ein kurzes, freudiges Wiedererkennen handeln, sage
ich mir, auch das geht zu Herzen, obwohl ich diesmal nicht
versucht bin, an Fahrt-Verlängerungen zu denken, ich sollte
mir so etwas für die Höhepunkte aufheben.

Bisher, gebe ich zu, hat mich das Volksfest angenehm überrascht. Die neuen Geräte haben etwas Sicheres und Stabiles,
so daß es zu allerhand schönen Momenten kommt, die auch

von der Musik nicht beeinträchtigt werden, schließlich kann man den sehr lauten Sachen mit etwas Geschick sogar ausweichen. Lo und Lu genießen die Attraktionen durchaus, vielleicht sollte auch ich, denke ich, mich überwinden und hier und da mitmachen, um nicht die ganze Zeit lediglich nur herumzustehen.

Einige der harmlosen Spiele und Vergnügen aus meiner Kindheit haben sich nämlich, wie ich bemerke, über die Jahrzehnte erhalten, noch immer warten sechs zerbeulte Dosen in Pyramidenform darauf, getroffen zu werden, und noch immer stehen allerhand kuriose Monstrositäten auf kleinen, quadratischen Sockeln, bis ein kreisrunder Ring diese Sockel perfekt umschließt.

Zehn Ringe, sage ich zu dem Budenbesitzer, der so schaut, als verstünde er keine Silbe, mir dann aber doch genau zehn Ringe reicht. Zehn Ringe kosten in meiner Erinnerung etwa fünfzig Pfennig, jetzt aber kosten sie ein halbes Vermögen, als hätte all die Zeit sie vergoldet.

Lo und Lu erhalten jeweils drei Ringe, ich vier, wir werfen nacheinander, jeder sucht sich ein Objekt seiner Lust. Lu als der kleinste fängt an, aber sein Werfen befriedigt ihn nicht. Der erste Ring landet im Nichts, die zwei weiteren springen vom Rücken eines vergoldeten Adlers zurück, der uns so abweisend anschaut, als ekelte er sich vor uns.

Als Lo dann zu werfen beginnt, schließe ich aus Lus Unmut, daß wir diesen Wurfstand nicht verlassen können, bevor wir etwas gewonnen haben. Lo wirft zwar zum Glück nicht nach dem goldenen Adler, sondern nach einer kleinen, geschmackvolleren Uhr, resigniert nach drei Würfen aber auch nur mit lauter Empörung.

Ich erinnere mich, daß ich dieses Spiel früher recht gut beherrschte. Wenn man im Handgelenk locker bleibt und sich gleich vornimmt, nichts zu erzwingen, senkt sich der Ring oft wie von selbst um einen der störenden Sockel. Früher hätte

ich vielleicht auch auf goldene Adler oder kleine Uhren gezielt, jetzt aber ziele ich, meinem fortgeschrittenen Alter
entsprechend, auf einen Knirps.

Ich werfe einmal, zweimal, beim dritten Mal senkt sich der
Ring wie von selbst, worauf eine Alarmanlage laut aufkreischt
und eine dröhnende Stimme den Master-Gewinn des Tages
verkündet. Der Budenbesitzer kommt mürrisch herbei und
befreit den häßlichen Knirps vom Unterbau, während ich
mich bemühe, ruhig und gelassen zu bleiben. Ich habe gewonnen, sage ich mir, gelernt ist eben gelernt.

Ich nehme den Master-Gewinn des Tages an mich, da bemerke ich, daß er Lo und Lu nicht sehr erfreut, Lu wünscht sich
den goldenen Adler und Lo die Taschenuhr, an einem Knirps
hat keiner von ihnen das geringste Gefallen.

Noch einmal zehn Ringe, sage ich zu dem Budenbesitzer, der
jetzt bereits so mißtrauisch schaut, als spielten wir falsch. Lu
zielt fünfmal auf den goldenen Adler und Lo fünfmal auf die
Taschenuhr, zum Glück trifft keiner von beiden, durch den
Kauf weiterer Ringe wären wir sonst endgültig verarmt.

Gehen wir weiter, sage ich und drücke den Knirps an meine
Brust, als ich eine Achterbahn für Kinder ganz in der Nähe
erkenne. Lo und Lu haben, wie ich genau weiß, jetzt den
Adler und die Uhr fest im Kopf, es war ein Fehler, ihnen ein
Gewinn-Spiel zu zeigen, bei dem sie gar nichts gewinnen,
deshalb hebe ich die Achterbahn für Kinder nun mit lauter
lobenden und preisenden Worten hervor.

Während ich aber noch lobe und preise, bemerke ich, daß
auch ich etwas fest im Kopf habe, es ist der Knirps, ich bin
anscheinend stolz darauf, ihn gewonnen zu haben. Es war
zwar unvorsichtig von mir, denke ich, diese Ringe zu werfen,
denn es hätte auch schief gehen können und dann hätte ich
in den Augen der Kinder vielleicht als Versager gegolten, es
war also zwar unvorsichtig und beinahe tollkühn, ermöglich-

te dann aber doch eine selten gewordene Erfahrung, die Erfahrung des absoluten Wagnisses und damit so etwas wie eine vage Erinnerung an die Erfahrung der heldischen Tat.

Ich habe Volksfeste eindeutig sehr unterschätzt, denke ich weiter, weil ich nicht wußte, daß ihre Attraktionen oft etwas von Mutproben haben. Als Kind habe ich von diesen Mutproben gar nichts gemerkt, auch die Erfahrung des absoluten Wagnisses war mir noch völlig fremd, weil die Attraktionen nur Spielgeräte waren und dadurch vor allem etwas Harmloses, Kindliches hatten. Auch die kleine Achterbahn da direkt vor uns hat sich noch etwas von dieser Harmlosigkeit bewahrt, doch, egal, eine Mutprobe sollte keineswegs die andere jagen, außerdem dient die Fahrt mit dieser Bahn dem höheren Zweck, einen goldenen Adler und eine Taschenuhr vergessen zu machen.

Als Lo und Lu in die kleinen Wagen einsteigen wollen, erklärt man mir, daß ich mitfahren müsse. Ich finde es lästig, mitfahren zu müssen, ich hatte mich schon darauf gefreut, wieder zugewinkt zu bekommen, aber man drängt mich zur Kasse, und so bezahle ich schnell und haste eilig zurück zu Lo und Lu, die sich in ihrem Wagen gerade ein wenig zu streiten beginnen.

Hört auf zu streiten, sage ich, wenn ihr streitet, bekommt ihr nichts mit von der Fahrt, und das wäre schade.

Ich sehe aber schon, daß sie vorerst nicht aufhören werden, noch immer geht es um den goldenen Adler und die Taschenuhr, daher setze ich mich zwischen die beiden, genau in die Mitte, und sofort hört der Streit dann auch auf, unser kleiner Waggon mit dem gegen unsere Bäuche gepreßten Sicherheitsbügel fährt jetzt bergauf, sehr langsam ächzt er die Steigung hinauf, in Höhen, die ich tatsächlich als schwindelnd bezeichnen muß, denn es geht wirklich ungewohnt hoch und bei mir stellt sich wahrhaftig ein gewisses Schwindelgefühl ein.

Was ist das, denke ich, ich kann mich nicht erinnern, als Kind je so etwas erlebt zu haben, wahrscheinlich war ich auch nie in solcher Höhe, ich möchte anhalten oder aussteigen, aber ich komme gar nicht dazu, noch etwas zu denken, denn unser Wagen zögert auf dem höchsten Punkt gerade einen kurzen Moment, um sich dann wie von Sinnen hinab in die Tiefe zu stürzen.

Es ist zum Schreien, fährt es mir durch den Kopf, so schrei doch, so schrei endlich, nun schrei!, aber ich kann nicht, das Entsetzen läßt mich nicht schreien und zwingt mich, die Augen zu schließen, während mir plötzlich bewußt wird, daß ich nicht allein bin und Lo und Lu neben mir sitzen. Das ist das Ende, denke ich noch, Lo und Lu wird es in hohem Bogen herausschleudern, sie werden am Boden zerschellen, und Schuld werde ich sein, mein Wagemut, meine Entdeckung des absolutes Wagnisses und der Erinnerung an die blödsinnige heldische Tat.

Wir rasen in die Tiefe, um gleich wieder in die Höhe gerissen zu werden, unaufhörlich kreisen wir jetzt kopfüber, kopfunter durchs All, ich komme kaum noch dazu, die Arme um Los und Lus Schultern zu legen, ich halte sie jetzt so fest wie ich kann, in Schieflage habe ich sogar das Gefühl, den jeweils näher Sitzenden fast zu erdrücken. Aber ich halte sie, ich lasse nicht los, ich halte und halte, ich höre gar nicht mehr auf, an das Festhalten zu denken, ich bin nur noch ein kleiner, elender Halten-Gedanke, was kann ich sonst tun, nichts mehr, nur noch halten, nur halten und halten …, bis unser Wagen plötzlich zu stottern und schleifen beginnt, tausend Bremsen, jagt es mir durch das Hirn, tausend Bremsen bringen ihn anscheinend jetzt zur Vernunft, tausend Bremsen …, die mich ausatmen lassen, endlich wieder atmen, ausatmen und atmen und ausatmen, und mein erster Blick gilt Lo und Lu, die jetzt, nach dem endgültigen Halt auch gleich aufstehen und sich heftig beschweren, angeblich habe ich ihre Schultern gequetscht.

Warum quetschst du denn so, fragt mich Lo, ich konnte die Fahrt gar nicht richtig genießen.

Genießen, antworte ich, wie willst du denn so etwas genießen?

Indem ich allein fahre oder zu zweit, nur mit Lu, antwortet Lo, da aber sage ich: Nein, das geht nicht, auf gar keinen Fall.

Und warum nicht? fragt Lo.

Weil es hier noch anderes gibt, das viel schöner ist, sage ich.

Und was ist das zum Beispiel? fragt Lo.

Zum Beispiel das Riesenrad, sage ich und sehe erleichtert, daß Lo und Lu mir anscheinend glauben. Das Riesenrad, denke ich, ist der einzig rettende Einfall, wenn etwas einen Kontrast zu dem Mordwerkzeug dieser Achterbahn bildet, ist es ein gemächlich sich drehendes, niemals beschleunigendes, vielmehr seit den Urzeiten des Prater-Riesenrades gleichmäßig sich fortbewegendes Riesenrad.

Das Riesenrad ist aber ganz hinten, am Ausgang, sagt Lo.

Das Riesenrad ist eben der krönende Abschluß, antworte ich.

Als wir das Riesenrad zwei Stunden später erreichen, haben wir lauter weitere Mutproben bestanden und sind alles Geld los geworden. Lu hat den goldenen Adler gewonnen und Lo die kleine Uhr, nur so konnte ich nämlich verhindern, daß wir Geisterbahn fuhren, dafür habe ich selbst mir etwas Basketball-Spielen gegönnt, Runden zu dreißig Sekunden mit immer verzweifelter ausgeführten Würfen, von denen am Ende kaum noch einer traf.

Dafür habe ich aber beim Derby gewonnen, zwölf Pferde rennen dort um die Wette, und man bewegt sie mit einer Kugel um gleich drei Schritte voran, wenn man die Kugel in einem der roten kreisrunden Löcher versenkt, meist trifft man aber gar nicht die roten, sondern höchstens die blauen, die machen zwei Schritte aus, die gelben sind übrigens ganz schlimm, denn die bringen einen nur schrittweise vorwärts.

›222‹

Zwischendurch erinnerten sich Lo und Lu immer wieder ans Achterbahn-Fahren, und ich hatte Mühe, sie jedes Mal von noch viel größeren Bahnen fort zu bekommen, die auch nicht mehr Achterbahn, sondern gleich »Looping« hießen. In der Nähe der Kasse gab es Warntafeln für die Wirbelsäulen-, Bandscheiben-, Bluthochdruck- und Kreislaufkranken, und ich las die detaillierten Angaben darüber, wann es wen bevorzugt in welcher Lage in Gefahrenmomenten erwischt, mit einem gewissen Schaudern.

Um Lo und Lu abzulenken, griff ich freigiebig auf die letzten harmlosen Volksfest-Details zurück, ich ließ uns Zuckerwatte, Magenbrot und kandierte Äpfel an einem Stand kosten, der »Geheimnisse des Orients« hieß, und erlaubte mir selbst zwei gut gekühlte Schnäpse gleich nebenan im »Schwarzwälder Jagd-Schlößchen«.

Dann aber war es geschafft, wir waren am Ende, und ich brauchte nur noch das letzte Geld für den krönenden Abschluß, das Riesenrad, hinzulegen.

Das Riesenrad, denke ich also zum Schluß, ist übrig geblieben aus den alten Volksfest-Tagen, es ist wahrhaftig so etwas wie die Ikone des Volksfestes. Vielleicht ist es ein wenig größer als früher, im großen und ganzen hat es sich jedenfalls nicht sehr verändert. Noch immer hat das Riesenrad nämlich etwas Vornehmes, Beschauliches, im Hintergrund seiner gemächlichen Fahrt läuft auch kein aufdringlicher Krach, sondern eine leise und dezente Walzer-Musik. Am Ende des langen und ereignisreichen Volkfest-Parcours der Mutproben und gewagten Spiele soll man aus der offenen Gondel des Riesenrades heraus noch einmal zurückblicken, man soll das Gelände überschauen, um die Eindrücke der letzten Stunden Revue passieren zu lassen, man soll Abschied nehmen in langsamer, gedehnter, zeitlupenhaft verzögerter Fahrt ..., so etwa denke ich dann zum Schluß etwas erschöpft und nostalgisch.

Dann steigen wir ein, wir sitzen im Kreis, ich muß die Knie etwas anziehen, denn die Gondel ist etwas flacher als früher, so daß man mit dem halben Oberkörper über die oberste Haltestange hinaus hängt. Neu ist auch, daß die Gondeln gedreht werden können, Lu fängt gleich damit an, aber ich bitte ihn, das Drehen zu unterlassen, weil mich die Drehbewegung bei gleichzeitiger Aufwärtsbewegung der Gondel verwirrt.

Die Gondel steigt langsam, aber sie steigt, ich habe unterschätzt, wie hoch es hinauf geht. Wenn ich jetzt hinunter schaue, durchfährt es mich beinahe brennend, ein seltsamer Kitzel meldet sich da plötzlich in mir, eine gewisse Erdanziehungskraft, bis ich begreife, daß es Höhenangst ist.

Höhenangst! Auch so etwas kannte ich früher nicht, aber jetzt ist sie da! Ich darf nicht hinunterschauen, auch nicht einen Moment, sonst überkommt mich die Lust, kopfüber hinunterzuspringen. Höhenangst, denke ich noch, ist also so etwas wie ein magischer Zug in die Tiefe, man möchte zurück auf den Boden, sofort, unumkehrbar, man erträgt es keinen Augenblick länger in der bedrohlichen Höhe! Warum aber habe ich das nicht früher geahnt, und – was mache ich jetzt?

Ganz ausgeschlossen ist es, Lo und Lu von meiner Angst zu erzählen, sie dürfen diese Angst überhaupt nicht bemerken. Einerseits wäre es peinlich, die Angst einzugestehen, und andererseits könnte so ein Geständnis Lo und Lu leicht zu denselben Gefühlen verführen. Seltsam, daß sie auf die extreme Höhe gar nicht reagieren, beinahe ausgelassen schauen sie jetzt herunter und zeigen sich die Details der sehr fernen Welt. Wenn das Rad sich wenigstens wie erwartet gleichmäßig drehte, statt dauernd stehen zu bleiben! Ich halte es nicht mehr aus, ich springe jetzt und mache diesem furchtbaren Treiben ein Ende!

Papa, fragt Lo, ist etwas mit dir?

Nein, sage ich, was soll denn sein?

du bist so still, sagt Lo, du redest ja gar nichts!

Ich orientiere mich gerade etwas in der Umgebung, antworte ich.

Sie hat recht, denke ich weiter, ich sollte reden, das Reden hilft, ich merke es ja! Außerdem hilft es, nicht nach unten zu schauen, sondern weit weg, in die Ferne! Am meisten aber hilft es, dort einen festen Punkt zu fixieren und ihn nicht mehr aus den Augen zu lassen, das hilft ungemein!

Ich sehe den Birkenkopf, Kinder, fange ich an, erinnert ihr euch an den Birkenkopf? Der Birkenkopf ist der große Berg, auf den wir manchmal sonntags hinaufsteigen, Lo läuft immer über das kleine Mäuerchen, das nicht aufhören will, und Lu sucht oben die beiden Steinlöwen in der Nähe des Holzkreuzes. Das Holzkreuz ist von hier gut zu erkennen, stellt euch das vor, man sieht das Holzkreuz von hier aus ganz genau, es ist ja nicht zu glauben, daß man das kleine, unauffällige Kreuz von diesem Riesenrad aus sehen kann, ich hätte das niemals erwartet …

Papa, unterbricht mich da Lo, Papa, ist alles in Ordnung?

Lo, bitte, unterbrich mich jetzt nicht, sage ich, tu mir den einen Gefallen, mich jetzt nicht zu unterbrechen! Eben hast du von mir verlangt, ich sollte reden, und jetzt rede ich, ich habe sogar Lust, ununterbrochen zu reden, so gut gefällt es mir nämlich hier oben, in luftiger Höhe, in der man das kleine Holzkreuz des Birkenkopfes in weiter Ferne zu sehen bekommt, ich sehe es jetzt sogar so genau, als könnte ich es berühren, das verwitterte Braun, alles sehe ich, auch die wenigen Bäume auf der Höhe, der Birkenkopf, habe ich euch das nicht einmal erzählt, ist ein Schuttberg, nach dem großen Krieg hat man ihn aus den Trümmern der kaputten Häuser errichtet, und oben auf seine Spitze hat man das Holzkreuz gesetzt, in einer Höhe von fast fünfhundert Metern, von hier aus kommt es einem so vor, als wären wir beinahe gleich

hoch, fünfhundert Meter, das aber ist ja nicht möglich, fünfhundert Meter werden es denn doch nicht sein, unten werde
ich die Betreiber dieses schönen Riesenrades einmal fragen,
ich werde sie fragen, wie hoch genau es hinaufgeht, so hoch,
daß man das Holzkreuz des Birkenkopfes erkennt, das …

Die gesetzlich geregelte Mindestfahrtzeit der Volksfest-At-
traktionen beträgt zwei Minuten, das Riesenrad aber fährt
zehn. Man nimmt weder Abschied noch passiert etwas Revue, statt dessen kämpft man mit kandierten Äpfeln und
zwei Schnäpsen, die von der Erdanziehungskraft angesaugt
werden.
Irgendwann aber steht das Rad dann doch wirklich still, und
man steigt endlich aus, unendlich erleichtert, befreit und mit
der Lust, die gewaltsam verdrängte Höllenangst hemmungs-
los lange herausweinen zu wollen.
Papa, was ist, weinst du etwa? fragt Lo.
Aber Lo, ich weine doch nicht, sage ich, ich reibe mir nur
durch die Augen, sie sind etwas überanstrengt.
Warum überanstrengst du sie auch so, sagt Lo, ich habe das
Holzkreuz gar nicht gesehen.
Aber ich, sage ich, ich habe es ganz genau, bis in alle Einzelheiten, gesehen, du glaubst gar nicht, wie nah ich dem Holzkreuz des Birkenkopfes all die Zeit war.

Literatur nach dem Ende der Literatur

Ich kann nichts mehr schreiben, ich kann einfach nicht
mehr. Seit ich mit Lo und Lu lebe, habe ich mich immer
mehr vom Leben draußen verabschiedet, denn ich lebe nur
noch mit Lo und mit Lu. Ich gehe nicht mehr ins Kino und

nicht mehr ins Theater, ich treffe meine Freunde kaum mehr, und ich lese Zeitungen nur noch mit Widerwillen. Das alles aber hat langsam dazu geführt, daß ich das Leben draußen nicht mehr verstehe. Ich lebe, denke ich, nicht mehr da, wo »das Leben« sich abspielt, ich lebe in einem abgetrennten Bezirke, dessen Grenzen von Lo und Lu festgelegt werden. Ich habe den Kontakt zum Leben draußen verloren, ich kann nichts mehr darüber schreiben, keine Zeile, jedes Wort wäre gelogen und klänge falsch.

Früher habe ich Gegenwarts-Romane geschrieben, und ich sehe mich noch, wie ich herumraste als Gegenwarts-Mensch. Jeden Tag saß ich in einer anderen Kneipe und sprach mit anderen Menschen, ich schlug die Zeitungen auf und schon strömten die Aromen der Gegenwart mir entgegen, ich witterte, was geschah, und empfand jeden Klimawechsel im voraus, jetzt aber ist das alles dahin, ich spüre nichts mehr, ja ich weiß nicht einmal mehr, worüber man sich so unterhält. Ganz schlimm aber ist, daß ich meine Weltabgeschiedenheit noch nicht einmal beklage. Wenn ich gesund wäre und klar bei Gedanken, müßte ein letzter Widerstandsrest sich in mir erheben und zu Ausbrüchen und kleinen Fluchten verleiten. Was aber geschieht? Nichts, nichts geschieht, ich freue mich am frühen Morgen darauf, mit Lu spazierenzugehen, und am Mittag klopft mir das Herz, wenn ich Lo im Kindergarten abhole. An schönen Tagen wie dem heutigen Mai-Tag sitzen wir dann zu dritt auf der Terrasse und essen zu Mittag, und ich würde mit keinem Menschen der Welt tauschen wollen, nicht den Ort, nicht die Zeit, genau hier möchte ich sitzen mit Lo und mit Lu.

Etwas in mir aber müßte sich, wie gesagt, dagegen regen, etwas in mir müßte hinauswachsen über diesen verträumten Zustand, mich zur Raison rufen und mich daran erinnern, daß ich ein Schriftsteller bin. Als normaler Vater könnte ich mir das Leben mit Lo und Lu vielleicht leisten, als Schriftsteller aber darf ich an so ein Leben nicht einmal denken, denn es raubt mir mit der Zeit alle Voraussetzungen für das Schreiben, die Gegenwarts-Witterung, die Welt-Skepsis und die Vernarrtheit ins Unglück.

Jetzt aber, mit Lo und mit Lu, leide ich nicht, ich leide weder real noch im stellvertretenden Sinn, ich bin auch weder unglücklich noch skeptisch, ich lebe vielmehr mit Lo und mit Lu, unter Aufbietung aller Freudens- und Glücks-Potenzen, so freudig und glücklich es von Tag zu Tag geht. Natürlich gibt es auch mit Lo und Lu Streit und viel Ärger, es gibt die Gereiztheit und die Überspannung, es gibt die Müdigkeit und den Verdruß, aber all das markiert nicht die Weite des Lebens, die Weite des Lebens wird ausschließlich markiert von der Freude und dem alltäglichen Glück.

Schon am frühen Morgen denke ich doch nicht an das Leiden oder das Unglück der Welt, selbst ein geringer Rest Skepsis ist nichts für den Morgen, am frühen Morgen denke ich vielmehr schon auf das Glück zu, der Tag soll für Lo, Lu, La Mamma und mich schließlich ein glücklicher werden, und was sollen mir da das Leiden, das Unglück, die Skepsis? Alle Kraft und allen Schwung brauche ich an so einem Morgen, den vollen Elan und sehr viel Enthusiasmus, denn ich muß Lo und Lu davon etwas abgeben, es wirkt meist sofort, Enthusiasmus ist das beste Glücks-Stimulans, und sofort bekommt das Leben am Morgen den richtigen Schub.

Das Schlimme ist nur, daß Elan, Enthusiasmus und das erwünschte Glück nicht für das Literarische taugen. Seit Jahrhunderten haben sich die besten Schriftsteller vielmehr Freude und Glück aus guten Gründen strengstens verboten, jeder Leser weiß schließlich inzwischen, wie unglücklich es in der Literatur zugeht, die beste Literatur ist vor allem aus Unglück gemacht, steht überall, und wenn es das Unglück nicht gäbe, müßte man es erfinden, so langweilig wäre sonst alles, vor allem aber die Literatur.

Durch das Leben mit Lo und Lu aber bin ich abgekoppelt vom Denken und Planen des Unglücks, ein solches Leben wäre nicht einmal vorstellbar mit solch einem Denken. Deshalb also befinde ich mich außerhalb des literarischen Sektors, jeden Tag, wenn ich mich hinsetzen will, um etwas zu schreiben, bemerke ich es, ich kann nichts schreiben, sage ich mir, es ist einfach vorbei.

Manchmal frage ich mich allerdings, wie das die anderen Schriftsteller machen, schließlich bin ich in den letzten Jahrhunderten doch nicht der einzige Schriftsteller mit Kindern, auch die anderen müssen doch gespürt haben, wie fremd die Literatur einem mit Kindern wird, was haben die denn gemacht, frage ich mich und komme nicht weiter. Hat jemand, frage ich mich dann, einmal über das Leben von Schriftstellern mit ihren Kindern geforscht, gibt es Untersuchungen darüber, wie das so von Tag zu Tag war, das würde mich jetzt interessieren, das würde ich sofort verschlingen.

Manche Schriftsteller werden einen Ausweg darin gefunden haben, Kinderbücher zu schreiben, fällt mir ein, Kinderbücher sind vielleicht eine Lösung, das Glück und die Freude nicht ganz zu verdrängen und nicht ausschließlich vom Leiden zu handeln. Ab und zu habe ich auch schon daran gedacht, mich an einem Kinderbuch zu versuchen, aber ich finde einfach nicht hinein in den notwendigen schlichten und übersichtlichen Ton, nein, Kinderbücher zu schreiben, ist noch nichts für mich, es erfordert vielleicht noch mehr Gleichmut und Gelassenheit und was weiß ich noch alles, vielleicht zwingt es einem auch eine Perspektive auf, die zu eingeschränkt ist, das Erzählen im Kinderbuch ist ja dem kindlichen Erzählen sehr nahe, und so weit möchte ich denn doch vorerst nicht gehen.

Wenn ich wenigstens fähig wäre, Gedichte zu schreiben, in die könnte ich vielleicht etwas hineintragen vom kindlichen Ton, dann hätte das Kindliche eine gewisse Verbindung zu meinen sonstigen Themen oder das Kindliche würde die sonstigen Themen verändert, wie soll ich sagen, reflektieren und spiegeln, aber auch das ist mir ja nicht möglich und schon wenn ich »reflektieren« und »spiegeln« nur denke, ahne ich, daß solche Erwägungen unbrauchbar sind.

Das Kindliche erscheint mir zunächst nämlich nicht als etwas, das »reflektiert« oder »gespiegelt«, sondern als etwas, das erzählt werden sollte. Ich sollte vom Kindlichen begeistert und enthusiastisch erzählen, denke ich manchmal, ohne freilich die geringste Ahnung zu haben, wie ich es anstellen könnte. Wäre ich ein großer Koch, würde ich vom Gelächter sprechen, das den Fond solchen Erzählens bilden müßte, Gelächter und Lachen müßten es wahrhaftig grundieren und darüber müßte sich in leichter und skizzenhafter Manier die Welt abzeichnen, schwerelos wie ein Luftgebilde.

Was ich aber statt eines solchen Erzählens höchstens vollbringe, ist das Notieren. Seit Lo und Lu auf der Welt sind, notiere ich ununterbrochen, ich notiere ihr Leben, ich notiere meines, ich notiere, was La Mamma sagt und was sie denkt, mein ganzes Arbeiten ist zu einem Notieren geworden. Notieren aber reicht nicht, sage ich mir, notieren kann schließlich jeder, notieren ist noch nicht Literatur.

Wenn ich aber den Mund aufmache und Lo und Lu etwas erzähle, ist plötzlich ein Erzählton durchaus da, dann denke ich manchmal, schau an, du erzählst, warum läßt sich dieses Erzählen nicht einfangen und zum Aufschreiben nutzen, warum schreibst du denn nicht genau so, wie du jetzt erzählst?

Dann bemerke ich aber, daß ich mich zum Erzählen in Erzählstoffen einrichte, ich nehme also einen großen Erzählstoff und fange an, ihn zu bewohnen, ich erzähle aus dem großen Erzählstoff heraus, so daß ich etwa die Geschichten der Bibel noch einmal erzähle oder anfange, von Moby Dick genau das zu erzählen, was ich von diesem großen Erzählstoff noch weiß.

Auf diese Weise habe ich mit Lo und Lu bereits die längsten Zugfahrten bestritten, wir haben Platz genommen in einem Abteil, alle Plätze belegt, die Gardinen vorgezogen und uns in die Sitze gefläzt, und dann habe ich von Joseph und seinen Brüdern erzählt und vom alten Mann und dem Meer, ich habe Odysseus mit dem Riesen Polyphem kämpfen lassen und Parzival in seinem Kinderkostüm in die Wälder geschickt.

Merkwürdig aber ist, daß mir das Erzählen nur mit Hilfe der großen Erzählstoffe gelingt, an kleinen Erzählstoffen scheiterte ich regelmäßig, selbst bei den einfachsten Märchen unterliefen mir Fehler oder ich wußte plötzlich nicht weiter. Der Grund dafür ist, daß ich mir kleine Erzählstoffe wie Märchen oder kurze Kindergeschichten einfach nicht merken kann, es ist ganz ähnlich wie mit bestimmten Witzen, ich kann sie mir einfach nicht merken, obwohl sie doch klein sind und meistens sehr kurz. Genau diese Kürze und Knappheit scheint aber der Grund dafür zu sein, daß ich sie mir nicht merken kann, irgend etwas Unbekanntes in mir verlangt nach der Länge, so daß nur die großen, ausgeschmückten und von vielen Episoden durchzogenen Erzählstoffe in Frage kommen.

Mein Erzählen dieser Erzählstoffe, denke ich manchmal, ähnelt dann einem Sich-Einnisten und Sich-Ausbreiten, mit einem Mal sehe ich alles vor mir, eine ganze Welt mit allen Details steigt vor mir auf, und ich tauche hinein, in die Tiefe des Erzählozeans, der sich vor mir dann auftut. Die kleineren Erzählstoffe dagegen erscheinen mir nur wie abgeschnittene Blüten, als hätten sie keine Verbindung mehr zu dem Humus, dem sie entstammen, und als schnupperte man daher nur oberflächlich an ihnen.

Konsequent wäre es also, denke ich schließlich, große Erzählstoffe zu wählen und aus diesen Erzählstoffen heraus so zu erzählen, wie ich Lo und Lu etwas erzähle, nur müßte ich die großen Erzählstoffe selbst erfinden und nicht zurückgreifen auf die alten, bekannten. Die großen Erzählstoffe müßten aber in der Vergangenheit spielen, denn von der Gegenwart weiß ich ja nichts mehr, sowieso zieht einen das Leben mit Lo und Lu unmerklich zurück zum Vergangenen, zum Beispiel zur eigenen Kindheit, das Leben mit Lo und Lu hat sogar einen sehr radikalen Vergangenheitssog, der seine eigentümliche Gegenwärtigkeit ausmacht, wenn das nicht zu merkwürdig gedacht ist.

Ich will auch nur sagen, daß in das gegenwärtige Leben mit Lo und Lu sehr viel Vergangenheit erhellend hineinspielt, oft wüßte ich dieses gegenwärtige Leben gar nicht recht einzuschätzen, wenn ich mich an die eigene Vergangenheit nicht erinnern könnte. Solches Erinnern, denke ich oft, ist so etwas wie eine Grundlage für den Umgang mit Lo und Lu, denn mehr als alles hilflose Nachdenken steckt im Erinnern eine Art Wissen oder so etwas wie Erfahrung, früher ahnte ich gar nicht, über wieviel instinktives Wissen und wieviel Erfahrung ich längst verfügte, von denen ich den größten Teil allerdings umschreiben muß, denn natürlich zwingen Lo und Lu mich, diese Erfahrungen zu korrigieren, genau darin besteht ja der große Reiz unseres Umgangs, zu spüren und zu erkennen, wie aus den alten Erfahrungen andere werden und wie man das Kind, das man war, in sich hervorzaubert, damit Lo und Lu es zu ihrem Freund und dadurch zu einem neuen, anderen Kind machen.

Sollte es mir, abschließend gesagt, also noch einmal gelingen, etwas zu schreiben, so müßte es aus großen vergangenen Erzählstoffen entstehen, einen einfachen, geschmeidigen Erzählton bewahren und sich einnisten im Meer der Geschichte. Bisher, denke ich, habe ich Gegenwarts-Romane geschrieben, was mir jetzt aber vorschwebt, wären große Erzählmärchen in einem beinahe kindlichen Ton.

So denke ich, rede ich, schweife ich ab, so kreist es unaufhörlich in mir, denn in mir steckt ja die Angst, nichts mehr

›232‹

schreiben zu können, nichts mehr, nicht das kleinste, unschuldigste Wort. Doch als ich mit meinen Gedanken dann soweit bin und erkenne, daß es mit dem Notieren nicht immerzu weitergeht, sondern endlich wieder erzählt werden müßte, führen mich diese Gedanken immer wieder nach Rom, wo ich die ältesten Erzählstoffe wittere und wo ich schon früher immer wieder zu erzählen begann, als würde ich gerade in dieser uralten Stadt eins mit dem Erzählen, das ja, wenn es gut ist, aus der frühsten Vergangenheit aufsteigt wie die Gesänge Homers. Und so sage ich an einem Nachmittag zu La Mamma, der ich dann und wann etwas berichtet habe von meinem Nachdenken über das alte Erzählen: Am liebsten führe ich jetzt sofort nach Rom, denn ich denke immerzu an einen alten Erzählstoff.

Und der spielt in Rom, fragt La Mamma unschuldig.

Und der spielt in Rom, sage ich.

Dann sollten wir fahren, sagt La Mamma, und zwar sofort, denn du mußt doch sicher in Rom noch etwas …, na sag schon, wie sagt man, wie nennt man es noch?

Recherchieren, sage ich, stimmt, ja, das ist eine gute Idee. Ich habe den alten Erzählstoff zwar schon in etwa im Kopf, aber vielleicht sollte ich ihn noch genauer durchrecherchieren.

Einige Lokale aufsuchen, sich herumtreiben in Rom, das wäre doch etwas für die Recherche, sagt La Mamma, und außerdem wird es Zeit, daß wir auch Lu endlich Rom zeigen, Lo hat da einen gewissen Vorsprung.

Wir fahren, sage ich, wann fahren wir los?

So schnell wie möglich, antwortet La Mamma, und ich sage: Ich packe, in Gedanken bin ich schon fort …, und dann brauchen wir es nur noch Lo und Lu zu erklären, und als wir kaum damit angefangen haben, hüpfen sie schon um das Haus und singen: Wir fahren nach Rom, jetzt geht's nach Rom, morgen sind wir in Rom!

Rom für Kinder

Lo und Lu sind verschwunden, sie spielen im Kolosseum verstecken. Wenn wir nicht aufpassen, sage ich zu La Mamma, finden wir sie nicht wieder.

Ach was, antwortet La Mamma, das Ganze ist doch so konstruiert, daß wir sie auf jeden Fall irgendwo sehen.

Wir schauen von der oberen Galerie in die Arena hinab, und ich bemerke, daß ich mir das Kolosseum noch nie daraufhin angeschaut habe, ob man immer den Überblick über sich versteckende Kinder behält. La Mammas ruhige Gewißheit aber läßt den Grundriß, den ich von früheren Aufenthalten her kenne, plötzlich sehr genau vor meinem inneren Auge entstehen, und plötzlich begreife ich, daß das Kolosseum oval ist und geschlossen und nach den oberen Rängen hin ansteigt, damit Kinder sich unten in ihm gut verstecken und Erwachsene sie von oben leicht beobachten können.

Tatsächlich sehen wir auch schon bald Lo in einem der unteren Rundbögen stehen, vorsichtig um die Ecke nach Lu Ausschau haltend, der gerade eine kleine Treppe nach oben hinaufklimmt.

Siehst du, sagt La Mamma, ich habe es dir ja gesagt, und ich antworte: Es ist erstaunlich, im Grunde lernt man die römischen Altertümer noch einmal neu kennen, von einer ungewohnten, anderen Perspektive her.

Den Vormittag haben wir auf der Höhe des Palatins verbracht. Die vielen Säulenstümpfe eigneten sich sehr gut zum Klettern, und wenn ein Aufseher Lo und Lu wegscheuchte, weil römische Säulenstümpfe nicht zum Klettern genutzt werden sollten, entdeckten sie irgendwo anders einen Hain mit Orangenbäumchen, um die man herumkurven konnte. Auf der Höhe des Palatins bemerkten wir daher erst, was für ein weites und großes Terrain die Palatinhöhe ist. Früher, habe ich zu La Mamma gesagt, früher sind wir nie so über diese weite Palatinhöhe gegangen, wir sind vielmehr immerzu stehen geblieben und haben uns einen verschütteten Tempel, eine Säulenhalle oder Gott weiß was angeschaut, während wir jetzt die Palatinhöhe richtiggehend als Höhe erleben, als in die Höhe ragenden Sockel, als römischen Hügel. Das dauernde Stehenbleiben, Verweilen und Hinschauen hat den Gang auf dem Palatin vielleicht für uns arhythmisch gemacht, eigentlich bewegt sich doch kein Mensch so merkwürdig und unnatürlich, wenn er sich über eine weite Höhe bewegt. Eine weite Höhe will durchschritten oder durchgangen werden, dafür ist sie da, und nicht dazu, herumstehend und verweilend seziert und immer wieder bis in jedes Detail betrachtet zu werden. Sezieren und immer wieder betrachten sind im Grunde typische Verhaltensformen touristischer Apathie, in der ganzen Welt werden Touristen vor allem dazu angehalten, zu verweilen und stehenzubleiben. Indem wir uns aber wie Lo und Lu über die Palatinhöhe bewegen, bewegen wir uns nicht mehr touristisch. All die Tempel und Säulenhallen streifen wir nur noch mit einem Blick, dafür aber haben wir ein Auge für das weite Terrain. Wir lassen also gewissermaßen den touristischen Blick hinter uns und kommen wieder zurück zum natürlichen Blick, wie ihn vielleicht Spaziergänger vor zweihundert Jahren hatten, denen ja auch die Tempel und Säulenhallen völlig gleichgültig waren, schließlich wollten sie auf der Palatinhöhe vor allem spazieren gehen, weil die Aussicht von hier oben besonders schön war.

La Mamma fand meine Überlegungen einleuchtend, so daß ich, von soviel Zustimmung gleich stimuliert, dazu überging, meine Theorie des touristischen Blicks auf eine möglichst nicht-touristische Praxis unseres Rom-Aufenthaltes hin zu durchdenken.

Vor Antritt der Reise, sagte ich also gleich weiter zu La

Mamma, haben wir oft darüber gesprochen, ob man überhaupt mit Lo und Lu nach Rom fahren solle, Rom, haben wir doch mehrmals gesagt, ist gewiß keine Stadt für Kinder, sie werden sich angesichts all der vielen Sehenswürdigkeiten nur langweilen, denn schließlich kann man von ihnen doch nicht verlangen, uns in Museen, Kirchen oder aufs Forum Romanum zu begleiten. Anders als viele andere italienische Städte, haben wir weiter gesagt, hat Rom aber auch kaum natürliche Attraktionen, Rom liegt nicht wie Neapel an einem Golf und auch nicht in den Bergen, von schönen Seen wie etwa den oberitalienischen schweigen wir lieber ganz. Es wird also schwer werden, mit Lo und Lu Rom zu erobern, wir werden uns auf ihre Sehweise einstellen müssen.

Zu Hause, sagte ich, sind wir mit unseren Überlegungen genau hier stehengeblieben, im Grunde sind wir ideen- und planlos nach Rom aufgebrochen, in dem guten Glauben, Lo und Lu Rom auf irgendeine Weise schmackhaft zu machen. Heute aber, einen Tag nach unserer Ankunft, haben uns Lo und Lu ohne unser Zutun gezeigt, wie wir einen gemeinsamen Rom-Aufenthalt gestalten können, indem wir nämlich Rom nicht besichtigen, sondern indem wir uns auf natürliche Weise durch Rom bewegen.

Bewegung, sagte ich, immer mehr von meinem eigenen Reden begeistert, ununterbrochene Bewegung sollte die Maxime unseres Rom-Aufenthaltes werden, wir sollten durch Rom gleiten, so wie ja am Ende von Fellinis großartigem Film »Roma«, gerade erinnere ich mich wieder daran, die Motorradfahrer durch Rom fegen, in rasantem Tempo nehmen sie von Rom Besitz, es handelt sich um eine lange, sehr lange Sequenz, zwanzig Minuten oder mehr wird sie lang sein, diese Schlußsequenz von Fellinis »Roma«, die ich früher zwar wunderschön fand, aber in ihrer Länge nicht so recht zu würdigen wußte. Jetzt ist mir freilich klar, warum sie so lang ist, sie enthält, weiß ich jetzt, gleichsam in nuce Fellinis Idee von Rom, sie löst Roms schwere Statik in Bewegung auf, in ein ununterbrochenes Unterwegs-Sein durch Rom.

Du meinst doch nicht etwa, wir sollten uns Motorräder mieten, fragte La Mamma und schaute mich sehr direkt an.

Motorräder wären genau das Richtige, um Rom zu erkunden, antwortete ich, aber wir können nicht mit Lo und Lu Motorrad fahren, das traue ich uns einfach nicht zu. Fahrräder aber können wir mieten, das wäre eine Anfang.

La Mamma schaute mich noch etwas länger sehr direkt an, dann aber machten wir uns auf den Weg, Fahrräder zu mieten.

In den Gärten oben auf der Höhe des Pincio gibt es einen See mit bunten Ruderbooten, und neben der Anlegestelle der Ruderboote befindet sich ein kleiner Fahrradverleih. Die Fahrräder sind überdacht und geschickt so konstruiert, daß zwei Kinder vorne Platz haben, während die Eltern hinten sitzen und die Tretbewegungen ausführen. Man kreist um den See oder durchfährt die Borghese-Gärten, es begegnen einem Reiter und joggende Römer, manchmal gehen kleine Gruppen auch einfach spazieren.

Wie findest du diese Fortbewegung mit Fahrrädern, frage ich La Mamma. La Mamma blickt starr vor sich hin auf den Fahrweg und sagt, daß sie die Fortbewegung anstrengend findet. Anstrengend ist es schon, antworte ich, aber auch herrlich. Durch das neue Tempo stellt sich ein völlig anderes Rom-Gefühl ein, plötzlich bemerkt man jede Steigung, jede Unebenheit, ja man ertastet gleichsam fahrend den römischen Boden mit all seinen Schwingungen Stück für Stück und Meter für Meter.

Nach zwei Stunden erklärt La Mamma jedoch, daß sie von der Ertastung des römischen Bodens vorläufig genug habe. Lo und Lu sind zwar enttäuscht, in der Nähe befindet sich aber ein kleines, sich schon seit Stunden unermüdlich zu derselben Musik drehendes kleines Karussell, neben dem wir uns niederlassen können, während Lo und Lu einen Feuerwehrwagen und ein Motorrad besteigen.

Siehst du, sage ich zu La Mamma, während sie etwas verschnauft, siehst du, Lo und Lu zieht es gleich wieder zu den Fortbewegungsmitteln. Auf Feuerwehrwagen und Motorrad setzen sie ihre Rom-Reise fort, das bestätigt meine Überlegungen auf erstaunliche Weise. Das Karussell-Fahren hat über das reine Fahren hinaus aber auch noch einen angenehmen Nebeneffekt: Lo und Lu lernen so nämlich einmal ein schlichtes Karussell kennen, das sich von den überdrehten Karussells der Volksfeste erheblich unterscheidet. Römische Karussells, vermute ich jetzt einmal, sind klein und haben noch den beschaulichen Charakter der Karussells aus der Zeit der Jahrhundertwende, auch dieser Beobachtung sollten wir einmal nachgehen.

Ich werde mich aber durch Rom nicht von einem Karussell zum andern bewegen, sagt La Mamma.

Vielleicht, antworte ich, verwirfst du diese Idee etwas zu schnell. Sich von einem Karussell zum andern zu bewegen, wäre im Grunde gar nicht so falsch, denn auf diese Weise kämen wir weit herum. Außerdem erinnere ich mich gerade daran, daß auf den Höhen der römischen Hügel sich meist solche Karussells drehen, früher habe ich sie gar nicht beachtet, aber was war schon früher? Genau gegenüber, auf der Höhe des Gianicolo, steht jedenfalls ein Karussell, man könnte also von hier aus in einer einzigen rasanten Fahrt genau die gegenüberliegende Höhe erklimmen, um unsere Tour dort mit der Fahrt auf einem weiteren Karussell fortzusetzen.

Wir sollen also quer durch ganz Rom von einem Karussell zum andern fahren, sagt La Mamma.

Wenn du es so sagst, wirkt es sehr prosaisch, antworte ich, dabei entspräche eine Bewegung von einem Hügel zum anderen doch genau unserem Bewegungs-Ideal, so daß die Karussells nur die Beigaben oder der Anreiz wären.

La Mamma findet Karussells keinen ausreichend motivierenden Anreiz. Auch mein Hinweis darauf, daß es meiner dunklen Erinnerung nach auf dem Gianicolo ein altes Kasperl-Theater gebe, hebt nicht ihre Stimmung. Statt dessen stellt sie mir die direkte Frage, wie ich es angehen wolle, Lo und Lu zum Beispiel in die Peterskirche zu führen.

Natürlich sollten Lo und Lu, antworte ich, die Peterskirche zu sehen bekommen, obwohl es nicht leicht fallen wird, sie hinein zu locken. Kirchen haben eben etwas Statisches und vor allem Dunkles, dagegen opponiert etwas in Lo und Lu, Kirchen bringen die Bewegung zum Erlahmen, das ist es …, mein Gott, ich hab's!

Was ist denn, fragt La Mamma besorgt, was hast du?

Die Lösung, antworte ich aufgeregt, ich habe die Lösung.

Und die wäre, fragt La Mamma und setzt sich auf der schönen römischen Bank etwas aufrechter hin.

Ganz einfach, sage ich, wir müssen die Peterskirche in Bewegung auflösen.

Denkst du an einen Hubschrauber, einen Zeppelin oder gleich an eine Rakete, fragt La Mamma und bringt mich etwas durcheinander.

Warte nur, antworte ich, ich werde es dir schon beweisen.

Kannst du wenigstens andeuten, wie wir nach Sankt Peter kommen, fragt La Mamma erneut sehr direkt.

Wir nehmen den Blitzzug, ich meine die Metro, antworte ich.

Als ich Lo und Lu von einem Blitzzug erzähle, ist vor allem Lu sehr begeistert. Wir steigen also von der Höhe des Karussells auf dem Pincio hinab in die Erde und nehmen die Metro. Der Blitzzug rast aus dem Dunkel heran und donnert irgendwo wieder ans Licht, da steht eine große, gewaltige Kirche mit lauter Säulenarmen und Säulengängen, auch die eignen sich sehr zum Wettlaufen und zum Verstecken, und dann erkläre ich Lo und Lu, daß die große Kirche die Peterskirche ist und daß man auch einmal hineingehen sollte.

Warum hineingehen, fragt Lu aber nach, und ich weiß genau, daß ich ihm jetzt nicht damit kommen kann, man solle sich die Peterskirche in Rom, wenn man denn schon das Glück habe, vor ihr zu stehen, auch einmal von innen anschauen.

Statt dessen sage ich, daß die Peterskirche wie ein gewaltiger Berg ist, den noch sehr wenige bestiegen haben, drinnen gibt es aber an einer geheimen Stelle, die bisher nur die klügsten Peterskirchenbesteiger entdeckt haben, einen Torpedo-Aufzug, mit dem fährt man ein Stück hinauf, und dann steigt man im dunklen Bauch der großen Kuppel weiter, direkt bis zur Spitze.

»Torpedo-Aufzug« und »dunkler Bauch« versetzt Lu in eine gewisse Erregung, und als er nachfragt, wie viele Menschen es denn bis zum höchsten Punkt von Sankt Peter bisher geschafft haben, sage ich dreist: Wenige, vielleicht zehn, höchstens vierzehn, was ihn endgültig in die Kirche hinein lockt.

Als wir uns Stufe für Stufe im Bauch der großen Kuppel nach oben bewegen, sagt La Mamma: Jetzt verstehe ich, was du damit gemeint hast, daß man die Peterskirche in Bewegung auflösen müsse.

Es ist *die* Lösung, nicht wahr, antworte ich, wir müssen nur die ganze Zeit hier in Rom dauernd unterwegs sein. Auch ein so statisches Gebilde wie die Peterskirche läßt sich durch Bewegung erobern, einfach, indem man sie wie einen Berg behandelt und vom Boden bis zur Kuppel durchsteigt.

Und wie erklärst du Lu, wenn wir ganz oben sind, warum es diesmal Massen von Menschen bis hinauf geschafft haben, fragt La Mamma.

›240‹

Das überlege ich mir noch, antworte ich.

Ganz oben ist zu erkennen, daß es wirklich sehr viele Menschen bis hinauf geschafft haben. Wir aber gehen weiter und legen einen kleinen Rundweg um die Laterne zurück, wobei ich Lo und Lu erkläre, daß es sich bei den vielen Menschen um uns herum natürlich nicht um richtige Bergsteiger handelt. Richtige Bergsteiger, sage ich weiter, legen nur eine kleine Strecke mit dem Torpedo-Aufzug zurück, sonst aber gehen sie ausschließlich zu Fuß.

Dann erhalten auch wohl nur die richtigen Bergsteiger einen richtigen Bergsteigerpreis, fragt mich Lo.

Ganz genau, antworte ich.

Und was ist der Preis, hakt Lo nach.

Die große Peterskirchenbesteigerplakette in Silber, sage ich.

Warum nicht in Gold, fragt Lu.

In Gold bekommt man sie, wenn man es dreimal geschafft hat, sage ich.

Hat es schon mal jemand dreimal geschafft, fragt Lu.

Ich glaube nicht, sage ich.

Und wann bekommen wir die Plakette, fragt Lo.

Wenn wir wieder unten sind, antworte ich.

Als wir ein wenig später den Petersplatz überqueren, halten Lo und Lu ihre Plakette in Händen. Sie zeigt die Fassade der Peterskirche, übersichtlich und klar, ich habe sie unter dem Vorwand, eine Toilette aufsuchen zu müssen, in einem kleinen Laden mit allerlei Devotionalien erstanden.

Lo und Lu freuen sich sehr über ihre Plaketten, es ist ganz deutlich zu sehen. Lo dreht sie immer wieder in ihrer Hand, und Lu versucht, mit ihr die Sonnenstrahlen einzufangen.

Na, sage ich zu La Mamma, wie habe ich das gemacht?

Gut, sagt La Mamma, aber ich hoffe, du bringst Lu davon ab, die Plakette in Gold angehen zu wollen. Und außerdem ist wohl klar, daß diese Methode nur bei Kirchen mit begehbaren Kuppeln gelingt. Oder hast du etwa auch eine Idee, wie man Lo und Lu in kuppellose Kirchen hineinbringen könnte?

Ich werde das noch durchdenken, antworte ich, vorläufig sollten uns die mit Kuppeln einmal genügen.

Zwei Tage später gelingt es uns auch, das Problem des Sich-Fortbewegens in kuppellosen Kirchen zu lösen. Auf den entscheidenden Gedanken komme ich, als Lo in der Kuppelkirche Sant' Andrea della Valle plötzlich und wider Erwarten vor einem bunten Altarbild stehen bleibt. Als ich nachfrage, warum sie nicht weiter will, erklärt Lo, ihr gefalle das Bild und sie möchte es nachzeichnen.

Das ist eine sehr gute Idee, sage ich.

Aber ich kann mich doch nicht hierher setzen, um es gleich hier nachzuzeichnen, sagt Lo.

Natürlich nicht, antworte ich, wir werden in der Sakristei eben eine Postkarte des Bildes besorgen. Dann kannst du es nachzeichnen, wann und wo immer du willst, zum Beispiel später beim Essen.

»Postkarte« versetzt Lo nun wiederum in eine gewisse Erregung, so daß ich gleich mit ihr in die Sakristei gehe, wo es auch wahrhaftig eine Postkarte mit einer Abbildung des Altarbildes gibt. Dieser Kauf aber beunruhigt nun Lu, der darauf besteht, daß er auch eine Postkarte haben will.

Aber Lu, sage ich, du willst doch gar nichts nachzeichnen. Was möchtest du denn dann mit der Postkarte machen?

Ich will sie einfach so, antwortet Lu.

Und was soll drauf sein, frage ich.

Der heilige Lukas, antwortet Lu.

Der heilige Lukas, frage ich erstaunt nach, wie kommst du auf den?

Ich habe ihn eben gesehen, antwortet Lu, ganz oben, an der Decke der Kirche.

Seit diesem schönen Moment sammeln Lo und Lu Postkarten, so daß La Mamma und ich nun auch die Kirchen am Wegrand wieder betreten dürfen, denn natürlich hat jede römische Kirche eine Sakristei, in der es Postkarten gibt. Inzwischen spielen Lo und Lu sogar ein richtiges Postkarten-Spiel, denn es kommt darauf an, Postkarten von Heiligen zu sammeln, von denen man noch keine Postkarten hat, oder aber Postkarten von Heiligen, von denen man einfach alle Postkasten sammelt, weil es die Lieblingsheiligen sind.

Lus Lieblingsheiliger ist aber gar nicht, wie wir angenommen hatten, der heilige Lukas, sondern der heilige Christoforus. Irgend etwas an dieser treuen und hilfreichen Gestalt berührt also anscheinend einen Teil seiner Seele, sage ich zu La Mamma, denn wie ist sonst zu erklären, daß er den heiligen Christoforus liebt, daß er ihn anblinzelt und lauter Postkarten sammelt, auf denen der heilige Christoforus dargestellt ist? Ich vermute, sage ich zu la Mamma weiter, der hilfreiche und treue Christoforus erinnert Lu an seinen Vater, denn wie der heilige Christoforus das Jesus-Kind trägt, so habe auch ich den kleinen Lu sehr häufig getragen, La Mamma aber findet schon den bloßen Vergleich des Heiligen mit einem Menschen von heute nur geschmacklos, erst recht aber die Parallelen, die ich zwischen dem heiligen Paar und Lu und mir zu erahnen glaube.

Wir vertiefen das Thema also lieber nicht und unterhalten uns über Lo, die eine ganze Schar von Lieblingsheiligen hat, die alle weiblich und jung sind und besonders schöne Kleider tragen.

Ich muß zugeben, sage ich, daß ich mir die Kleider der Katharina von Siena bisher nicht genauer angeschaut habe, Lo betrachtet sie, als wären es Kleider von heute.

Hast du vor, in Rom nach Kleidern Ausschau zu halten, die an die Kleider Katharina von Sienas erinnern, fragt La Mamma.

›243‹

In diesem Punkt kann ich dich beruhigen, antworte ich, obwohl mein letzter Einkauf von Kleidern für Lo schon sehr lange zurück liegt.

So gelingt der Rom-Aufenthalt immer besser. Lo und Lu sammeln Postkarten, und wir bewegen uns von einem Hügel Roms zum anderen, auf der Suche nach unscheinbaren Karussells und kleinen Kasperle-Bühnen. Als wir alle Höhen und Hügel erforscht haben, bewegen wir uns in die Tiefen der Katakomben, wo Lo und Lu in dunklen Gängen nach Wandzeichnungen von Heiligen suchen, die später wieder auf Postkarten zu finden waren, und als wir auch alle Katakomben durchlaufen haben, bewegen wir uns am letzten Tag unseres Aufenthaltes mit einem Blitzzug ans Meer und setzen uns an den Strand von Fregene.
Schön hier, sage ich, etwas erschöpft.
Sehr schön, sagt La Mamma.
Keine Kuppeln, keine Hügel, nichts Drehbares, keine Bewegung, einfach nur glatte Fläche, sage ich.
Einmal ist Jesus aber auch übers Wasser gegangen, sagt La Mamma, wie hieß noch der Jünger, der dafür zu ängstlich war?
Ich weiß, wen du meinst, antworte ich, aber laß es uns jetzt nicht weiter erwähnen.
Warum nicht, fragt La Mamma.
Weil Lo und Lu auf den Gedanken kommen könnten, es auch zu versuchen, antworte ich.
Du meinst wahrhaftig, sie würden so dumm sein, übers Wasser gehen zu wollen, fragt La Mamma.
Man kann nie wissen, antworte ich, vielleicht hinterlassen all diese Heiligen-Legenden ja merkwürdige Spuren.
Und so sitzen wir zum Schluß einfach nur still am Meer und schweigen lange.

Wir haben wirklich ein ganz anderes Rom kennengelernt, setze ich dann noch einmal an.

Das kann man wohl sagen, antwortet La Mamma.

Und welches, bohre ich vorsichtig weiter, welches gefällt dir nun besser, das, das wir kannten, oder das neue, das Rom von Lo und Lu?

Ich gebe dir jetzt mal einen Kuß, sagt La Mamma, dann brauchen wir uns so etwas nicht mehr zu fragen.

Der Esche Stamm

Am großen Hang hat Lu seine Verstecke. Manchmal zieht er sich dorthin zurück, vergräbt etwas, legt ein Lager an oder ordnet seine vielen Fundstücke einfach neu.

Heute jedoch kommt er mit etwas Schwerem, Dunklem vom Hang zurück, die letzten Meter ist er gerutscht und hat das Schwere, Dunkle mit den Füßen vor sich her geschoben. Es wird ein Ast sein oder ein Stamm, denke ich und schaue zunächst nicht auf, als Lu auf mich zukommt. Ich werde sagen, oh, was für ein schöner, was für ein toller, was für ein einzigartiger Ast, und dann wird Lu einige Vorschläge machen, was er mit dem Ast anstellen möchte, und wir werden die Vorschläge gemeinsam durchgehen und uns schließlich auf einen einigen.

Oh …, fange ich also an und schaue auf, sehe aber gleich, daß Lu etwas Besonderes in der Hand hält. Er schleift es neben sich her und legt es dann wie eine fette Beute, die ich am Rost braten muß, neben meinen Stuhl.

Woher hat er das, schießt es mir gleich durch den Kopf, als ich das Schwere, Dunkle näher betrachte. Es ist stark verrostet, und der Rost ist von einer fast kohlschwarzen, porösen

Dichte, als könnte es bei der nächsten Berührung in Asche zerfallen. Aber es ist, noch immer deutlich erkennbar und sogar vollständig, ein Schwert mit einem Griff und einem seltsam verzierten Querstück zwischen dickem Knauf und spitz zulaufendem Blatt.

Das ist ein Schwert, sage ich laut, als müßte ich Lu wirklich erklären, was wir da vor uns haben.

Findest du es schön, fragt Lu so ruhig, als fände er Schwerter fast jeden Tag und habe längst eine stattliche Sammlung.

Sehr schön, antworte ich, aber wo hast du es her?

Ich habe es gefunden, sagt Lu.

Gefunden, frage ich und richte mich in meinem Liegestuhl auf, einfach so gefunden?

Ja, sagt Lu, es steckte in einem Stamm.

Es steckte, frage ich weiter und bemerke, daß ich aus dunklen Motiven unruhig werde, es steckte in einem Stamm?

Ja, sagt Lu, in dem dicken Baumstamm, der innen ein bißchen hohl ist.

Komm, sage ich, den mußt du mir zeigen.

Als wir an Lus dickem Stamm angekommen sind, sehe ich, daß es ein alter Eschenstamm ist.

Es ist der Stamm einer Esche, sage ich, während die dunklen Motive, die mich zum Nachdenken zwingen, als müßte ich mich an etwas Bestimmtes erinnern, sich noch mehr als zuvor regen. Daß nämlich ein Schwert in einem Stamm steckt, kommt in meiner Erinnerung vor, irgendwo steckte ein Schwert einmal in einem Stamm, ja ich glaube mich sogar daran zu erinnern, daß es ein Eschen-Stamm war.

Der Stamm einer Esche ..., wiederhole ich mich, komme aber im Moment keinen Schritt weiter. Lu wird es nichts sagen, daß es ein Eschenstamm ist, denke ich, aber mir sagt es irgend etwas, wenn ich nur wüßte was.

Hier hast du das Schwert also gefunden, frage ich Lu,

der sich hinkniet und mir die Stelle zeigt, wo das Schwert steckte.

Es war hier drin, sagt Lu, genau hier, in der Höhle.

Auch ich knie mich hin und fahre mit der Rechten in den dunklen Spalt, es geht tief hinein in den trockenen Stamm, den wir vor einiger Zeit, weil er anscheinend längst morsch war, gestutzt haben.

Hier drin in der Esche war also das Schwert, sage ich, aber keine Erinnerung hilft nach.

Hast *du* es hinein gesteckt und da vergessen, fragt Lu.

Nein, sage ich, mir gehört das Schwert nicht, ich habe es noch nie gesehen, ich habe gar nicht gewußt, daß in der Esche ein Schwert steckt.

Dann gehört das Schwert also mir, fragt Lu weiter.

Natürlich, sage ich, du hast es gefunden, also gehört das Schwert dir.

Ich habe ein Schwert gefunden, sagt Lu, als begreife er erst jetzt, was passiert ist, ein sehr schönes Schwert, und es gehört mir, das stimmt doch?

Es stimmt, sage ich, ich möchte nur wissen, was das für ein Schwert ist und wie es hierher kommt.

Es ist ein sehr altes Schwert, sagt Lu, glaubst du nicht auch?

Wir wollen es uns einmal ganz genau ansehen, sage ich, vielleicht finden wir ja heraus, wem es gehörte.

Ich gebe es aber nicht mehr zurück, sagt Lu, sehr entschieden.

Auf keinen Fall, sage ich, das Schwert gehört dir, außerdem ist das Schwert ja so alt, daß der Mann, dem es früher gehörte, längst tot ist.

Der Mann mit dem Schwert ist ganz bestimmt längst gestorben, sagt Lu, deshalb gehört mir jetzt das Schwert.

So ist es, sage ich, und dann klettern wir den Hang wieder hinab und widmen unsere ganze Aufmerksamkeit dem seltsamen Fund, der meine Phantasie, wie ich deutlich bemerke, immer intensiver beschäftigt.

Ein Kurzschwert aus der Bronzezeit ist es nicht, sage ich zu Lu, als wir sein Schwert mit einigen Schwertabbildungen aus einem Buch über alte Waffen vergleichen, es ist auch kein Vollgriff- oder Griffangelschwert, eher erinnert es an ein Langschwert der Eisenzeit.
Dann ist es viele tausend Jahre alt, stimmt's, fragt Lu.
Dann wäre es sehr, sehr alt, sage ich. Wenn wir es ganz genau wissen wollen, müssen wir einen Experten fragen.
Was ist ein Experte, fragt Lu.
Ein Mann, der sich auskennt mit Waffen, der alle Waffen kennt, der einem genau sagen kann, was das für ein Schwert ist, sage ich.
Und wo gibt es so einen Mann, fragt Lu.
Vielleicht im Museum, sage ich, da könnten wir einmal anrufen.
Dann rufen wir an, am besten gleich, sagt Lu.

Bevor ich im Museum anrufe, rufe ich aber La Mamma an, denn ich habe das Bedürfnis, jemand von dem seltsamen Fund zu erzählen.
Lu hat ein Schwert gefunden, sage ich, einfach so, oben am Hang.
Soll das ein Witz sein, fragt La Mamma.
Aber nein, sage ich, es ist sogar ein gut erhaltenes, unbeschädigtes Schwert mit verziertem Griff, Knauf und allem, was ein Schwert eben so hat.
Und es lag einfach so rum, oben am Hang, fragt La Mamma.
Es steckte in einem Eschenstamm, sage ich, in dem alten Stamm, der innen hohl ist.
Was du dir immer so ausdenkst, sagt La Mamma, und ich höre sie lachen.

Aber nein, sage ich, so glaub mir doch. Ich habe den hohlen Stamm selbst untersucht, da paßt ein Schwert rein.

Dann nennen wir Lu wohl bald Siegmund, sagt La Mamma, und ich höre sie weiter lachen.

Siegmund, frage ich, wieso denn Siegmund?

Muß ich ausgerechnet dir jetzt die Geschichte mit Siegmund erklären, fragt La Mamma zurück, Siegmund zieht doch ein Schwert aus dem Stamm, so ist es doch in der »Walküre«, habe ich recht?

Mein Gott, du hast recht, sage ich, ich hatte es die ganze Zeit dunkel im Kopf, aber ich kam einfach nicht drauf. Woran erinnert mich dieses Schwert, habe ich nur gedacht, und es fiel mir nicht ein. Wagner, »Walküre«, erster Akt, ich habe es Hunderte Male gehört.

Ich weiß, sagt La Mamma, die Wagners »Walküre« weitaus weniger schätzt als ich.

Waffenlos fiel ich in Feindes Haus, sage ich, so heißt es, Siegmund muß sich mit Hunding schlagen, aber er hat gar kein Schwert, und dann erinnert er sich an eine Verheißung des Vaters, wie heißt es doch gleich, ein Schwert verhieß mir der Vater, ich fänd' es in höchster Not …

Ich erinnere mich, sagt La Mamma, du hast es wirklich Hunderte Male gehört.

Und dann zeigt ihm Sieglinde, von der er noch gar nicht weiß, daß sie seine Schwester ist, das Schwert im Stamm, fahre ich unbeirrt fort, … eine Waffe laß mich dir weisen, so heißt es, und da erst erkennt er das Schwert im Stamm die-ser …

Na, mach nur weiter, kichert La Mamma.

Im Stamm dieser Esche, sage ich tonlos.

Na bitte, sagt La Mamma, es ist eine Esche, ausgerechnet. Wir werden Lu aber nicht Wagner zuliebe jetzt Siegmund nennen, das sage ich dir gleich.

Wie konnte ich das bloß vergessen, murmle ich weiter. In der

Esche Stamm, bis zum Heft haftet es drin …, so heißt es genau.

Es reicht, sagt La Mamma, ich mochte diese Schwert-Heft-
und-Haft-Stelle noch nie.

Ich weiß, sage ich, dabei ist es eine echte Glanznummer.

Und was macht ihr nun mit eurer Glanznummer, fragt La
Mamma.

Ich werde im Museum anrufen, sage ich, damit ein Experte
klärt, wie alt das Schwert ist.

Gute Idee, sagt La Mamma, und wie ich dich kenne, rufst du
gleich an, habe ich recht.

Ja, ich werde gleich anrufen, sage ich, und dann beenden wir
unser Gespräch, und ich rufe auch gleich an im Museum.

Im Museum gibt es wahrhaftig einen Waffen-Experten, und
er ist auch zu sprechen, und er würde sich freuen, Lu und das
Schwert kennenzulernen. Deshalb packen Lu und ich das
Schwert dann vorsichtig ein, damit ihm nichts passiert und
damit niemand sieht, daß wir mit einem Schwert unterwegs
sind, wertvolle Schwerter könnten schließlich den Neid anderer Menschen erregen.

Eine Stunde später aber haben wir es geschafft, wir sind im
Museum, und der Mann an der Pforte meldet dem Waffen-
Experten telefonisch, daß wir da sind. Der Waffen-Experte
kommt uns sogar an der Pforte entgegen, er begrüßt Lu und
dann mich und will gleich das Schwert sehen, und als er es
sieht, läßt er die Luft durch die Zähne entweichen, weil er so
verblüfft ist.

Und Sie sagen, der Junge hat es gefunden, fragt der Waffen-
Experte.

Ja, sage ich, in der Esche Stamm, bis zum Heft haftet es drin.

Wie bitte, fragt der Waffen-Experte.

Wagner, Walküre, erster Akt, liegt mir auf der Zunge, aber ich
sage es nicht. Er versteht mich ja doch nicht, denke ich, denn

ich sehe genau, daß er kein Wort versteht, Wagners Worte
sagen ihm nichts, wahrscheinlich hat er noch nie die »Walküre« gehört, dabei müßte ein Experte wie er die »Walküre«
doch sehr gut kennen, schon allein wegen des Schwerts, das
der Vater Siegmund verhieß.

Mein Sohn hat es in einem hohlen Baumstamm auf unserem
Grundstück gefunden, sage ich laut, im Stamm einer Esche.

Das ist ja nicht zu glauben, sagt der Waffen-Experte.

Im Stamm einer Esche, wiederhole ich nochmals und gebe
dem Waffen-Experten eine letzte Chance.

Nicht zu glauben, wiederholt er aber auch nur.

Es ist wohl ein sehr altes Schwert, was, frage ich und hake
Wagners »Walküre« endgültig ab.

Ja, das ist es, sagt der Waffen-Experte.

Mein Sohn und ich halten es für ein Langschwert aus der
Eisenzeit, sage ich.

Aber nein, sagt der Waffen-Experte da gleich, so alt ist es
natürlich nicht. Wahrscheinlich ist es aus der Franzosen-Zeit,
etwas über zweihundert Jahre könnte es alt sein.

Sind Sie sicher, frage ich.

Ziemlich sicher, antwortet der Waffen-Experte, aber ich werde noch einen Kollegen herbeibitten, der kennt sich, was
Schwerter betrifft, unfehlbar aus.

Vielleicht sollten wir es zunächst reinigen, sage ich, dann
könnte man die Einzelheiten besser erkennen.

Die Reinigung übernehmen natürlich *wir*, sagt der Waffen-
Experte, ein Laie kann da viel falsch machen. Am besten ist,
wir behalten das Schwert gleich hier.

Wie lange wird die Reinigung dauern, frage ich.

Einige Zeit, antwortet der Waffen-Experte. Wir reinigen es
mehrmals, das dauert, und dann bekommt es eine Nummer
und wird registriert, und mit der Nummer kommt es dann in
einen Schaukasten, und Sie können es wiedersehen, allerdings nur zu den üblichen Öffnungszeiten.

Sie wollen doch nicht etwa sagen, daß Sie das Schwert hier behalten, frage ich.

Funde wie diese, antwortet der Waffen-Experte, gehören der Allgemeinheit, es gibt da gesetzliche Regelungen.

Mein Sohn hat das Schwert auf unserem Grundstück gefunden, sage ich, also gehört das Schwert doch wohl uns.

Leider nein, antwortet der Waffen-Experte, Sie erliegen da einem sehr gängigen Irrtum, die gesetzlichen Regelungen in solchen Fällen sind jedoch völlig eindeutig.

Das Schwert steckte in unserer Esche, sage ich, leicht erregt, bis zum Heft haftet es drin.

Ich verstehe Ihre Empörung sehr gut, sagt der Waffen-Experte, leider müssen Sie das Schwert jedoch hier lassen, die gesetzlichen Regelungen sind da eindeutig.

Ich glaube, Sie verstehen nicht richtig, antworte ich, Sie haben ja nicht einmal bemerkt, daß ich Wagner zitierte.

Wagner, fragt der Waffen-Experte, was hat denn Wagner mit diesem Schwert zu tun?

Na bitte, sage ich, Sie haben rein gar nichts verstanden. Aber holen Sie nun geschwind Ihren Kollegen, am Ende wird er *uns* recht geben und dieses Schwert ganz anders datieren. Mein Sohn und ich nennen es Siegmunds Schwert, wenn Sie jetzt vielleicht begreifen ..., denn Siegmunds Schwert haftet in Wagners »Walküre« eben bis zum Heft im Stamm einer Esche, weswegen wir es auf die frühesten Eisenzeiten datieren, als es noch Drachen und Dinosaurier gab.

Was Sie nicht sagen, sagt der Waffen-Experte, ich hole sofort meinen Kollegen, er wird sie zweifelsfrei eines Besseren belehren.

Wir warten, antworte ich, in drohendem Ton.

Das Schwert gehört mir, Pappa, sagt Lu, als der Waffen-Experte fort ist, du hast es selber gesagt.

Sie wollen es reinigen, und dann kommt es in eine schöne Vi-

›252‹

trine, und wir gehen manchmal hierher und schaun es uns
an, sage ich.

Ich gehe nie mehr hierher, sagt Lu, denn das Schwert gehört
mir.

Hier findet es aber einen sehr schönen Platz, sage ich, alle
Leute werden es bestaunen.

Aber niemand wird wissen, daß es ein Siegmund-Schwert
ist, antwortet Lu, oder?

Nein, sage ich, das wird niemand wissen.

Es ist aber doch ein Siegmund-Schwert, oder nicht, fragt Lu.

Das ist es, sage ich, ganz eindeutig.

Na siehst du, sagt Lu, dann nehmen wir doch das Schwert
und tragen es schnell wieder nach Haus.

Das geht nicht, antworte ich, sie sagen hier, das Schwert gehört dem Museum, und wenn wir fortlaufen, schicken sie die
Polizei, damit die uns das Schwert wieder wegnimmt.

Aber sie wissen doch nicht, wo wir wohnen, sagt Lu.

Nein, sage ich, das wissen sie nicht.

Dann können sie uns doch auch nicht finden, sagt Lu.

Nein, sage ich, das können sie nicht.

Aber warum nehmen wir dann nicht schnell das Schwert
und laufen nach Haus, fragt Lu, den Tränen nahe.

Ja, warum *nicht*, sage ich, warum eigentlich nicht?

Und dann packe ich das Schwert rasch wieder ein und nehme es unter den Arm und laufe mit Lu einfach, so schnell es
geht, hinaus aus dem Museum, quer durch die Stadt bis nach
Haus, wo wir gleich beginnen, Siegmunds Schwert mit einem
Rostentferner zu reinigen.

Jetzt, am Abend, glänzt das Schwert sehr, Lu schläft längst
und träumt vielleicht vom Stamm einer Esche.

Es ist Lus Schwert, sagt La Mamma zu mir, deshalb sollten
wir die Sache mit Siegmund jetzt nicht mehr erwähnen.

Gut, sage ich, ich werde mich bemühen, Wagner herauszu-

halten aus der Geschichte, aber eine Glanznummer ist die
Stelle natürlich trotzdem.

Und dann ziehe ich mich in mein Zimmer zurück, streife
mir die Kopfhörer über und höre, daß es vollständig Nacht
geworden ist und der Saal nur noch von einem schwachen
Paukenfeuer im Herde erhellt wird und Siegmund in großer
Erregung auf seinem Lager vor sich hin brütet, bis es aus ihm
heraustönt: Ein Schwert verhieß mir der Vater, ich fänd' es in
höchster Not ...

Kinderszenen

Seit heute geht nun auch Lu in den Kindergarten, so daß ich
am frühen Morgen zum ersten Mal seit vielen Jahren allein
bin. Manchmal habe ich mir in all dieser Zeit insgeheim gewünscht, einmal einen Morgen allein verbringen zu dürfen,
jetzt ist es also wirklich soweit. Du hast den ganzen Morgen
für dich, sage ich mir, du kannst tun, was immer du willst, arbeiten, faulenzen, es hängt nur von dir ab.

Was mich aber zunächst beschäftigt, ist die seltsame Stille, im
ganzen Haus ist es so still, daß ich mich mehrmals laut räuspere, als könnte ich die gewaltige Stille damit ein wenig ver-
jagen. So eine Stille, denke ich, bist du gar nicht gewohnt, sie
hat ja beinahe etwas Beißendes, Packendes, als wollte sie dich
aufsaugen. Auch läßt sie das Haus wachsen, sie dehnt die Zimmer und weitet sie, sie kriecht wahrhaftig in jeden Raum.

Und so gehe ich von Zimmer zu Zimmer und schaue in jedes ein wenig hinein, als müßte ich mir anschauen, was die
Stille in ihm anrichtet. Ein merkwürdiger Rundgang ist das,
denke ich, es ist ja beinahe, als suchtest du etwas oder als
schautest du nach, ob all die Zimmer noch da sind.

Auf Lus Bett liegt sein Lieblings-Stofftier, ein brauner, kleiner Hund, der vom vielen Schlafen mit Lu schon etwas zerquetscht ist. Ich streiche ihn ein wenig glatt und lege ihn zurück, und dann setze ich mich neben ihn auf Lus Bett und sehe plötzlich, wie sehr die gesamte Umgebung zu Lu gehört, jedes Detail erinnert an ihn, und zu jedem gehört eine Geschichte.

Neben dem Bett gibt es zum Beispiel die Glas-Vitrine, sie hat viele Fächer, und in jedem Fach hat Lu seine Schätze gestapelt, Federn und Muscheln vom Meer, getrocknete Blätter und winzige Schneckenhäuser, sogar einen Kölner Dom gibt es in klein. Und neben der Glas-Vitrine beginnt auf den weißen Regalbrettern Lus Zoo, eine kaum überschaubare Phalanx von Tieren, von denen Lu oft zwei oder drei herausnimmt, um sie dann sprechen zu lassen, er imitiert ihre Bewegungen und spielt so mit ihnen Theater.

Zwischen den Tieren stehen aber kleine Bagger und Lastwagen und Lokomotiven, als hätten die Tiere sie dort abgestellt oder als wären sie sonstwie mit ihnen beschäftigt, und in der hintersten Reihe lugen Lus Fotografien und kleine bunte Skizzen heraus, auf denen oft etwas vorkommt, was Lu erlebt hat, zum Beispiel der Schwertfund oder wie Lu schwimmen lernt.

Ich fange an, einige der umgestürzten Bagger und Lastwagen aufzurichten, und da ich nun schon einmal mit dem Aufräumen begonnen habe, ordne ich die ganze Phalanx der Gegenstände auf den weißen Regalbrettern, das wird Lu, wenn er heimkommt, sicher freuen, sage ich mir.

Unter Lus Bett stehen aber noch drei große Kisten, in denen hat er alles untergebracht, was er, wie er behauptet, erst später wieder einmal hervorholen will, Hunderte von Zeichnungen liegen dort aufeinander und winzige Münzen und ein beinahe unüberschaubarer Kleinkram, die Fundstücke seines Lebens, denke ich, und starre hinab, als hätte ich diese Vielfalt noch nie gesehen. Am liebsten würde ich auch diese Kisten aufräumen, aber das geht nicht, sage ich mir, wohin sollte ich das alles denn stellen, man bräuchte ja beinahe ein eigenes Zimmer, um es sich in seiner Fülle vor Augen zu führen.

Dann aber nehme ich doch so manches heraus und halte es in den Fingern, um es vor meinen Augen zu drehen und zu wenden, es ist, als betrachtete ich kostbare Dinge und wäre dabei, ihren Wert zu taxieren. Einige der Sachen, die mir besonders gefallen, stelle ich auf den Tisch und schaue schließlich die bunte Reihe entlang, das ist Lus Welttheater, denke ich, es sind die Figuren und die Kulissen, ein ganzes Leben steht plötzlich vor dir.

Ich bringe es aber nicht fertig, all diese Dinge wieder zurück in die Kisten zu tun, beinahe ist es so, als sollte ich in Lus Abwesenheit nun mit ihnen spielen, das geht zu weit, denke ich und stehe auch sofort auf, um mich lieber von Lus Bett zu trennen. Kurz bevor ich das Zimmer aber verlasse, schaue ich dann doch noch einmal zurück, und da sehe ich erst, was ich angerichtet habe, ich habe Lu ein kleines Museum gebaut, Stück für Stück präsentieren sich seine Sachen geordnet und übersichtlich beinahe wie Ausstellungsstücke, als ständen sie da, um Ausschau nach Lu zu halten oder um ihn zu begrüßen, nach seiner Rückkehr.

Was machst du bloß, denke ich, und kehre diesen Szenen den Rücken, und dann gehe ich die Treppe hinunter, während ich deutlich spüre, daß ich von dieser Ausstellung doch nicht loskomme und sie geradezu darauf besteht, festgehalten zu werden.

Unten hole ich die kleine Videokamera, mit der ich jetzt bereits unzählige Filme gedreht habe, aus einem Fach, lege eine neue Kassette ein und schleiche dann wieder hinauf, doch als ich auf den roten Aufnahmeknopf drücken will, spüre ich wieder die allgegenwärtige Stille und denke sofort, so geht es nicht.

›256‹

Wenn ich das leere Haus und seine Stilleben filmen will, brauche ich auch so etwas wie Geräusche, Klänge oder am besten Musik, sage ich mir, und dann gehe ich wieder hinunter und setze mich in einen Stuhl, um etwas Musik auszuprobieren. Vielleicht sollte ich Musik auswählen, die etwas mit Kindern zu tun hat, denke ich, doch dann fällt mir auf, daß es schwierig sein wird, genau solche Musik zu finden, eine Stilleben-Musik, die zugleich von Kindern handelt.

Als erstes fallen mir Schumanns »Kinderszenen« ein, so kurze Stücke von ein, zwei Minuten könnten das richtige sein, denke ich, und lege eine CD auf, um die Probe zu machen. Als das erste Stück »Von fremden Ländern und Menschen« erklingt, höre ich gleich, daß es paßt, es ist nur beinahe zu intim, so intim jedenfalls, daß du dich jetzt nicht mehr rührst, sondern still und unbeweglich in deinem Stuhl sitzt, als hörtest du zu, wie Schumanns Klaviermusik jetzt die Stille umfaßt und sie langsam durchdringt.

Schumanns »Kinderszenen« spielen in leeren oder besser gesagt verlassenen Kinderzimmern, sage ich mir, jedes Stück ist wie ein Kommentar zu einem Ding oder eine Erinnerung an eine Geschichte, so daß es darauf ankommt, zu jedem Stück die passenden Bilder zu finden.

Ich spüre die Erleichterung und die Belebung gleich, die von diesen Überlegungen ausgeht, sofort stehe ich deshalb auch auf und fange von neuem an, das Haus zu durchwandern, auf der Suche nach Bildern, die die einzig richtigen wären.

Oberflächlich betrachtet drehe ich einen Film zu Schumanns Musik, sage ich mir, im Grunde aber drehe ich einen Film über Erinnerungen und sehr kleine Dinge, vielleicht drehe ich auch einen Film über die Illusion des zeitlichen Stillstands, jedenfalls habe ich das Gefühl, in diesem Haus vorerst nichts anderes tun oder angehen zu können, bevor ich diesen Film gedreht habe.

Plötzlich fühle ich mich wie von Lasten befreit. Seit ich die

Stille gezielt angehe, wirkt sie nicht mehr bedrückend, denke ich, mein Filmprojekt ist also auch so etwas wie eine Methode, um der kompakten, in sich verschlossenen, unzugänglichen Stille so etwas wie Form und Struktur zu geben.

Und dann halte ich mir die Kamera vor das rechte Auge und laufe zur Probe durchs Haus, während ich gleichzeitig immer aufs neue und in den verschiedensten Variationen Schumanns »Kinderszenen« einspiele. Die Aufgabe, denke ich schließlich, ist nicht leicht, du kannst sie unmöglich nur im Kopf bewältigen. Was du vielmehr brauchst, ist ein Drehbuch, in dem die ausgewählten Bilder exakt notiert und gleich in Verbindung gebracht sind zu jeweils einem Musikstück von Schumann.

Ich halte die Kamera in der Hand und nicke mir aufmunternd zu, und dann hole ich Papier und Bleistift und fange an, einen Film zu Schumanns »Kinderszenen« minutiös und bis in alle Einzelheiten zu planen. »Von fremden Ländern und Menschen«, denke ich, erfordert ein schweifendes, sich ruhig umschauendes Kameraauge, während die »Kuriose Geschichte« aus kurzen Blicken und Schnitten besteht, beim »Haschemann« dagegen werde ich wie im Flug die Zimmer durchkreisen, um den Blick dann nur sekundenweise auf diesem und jenem Detail ruhen zu lassen …

Am Mittag bringt La Mamma Lo und Lu wieder zurück.

Lu hat es im Kindergarten sehr gut gefallen, sagt La Mamma ein wenig stolz, als habe Lu gerade etwas Besonderes geleistet. Und du, fragt sie dann, du hast die Ruhe und die freie Zeit wohl sehr genossen?

So kann man das nicht sagen, antworte ich, eher würde ich sagen, ich habe mich sehr gut beschäftigt.

Programmplanung

Heute werde ich mit Lo und Lu schwimmen gehen, denn heute ist es im Schwimmbad nicht so voll wie an anderen Tagen. Vor dem Schwimmen werden wir die beiden Bibliotheken besuchen, in der einen, die Lo und Lu immer »die große« nennen, werde ich meine Bestellungen aufgeben, worauf wir nach gleich nebenan, in »die kleine«, wechseln werden. Die »kleine« hat eine eigene Kinderbibliothek und eine Musikbibliothek, Lo und Lu mögen vor allem die Kinderbibliothek, in der sie sich ihre Bücher und Kassetten selbst aussuchen können.

Schon als Lo und Lu sehr klein waren, haben sie mich in die beiden Bibliotheken begleitet, manchmal sind wir jede Woche hingegangen und haben uns zwischen den Bücherregalen herumgetrieben, als wären wir in den Bibliotheken beinahe ein wenig zu Haus. Im Grunde waren wir dort auch zu Haus, wir lernten jede einzelne Zone kennen, den großen Lesesaal mit seinen Leselampen, den Zeitschriftensaal, die Bestellecke mit den vielen Computern und vor allem die Cafeteria, in der wir unsere Aufenthalte immer wieder unterbrechen konnten, um uns zu erfrischen.

Nach und nach kannten uns viele der Bibliotheksangestellten, einige begrüßten uns immer besonders freundlich und hatten manchmal für Lo oder Lu eine kleine Überraschung dabei, andere schauten uns so an, als wollten sie uns immer wieder in Erinnerung rufen, daß Kinder Bibliotheken nur in Begleitung Erwachsener besuchen sollten, dabei wußten wir das doch längst, schließlich stand es ja an beinahe jeder Ecke. Ein paar von ihnen schienen uns auch noch mehr sagen zu wollen, nämlich daß Kinder Bibliotheken überhaupt nicht besuchen sollten, und einmal sagte uns ein älterer, schlecht gelaunter und im Umgang mit Computern völlig unerfahrener Bibliotheksbenutzer sogar genau das, daß Kinder Bibliotheken nicht besuchen sollten und daß Bibliotheken keine Kindergärten seien.

Auf so einen Unsinn antworteten wir dann meist ganz direkt und sagten, daß Bibliotheken auch keine Altenheime seien und Kinder den Umgang mit Computern oft leichter beherrschten als völlig unerfahrene Erwachsene, die ihrer Unerfahrenheit wegen oft schlecht gelaunt seien, worauf es in der großen Bibliothek zu einem heftigen Streit kam, den am Ende ein leitender Bibliotheksdirektor schlichten mußte.

Heute aber irritiert uns niemand mehr mit so dummem Gerede, vielmehr genießen Lo, Lu und ich in den Ausleih- und Lesesälen inzwischen so großes Ansehen, daß wir von anderen Bibliotheksbenutzern, die sich darüber wundern, wie gut Lo und Lu die typischen Bibliotheksvorgänge beherrschen, oft um Auskünfte gebeten werden.

Weil wir sehr früh mit den Bibliotheksbesuchen angefangen haben, sehen Lo und Lu die beiden Bibliotheken als etwas sehr Vertrautes an. Das zeigt mal wieder, sage ich mir inzwischen, wie wichtig das Sehr-früh-mit-allem-Anfangen ist, im Grunde betrachte ich es als ein Grundgebot des Zusammenseins mit Lo und Lu: Früh, nein, sehr früh mit allem anfangen …, und sich von Rückschlägen nicht beeindrucken lassen. Natürlich sind Rückschläge nicht zu vermeiden, einmal balancierte Lu in einem unbeobachteten Moment eines Bibliotheksbesuches auf einem Springbrunnenrand in der Cafeteria entlang, und als ich ihn ins zum Glück seichte Wasser fallen hörte, wußte ich, daß die Stimmen mit der Behauptung, Bibliotheken seien keine Kindergärten, sofort wieder lauter werden würden. Damals haben wir den kleinen Unfall, um die Sache geschickt herunterzuspielen, wie einen Hausunfall behandelt und Lus nasse Sachen gleich auf den Bibliotheksheizkörpern getrocknet, man darf sich in solchen Fällen nicht schämen, finde ich, sie sollten vielmehr der Anlaß sein, das Gespräch mit den Bibliotheksangestellten zu suchen und ins eher Private und Persönliche auszuweiten.

Heute aber passiert uns das nicht mehr, obwohl Lu jedes Mal, wenn wir die Cafeteria betreten, wieder die Versuchung packt und er mit dem Balancieren auf dem Springbrunnenrand beginnt. Lo schüttelt darüber nur den Kopf, und auch ich schüttle den Kopf, aber wir sagen nichts mehr, denn wir wissen ja inzwischen, daß Lu nicht von der Gefahr, sondern vom Wasser angezogen wird, Lu ist nämlich vom Wasser verhext, Lu liebt nämlich Wasser seit seiner Geburt.

Nach der Geburt werden Säuglinge ja meist etwas feierlich zum ersten Male gebadet, noch heute erinnere ich mich daran, wie der winzige Lu dieses Baden genoß, und so ist es bisher geblieben und hat sich sogar noch gesteigert. In allen nur denkbaren Fällen sucht Lu die Vereinigung mit dem Wasser, bloßes Balancieren auf einem Springbrunnenrand genügt da oft nicht mehr, so daß man das Gelände, in dem Lu sich jeweils bewegt, zur Sicherheit am besten sofort auf Wasser hin untersucht, denn Lu findet jedes Wasser nach einiger Zeit und es genügt ihm nicht, es nur zu betrachten.

Während unserer abendlichen Gedicht-Vorlese-Stunden habe ich Lu deshalb einmal Brechts Gedicht »Vom Schwimmen in Seen und Flüssen« vorgelesen, seither möchte Lu genau dieses Gedicht in regelmäßigen Abständen hören, dann setze ich an, und er murmelt mit: »Im bleichen Sommer, wenn die Winde oben / Nur in dem Laub der großen Bäume sausen / Muß man in Flüssen liegen oder Teichen / Wie die Gewächse, worin Hechte hausen …«

Daß man in Flüssen oder Teichen nicht schwimmen, sondern liegen muß – das gefällt Lu an Brechts Gedicht ganz ungemein. Einmal hat er sich als einen solchen Liegenden gemalt, »Der liegende Lu zwischen Hechten in einem Teich« hieß das Bild.

Auch Goethes Gedicht vom Fischer ist durch Lus Wasser-emphasen zu einem Lu-Gedicht geworden, und wenn ich mit dem »Das Wasser rauscht, das Wasser schwoll« beginne, schließt Lu so ergriffen die Augen, als sehe er die Wogen ganz genau vor sich.

Deshalb also lassen wir ihn auf dem Springbrunnenrand in Ruhe, Lu freut sich nämlich aufs Schwimmen und empfindet das Balancieren auf dem Rand als einen Teil seiner Vorfreude, die mit der Anziehung durch Wasser zu tun hat.

Heute also Bibliotheken und Schwimmen, für morgen freilich werde ich mir noch etwas ausdenken müssen, meist gehe ich eine Menge Programme und Prospekte durch, deren Lektüre viel Zeit kostet, schließlich sollten die Veranstaltungen, die ich mit Lo und Lu dann besuche, kein Reinfall werden. Am schwierigsten sind Filmvorstellungen zu planen, denn durch das Anschauen der Video-Kassetten sind Lo und Lu mittlerweile an kurze, höchstens einstündige Filme gewöhnt und fragen, wenn ein Film etwas länger als eine Stunde ist, nach, wie lange der Film denn noch dauert.

Immer wieder unterschätze ich auch, wie stark die beiden beim Anschauen der Filme innerlich mitgehen, auf viele Szenen reagieren sie sehr impulsiv und oft abwehrend, vor allem, wenn Kindern eine große Gefahr droht oder wenn Erwachsene in Filmen zu unsympathisch sind, erlebe ich diese Abwehr und habe dann oft Mühe, sie noch länger auf ihren Plätzen zu halten.

Einmal zum Beispiel begannen die »Bremer Stadtmusikanten«, die ich für völlig harmlos gehalten hatte, damit, daß der Müller seinem Esel hinterher läuft und ihn ein »dummes Tier« schimpft. Während ich über den dicken Müller noch lachte, wie er in seine Wurst biß und gleichzeitig hinter seinem Esel her war, bemerkte ich bei einem kurzen Seitenblick, daß Lo der Atem stockte und Lu den Tränen nah war.

›262‹

Kinder, es ist doch nur ein Film, hätte ich am liebsten geflüstert, erinnerte mich dann aber gerade noch rechtzeitig, wie wirkungslos solche Hinweise in der Vergangenheit immer gewesen waren.

Was ist denn mit euch, fragte ich daher nur, um wenigstens etwas zu sagen und die Situation zu entkrampfen.

Der Müller ist böse, antwortete Lo, ich mag den Müller nicht sehen.

Ich auch nicht, sagte Lu gleich, worauf sich beide erhoben, um das Kino sofort zu verlassen.

Moment mal, konnte ich gerade noch sagen, der Film läuft doch erst seit ein paar Minuten, wir können doch nicht jetzt schon hinaus gehen.

Ich will aber den Müller nicht sehen, sagte Lo.

Ich auch nicht, sagte Lu.

Dann haltet Ihr euch eben die Augen zu, solange der Müller im Bild ist, sagte ich, der Müller ist nämlich nur noch einige Sekunden im Bild und kommt dann nie mehr vor.

Und so saßen Lo und Lu neben mir, die Hände vor den Augen, widerwillig abwartend, bis der Esel sich auf seine Wanderschaft machte.

Solche Erfahrungen haben mir Filmvorstellungen mit der Zeit ein wenig verleidet, denn manchmal stimmte in einem Kinderfilm einfach gar nichts, das Wetter war schlecht, die Erwachsenen übel gelaunt und die Kinder ängstlich oder allein, so daß Lo und Lu nur noch die Hände vor Augen hatten, was das Sehen des Films zu einem solchen Nicht-Sehen machte, daß ich das Kino dann doch mit ihnen verließ.

Viel einfacher als mit dem Kino habe ich es mit der Bastelwerkstätte oder der Musikschule, ganz zu schweigen vom Italienisch-Unterricht, den Lo und Lu auch einmal die Woche besuchen, weil sie Italienisch lernen wollen für die Wochen am Meer, wo sie das Italienische nun einmal brauchen, um mit den italienischen Kindern am Strand besser spielen zu können. Das Lernen des Italienischen ergibt sich zum Glück fast von allein, denn Lo und Lu sitzen mit den anderen Kindern, die ebenfalls Italienisch lernen, nicht steif da wie in einer Schule, um die neue Sprache zu lernen, sondern lernen sie spielerisch-spielend, so sagt man, und es ist auch genau so, wie man sagt. Die Kinder sitzen nämlich im Kreis und spielen dieses oder jenes ihnen im Deutschen vertraute Spiel, nur spielen sie es nun eben in Italienisch, indem sie alle Dinge und die anderen Kinder italienisch benennen, so daß Lo etwa Carlotta und Lu Luca genannt wird, man kann es sich, glaube ich, vorstellen.

Schwierig wird alles nur, wenn die familiäre Programmplanung einmal versagt hat und zum Beispiel der Italienisch-Unterricht an ein und demselben Tag auf die Musikschule folgt oder die Bastelwerkstätte einem Kinder-zeichnen-Nachmittag im Museum vorausgeht, in solchen Fällen ist es auch mir schon passiert, daß mir alles zuviel wird und sich eine wilde Lust meldet, allen Terminen sofort zu entkommen.
Termine sollten etwas Freiwilliges sein, sage ich dann, sie machen keinen Sinn, wenn man sich von ihnen hetzen läßt.
Lo und Lu stehen neben mir und ahnen bereits, was kommt.
Luft, sagt Lo grinsend, wir brauchen einfach mehr Luft.
Luft, sagt Lu, wir machen uns jetzt einmal so richtig Luft.
Luft, sage ich, wir entziehen uns diesem Terror.
»Luft« meint den Fernsehturm, wir fahren hin und benutzen den Aufzug, und schon wenig später stehen wir auf der Aussichtsterrasse hoch über der Stadt und betrachten die Welt nur noch von oben.
Die Betrachtung der Welt von oben hat etwas Befreiendes, man erkennt all die Orte, an denen man längst hätte erscheinen sollen, aus weiter Ferne und genießt insgeheim, daß man ihnen so fern ist.

Da unten ist das Museum, sage ich, könnt ihr es sehen?

Ja, sagt Lo, da ist jetzt Jacqueline und läßt die anderen Kinder zeichnen.

Und schon wieder gibt es zuwenig Stifte und Streit, wer die längeren nehmen darf, sagt Lu.

Aber Jacqueline ist doch sehr nett, sage ich, und außerdem hat sie viele gute Ideen für das Zeichnen.

Stimmt, sagt Lu, aber jetzt hat sie mal gerade gar keine Idee, keine einzige, sie hat einfach gar keine Idee.

Da unten ist das Puppentheater, sagt Lo, da könnten wir mal wieder hingehen.

Das Puppentheater ist nur samstags und sonntags geöffnet, sage ich, und leider spielen sie in den nächsten Wochen ununterbrochen »Jorinde und Joringel«.

Warum leider, fragt Lu.

Weil wir »Jorinde und Joringel« schon zweimal gesehen haben, sage ich.

Macht doch nichts, sagt Lo, sehen wir es eben zum dritten Mal.

Dreimal »Jorinde und Joringel«, sage ich, das ist mir zuviel.

Du brauchst ja nicht mitgehen, sagt Lo, gehen wir eben mit der Mamma hin, mir macht Puppentheater jedenfalls Spaß, vor allem die Würstchen, die es hinterher gibt.

Wegen der Würstchen brauchen wir nicht extra ins Puppentheater, sage ich, die können wir auch anderswo essen.

Die Würstchen im Puppentheater sind aber einfach die besten, sagt Lu, können wir jetzt nicht sofort Würstchen essen gehen?

Später vielleicht, sage ich, wenn wir uns alles angeschaut haben.

Im Zoo waren wir auch lange nicht mehr, sagt Lo und seufzt laut.

Mein Gott, sage ich, was denn noch? Wir waren vor genau einem Monat im Zoo.

Ein Monat ist sehr, sehr lang, sagt Lu, ich wäre jetzt auch gerne im Zoo, können wir jetzt nicht sofort in den Zoo fahren?
Der Zoo öffnet um neun und schließt gegen zwanzig Uhr, Eintritt nur bis eine Stunde vor Schließung, sage ich.
Schade, sagt Lo, sehr sehr schade, kein Zoo, kein Museum, wir machen eben gar nichts.
Eben wart ihr noch begeistert, den Fernsehturm hinauffahren zu können, sage ich.
Wir sind ja auch noch begeistert, sagt Lo, aber darf man, wenn man begeistert ist, gar keine Pläne mehr machen?
Und darf man gar nichts mehr sagen, fragt Lu.
Natürlich darf man, sage ich, ich finde nur, wir sollten jetzt einmal den schönen Ausblick genießen, anstatt sofort wieder herunterzueilen.
Finde ich auch, sagt Lo, wir sollten genießen.
Richtig genießen sollten wir, sagt Lu, ah, ist das ein Genuß. Wir genießen jetzt richtig, und du sagst uns, wenn wir genug genießt haben, machen wir's so?
So machen wir's, sage ich, als ich das Fußballstadion direkt am Fuß des Fernsehturms sehe. Mein Gott, sage ich weiter, wie lange ich nicht mehr in einem Fußballstadion war, um mir ein Fußballspiel anzuschauen!
Warum gehst du denn nicht mal mit uns hin, fragt Lu, wenn du dir so gern ein Spiel anschauen willst?
Sie spielen meist sonntags gegen 15 Uhr, sage ich, da ist entweder Puppentheater oder die Fütterung der Seehunde im Zoo oder die Kindersonntagsführung im Völkerkundemuseum …
Mensch, sagt Lu, wir haben ja gar keine Zeit mehr, wir sollten einfach mal Fußball spielen auf so einem Platz, mit einem Ball, einfach so, das wäre doch auch schön. Können wir nicht sofort runter gehen und Fußball spielen, genießt haben wir jetzt doch genug.
Das ist eine glänzende Idee, Lu, sage ich, wir gehen sofort

runter, spielen Fußball, und hinterher essen wir Würstchen
im Restaurant neben dem Fußballplatz, wo auch die Fußbal-
ler Würstchen essen.

Au ja, sagt Lu, das machen wir.

Bist du auch einverstanden, frage ich Lo.

Einverstanden, sagt Lo, und wenn's dunkel wird, gehen wir
hinterher noch ins Planetarium, um uns die Sternbilder anzuschauen. Die Vorstellung beginnt immer um neunzehn
Uhr dreißig.

Styling II

Lo und Lu sind wendiger als ich, bald werden sie auch
schneller sein. Wenn sie an einem Sonnentag wie heute
durch unseren Garten eilen, hätte ich nicht einmal die Aus-
dauer, ihnen eine halbe Stunde in ihrem Tempo zu folgen.
Vom frühen Morgen bis zum Abend klettern und rennen sie,
steigen Treppen hinauf, spielen Fangen, Federball, Fußball,
kein Wunder, daß sie so schlank sind und sich kein Gramm
Fett an ihren jungen und biegsamen Körpern befindet.
Ich aber sitze da, schaue durch das Fenster und sehe sie das
weite Gelände durchfliegen, während mich die Scham über
meine eigene Trägheit packt. Stunden und Tage verbringe
ich an meinem Schreibtisch, in tiefer Verbeugung vor einem
Bildschirm, auf dem sich die Buchstabenkolonnen aneinander reihen. Immer wieder rate ich mir, das lange Sitzen zu unterbrechen und meinen Körper so in Form zu bringen, daß ich
mit Lo und Lu noch in ein paar Jahren Schritt halten kann.
Ich sage es mir oft, aber ich sollte es mir nicht nur laufend *sagen*. Statt es mir zu *sagen*, sollte ich vielmehr möglichst bald
etwas *tun*. Damit ich aber wahrhaftig etwas tue, sollte ich

durch Einkäufe bestimmter Hilfsmittel Anreize und günstige Bedingungen für ein sportliches Leben schaffen.

In einem Sportartikelgeschäft habe ich mehrere dunkle T-Shirts, zwei dunkle Jogging-Hosen und Jogging-Jacken sowie ein Paar Jogging-Schuhe erworben. In früheren Zeiten hätte ich die Jogging-Schuhe noch als »Turnschuhe« bezeichnet, es handelt sich jedoch, wie mir der Verkäufer erklärt hat, eindeutig um »Jogging-Schuhe«.

Jetzt, wo ich sie zum ersten Mal richtig erprobe, verstehe ich, warum es keine Turnschuhe sind. Meine Jogging-Schuhe sind nämlich wahrhaftig anders als Turnschuhe, klobiger, fester, angeblich rahmen sie den Fuß und stabilisieren ihn durch ihre Klobigkeit. Der Verkäufer hat mir auch erklärt, durch welche verborgenen Mechanismen meine Jogging-Schuhe mir zu einem wunderbar federnden und gedämpften Laufstil verhelfen, leider konnte ich mir die Einzelheiten seiner Erklärungen aber nicht merken.

Jetzt, am frühen Abend, wenn es zu dunkeln beginnt, möchte ich meine neuen Schuhe bei einem ersten Waldlauf testen. Ich habe mir lauter dunkle Jogging-Kleidung gekauft, weil ich im Wald nicht weiter auffallen will, und ich nutze die frühe Abendstunde zum Waldlauf, weil ich darauf vertraue, daß mir zu dieser Stunde nur wenige Spaziergänger begegnen.

Lo und Lu übrigens wissen von meinen ersten Bemühungen nichts, sie liegen bereits in ihren Betten, als ich mich gegen zwanzig Uhr mitteleuropäischer Zeit aufmache, eine kleine Waldrunde zu drehen.

Die ersten hundert Meter begeistern mich. So leicht, federnd und wahrhaftig gedämpft geht es also zu, wenn man die richtigen Schuhe benutzt! Ich laufe nicht zu schnell, aber doch in einem anständigen Tempo, seit Jahrzehnten bin ich nicht mehr so gleichmäßig und kontrolliert gelaufen, seltsam eigentlich. Schon jetzt, gleich zu Beginn, spüre ich, wie sich gewisse Versteifungen lösen, ein Gefühl von Befreiung ist diesem Laufen beigemischt, als nähme ich endgültig Abschied von den Jahren der Trägheit.

Beim Eintauchen in den mit jedem Laufschritt immer dunkler werdenden Wald fange ich sogar an, meinen Mut zu bewundern. Weiß ich denn überhaupt, was mich in diesem Waldstück erwartet? Und ist es nicht einigermaßen verwegen, sich nachts in den Wald zu trauen, ohne zu wissen, wie man herumstreunenden Tieren begegnet?

Beim Weiterlaufen verschwinden die ersten Ängste jedoch rasch und weichen einer gewissen Konzentration auf das Laufen selbst. »Ich laufe«, denke ich nach weiteren hundert Metern beinahe ununterbrochen, »ich laufe«, »ich laufe« …, es ist, als erstaunte ich wie ein Kind über die ersten Schritte. Im Grunde bin ich ja auch als Kind zum letzten Mal so zielstrebig und ohne Pausen zu machen gelaufen, denke ich weiter. Als Kind lief ich sehr gern, ich erinnere mich sogar daran, daß ich auf bestimmten Sportplätzen Runden gedreht habe und so lange gelaufen bin, bis ich erschöpft ins Gras fiel. Damals war ich allerdings leichter und schon von Statur aus federnder, während jetzt meine neuen Jogging-Schuhe das Federn vollbringen und meine Körperschwere sie ganz unsinnig belastet.

Nach den ersten Laufminuten weicht die Selbstsuggestion des »Ich laufe« einem Nachdenken darüber, wann aus dem Laufen ein Gehen werden sollte. Natürlich nehme ich mir, noch immer laufend, vor, möglichst lange und kontinuierlich weiter zu laufen, sage mir aber auch, daß es nicht gut ist, das pausenlose Laufen schon beim ersten Waldlauf zu übertreiben. Irgendwann, sage ich mir, solltest du vom Laufen zum Gehen übergehen, doch dann laufe ich weiter, weil ich mich nicht entscheiden kann, wann ich langsamer werden sollte.

So wie jetzt einfach drauflos zu laufen ist sicher falsch, denke ich dann, du solltest deine Waldrunde gezielt unterbrechen, damit du bei weiteren Versuchen Fortschritte leichter feststellen kannst. Unterbrich, unterbrich, flüstere ich mir zu, bis ich eine große Kiefer an einer Wegkreuzung erkenne, an der ich das Laufen dann wahrhaftig unterbreche und ins Gehen wechsle.

Erst jetzt spüre ich, wie atemlos mich das Laufen gemacht hat. Mein Gehen ist daher auch gar kein Gehen, sondern eher ein immer langsamer werdendes Schleichen, kurz vor dem endgültigen Halt. Anhalten und stehenbleiben wirst du jetzt aber auf keinen Fall, sage ich mir und versuche, ein klein wenig zu beschleunigen. Ausatmen, einatmen ... – es erstaunt mich, wie intensiv die Laufanstrengung einen den eigenen Körper wahrnehmen läßt, dabei liest man in Berichten großer Langläufer doch immer wieder, daß man beim Laufen so gut an etwas anderes denken könne.

Momentan, muß ich zugeben, kann ich noch nicht an etwas anderes denken, auch die viel beschriebene »Freiheit im Kopf« will sich nicht richtig einstellen. Statt dessen denke ich ununterbrochen an Atmung, Herzschlag und Beine und frage mich, wann ich wieder anfangen sollte zu laufen, schließlich bin ich nicht zu einem Nachtspaziergang im Wald unterwegs.

Jetzt, wo ich den erneuten Übergang vom Gehen zum Laufen erwäge, höre ich aber zum ersten Mal die Geräusche des Waldes. Der Wald ist tatsächlich voller Nachtgeräusche, sehr seltsame sind sogar darunter, ein Schaben, Kratzen, Rascheln und Wuseln, als seien ganze Kolonnen von Nachttieren um mich herum unterwegs. Vögel sind es nicht, sage ich mir, Vögel schlafen zu dieser Stunde wohl längst, seltsam, daß man schlafende Vögel nie zu Gesicht bekommt. Was aber regt sich dann so aufdringlich in meiner Nähe, frage ich mich, am besten ist, ich grüble darüber nicht weiter nach, sondern beginne endlich wieder zu laufen.

Fast aus dem Stand heraus zu laufen, ist nicht gut, deshalb gehe ich zunächst etwas schneller und dann immer schneller, bis es mir gelingt, aus einem sehr schnellen Gang endgültig wieder ins Laufen zu wechseln. Es sieht beinahe so aus, als wärest du auf der Flucht, sage ich mir und bemerke, daß ich schneller laufe als zuvor, erheblich schneller, ich schlage sogar ein solches Tempo ein, daß ein Beobachter an einen Sprint denken könnte.

Dieses Sprinten ist unorganisch, sage ich mir, sprinte aber noch ein kleines Stück weiter, dabei war ich zum Laufen in den Wald aufgebrochen und nicht zum Sprinten. Ich sollte die ganze Runde in gleichmäßigem Laufschritt zurücklegen, sage ich mir weiter und stelle mir plötzlich bewundernd all die vor, die so etwas schaffen. Für mich aber ist es besser, nun wieder zu verlangsamen, das atemlos machende Sprinten scheint sogar einen kurzfristigen Stop zu erfordern.

»Stop« ist ein häßliches Wort, denke ich, ich sollte nicht stoppen, dann aber stoppe ich plötzlich doch und höre sofort wieder die Geräusche des Waldes. Hechelt es da aus dem Busch, oder hechle ich selbst? Schlägt es krachend gegen die Stämme, oder schlägt mein Herz jetzt so laut? In Zukunft sollte ich früher aufbrechen, der stockfinstere Wald lenkt einen vom ruhigen Laufen nur ab.

Mein Herz klopft wahrhaftig laut und bedenklich schnell, dabei weiß ich nicht einmal, wie schnell mein Herz klopfen dürfte. Ich frage mich, ob ich einen Pulsmesser benutzen sollte und wie es wohl wäre, immer dieselbe Runde zu laufen und die Laufzeit jeden Tag auf einer Laufkarteikarte zu vermerken?

Das letzte Stück gehe ich. Um mich herum regen sich zwar die Geister des Waldes, aber ich gehe so, als hörte ich nichts. Jetzt, im Gehen, bemerke ich ein wenig stolz die schweiß-nasse Spur, die mein T-Shirt im Rücken ziert. Es war ein er-ster Versuch, denke ich, morgen wird mir alles schon leichter fallen.

Inzwischen habe ich etwa zwanzig Runden gedreht, meist am frühen Abend, wenn die letzten Spaziergänger sich vor der Nacht in ihre Häuser zurückziehen. Ich schaffe es jetzt, eine Runde ohne Unterbrechung zu laufen, und wenn mir Spaziergänger begegnen, laufe ich an ihnen vorbei, als mach-te mir ihr spöttischer Blick gar nichts aus. Trotz dieser klei-nen Erfolge kann ich aber nicht behaupten, mich mit dem Laufen angefreundet zu haben. Was mir vielmehr fehlt, ist die Erfahrung der läuferischen Ekstase, jenes Hochgefühls also, das alle großen Langläufer in ihren Berichten erwähnen. An meinen Schuhen kann es nicht liegen, daß sich dieses Ge-fühl noch nicht eingestellt hat, ich habe sogar den Eindruck, daß sie von Tag zu Tag besser federn und dämpfen. Manch-mal beäuge ich sie am frühen Morgen mißtrauisch, wie sie da erwartungsvoll und etwas aufreizend im Hausflur stehen, in Erwartung der Abendstunde. Trollt euch, habe ich ihnen schon dann und wann zugezischt und bin gleich ins nächste Zimmer abgebogen, während es mir manchmal so vorkam, als wären sie fremde Spione und blinkten geheime Signale an den Feind draußen im Wald.

Lo und Lu finden die Jogging-Schuhe komisch, ja lächerlich. Wenn ich sie anziehe, lachen sie so lange hinter mir her, bis ich wie ein tapsiger Goofy hinter der nächsten Wegbiegung verschwinde. Lacht nur, denke ich, lacht, so laut ihr nur könnt, schließlich gilt dieses Lachen ja keineswegs mir, son-dern einem Paar Schuhe, die sich noch nicht an mich ge-wöhnt haben. Ich werde sie aber dazu bringen, sich an mich zu gewöhnen, denke ich weiter, und dann werden vor meinen ausgreifenden Schritten auch die Feinde des Waldes verstummen.

Gestirnter Himmel über uns

Wie viele Sterne gibt es denn so, fragt Lo, als wir an diesem Abend noch im Garten sitzen und hinauf zu den Sternen schauen.

Unglaublich viele, antworte ich, Milliarden und über Milliarden.

Und wie viele genau, fragt Lo weiter.

Das weiß kein Mensch, antworte ich, schon die Milchstraße besteht aus Milliarden von Sternen, es gibt aber viele solcher Milchstraßen, kein Mensch weiß, wie viele genau.

Weiß man das wirklich nicht, fragt Lo weiter.

Nein, sage ich, nicht genau, man kann sie ja nicht einmal sehen, so weit sind sie entfernt.

Aber die Milchstraße, die kann man sehen, fragt Lo.

Natürlich, sage ich, die sieht man bei klarem Himmel, zum Beispiel heute.

Und wie findet man sie, fragt Lo, wenn man nicht weiß, wo sie ist.

Zunächst muß man die Himmelsrichtungen kennen, sage ich, man muß also wissen, wo Norden, Süden, Osten und Westen ist.

Und woher weiß man das, fragt Lo weiter.

Man orientiert sich an der Sonne, sage ich. Sie geht im Osten auf und wandert dann …

Das weiß ich doch alles, unterbricht Lo, jetzt scheint aber keine Sonne, wie kann man im Dunkeln wissen, wo Norden ist?

Eine gute Frage, antworte ich, im Dunkeln muß man sich anders orientieren, da hilft keine Sonne.

Eben, sagt Lo, und was hilft dann?

Die Sternbilder helfen, sage ich, der ganze Himmel ist voller Sternbilder.

Kennst Du welche, fragt Lo.

Ja, schon, sage ich, einige kenne ich, aber natürlich längst nicht alle, es gibt ja unglaublich viele.

Welche kennst Du denn, fragt Lo.

Ich kenne zum Beispiel den Großen Wagen, sage ich, den kenne ich wirklich sehr gut, der große Wagen ist im Grunde das bekannteste Sternbild und auch sehr leicht zu finden.

In welcher Himmelsrichtung findet man ihn, fragt Lo.

Man orientiert sich am Polarstern, sage ich. Hat man den Polarstern gefunden, findet man den Großen Wagen ganz leicht.

Und wie findet man den Polarstern, fragt Lo.

Man orientiert sich am Großen Wagen, sage ich, vom Großen Wagen aus findet man zum Polarstern.

Aber Pappa, sagt Lo. Was denn nun? Soll ich zuerst den Polarstern suchen oder den Großen Wagen?

Im Grunde beides, antworte ich, sie liegen ja ganz nahe beisammen, man hat sie meist beide im Blick.

Und wenn man sie gefunden hat, weiß man, wo Norden ist, sagt Lo.

Wie kommst du darauf, frage ich.

Der Polarstern ist immer im Norden, sagt Lo, so haben sie es uns in der »Maus-Sendung« erklärt.

Die »Maus-Sendung« ist eine fantastische Sendung, sage ich, da erklären sie euch genau die richtigen Sachen.

Das hast du schon oft gesagt, sagt Lo.

Macht doch nichts, sage ich, man kann es gar nicht oft genug sagen.

›274‹

Na ja, sagt Lo, kommt darauf an. Und wo ist jetzt der Polarstern?

Ganz einfach, sage ich, wir wenden uns einfach nach Norden, so, und dann schauen wir langsam auf, so, und dann erkennen wir dort oben einen besonders hellen, gut sichtbaren Stern, das ist, ja, mein Gott, ich sehe ihn wirklich, da ist der Polarstern, genau nördlich, ganz exakt!

Habe ich doch gesagt, sagt Lo.

Und darunter der Große Wagen, ganz exakt, rufe ich.

Warum schreist du denn plötzlich so, fragt Lo.

Weil es stimmt, sage ich, weil wir Erfolg gehabt haben.

Welchen Erfolg, fragt Lo, ist doch ganz leicht, den Großen Wagen und den Polarstern zu finden. Kennst du keine selteneren Sternbilder, ganz seltene, die sonst kaum einer kennt?

Doch, natürlich, sage ich, zum Beispiel die Kassiopeia.

Kassiowas, fragt Lo.

Kassiopeia, sage ich, das große Himmels-W, man findet es auch ohne Mühe, man muß nur nach einem W Ausschau halten, gegenüber, ja, ich glaube, genau gegenüber dem Großen Wagen.

Wo genau gegenüber, fragt Lo.

Gegenüber, sage ich, auf der anderen Seite. Man sucht vom Polarstern aus, dann findet man leicht den Großen Wagen, und von dem aus gegenüber ..., Moment mal, findet man ...

Aber Pappa, sagt Lo, am Himmel gibt es so viel Gegenüber, wo soll man da suchen?

Mit bloßem Auge zu suchen, ist einfach nichts, sage ich, die Experten suchen auch nicht mit bloßem Auge, sie benutzen ein Fernrohr. Mit einem Fernrohr findet man die Kassiopeia sofort.

Dann kaufen wir doch ein Fernrohr, sagt Lo.

Du hast recht, sage ich, wir sollten ein Fernrohr kaufen. Erst mit einem Fernrohr macht die Himmelsbetrachtung so richtig Spaß.

Ich habe ein Fernrohr zu einem sehr günstigen Preis erworben, es handelte sich um ein Sonderangebot. Man mußte die einzelnen Teile nur noch zusammenschrauben, jetzt ist alles fertig und steht zusammengeschraubt und mit sehr professionellem Gestus auf einem ebenfalls selbst zusammengeschraubten Stativ. Um das Fernrohr zu testen, soll man es auf ein entferntes Objekt richten, an einigen Schrauben drehen und das Objekt anvisieren. Dann sieht man das Objekt auf dem Kopf stehend und seitenverkehrt. Die Bedienungsanleitung behauptet, auf dem Kopf stehend und seitenverkehrt sei optisch bedingt und Standard im Weltraum, denn im Weltraum gebe es sowieso kein oben und unten. Mir wäre es lieber, das Objekt richtig, also weder auf dem Kopf stehend noch seitenverkehrt zu sehen, dazu aber ist eine Umkehrlinse vonnöten, deren Anbringung nicht leicht ist. Deshalb begnügen wir uns vorerst mit dem Weltraum-Standard-Blick und beginnen, an den Schrauben des Sucher-Fernrohrs zu drehen.

Also los, sage ich, womit fangen wir an?

Mit dem Fernsehturm, antwortet Lo, die ein paar Tage mit mir allein ist.

Sehr gut, sage ich, der Fernsehturm liegt genau gegenüber, ist leicht anzuvisieren und zudem noch ein lohnendes Such-Objekt. Ich wollte schon immer wissen, wie er von ganz nahe aussieht.

Dann mach doch, sagt Lo, worauf wartest du?

Ein bißchen Geduld, sage ich, als Fernrohrbenutzer braucht man vor allem Geduld. Nichts ist schlimmer, als angesichts eines Fernrohrs zapplig zu werden. Im Grunde ist die Benutzung eines Fernrohrs so etwas wie angeln, auch Angler brauchen ja sehr viel Geduld.

Jetzt schau aber durch, sagt Lo, oder laß mich mal.

Du darfst gleich, sage ich, zuerst stelle ich das Fernrohr richtig ein, damit du dir nicht die Augen verdirbst.

Bitte mach, sagt Lo, und ich krümme den Rücken und führe das rechte Auge langsam zum Sucher-Fernrohr. Es ist nichts zu erkennen, rein gar nichts, außer einem breitflächigen, zitternden Grau.

Was siehst du, fragt Lo.

Etwas Graues, Poröses, sage ich, als rührte man in Beton.

Das Fernrohr zittert, sagt Lo.

Moment, sage ich, ich werde die Schrauben jetzt festdrehen, dann dürfte es nicht mehr zittern.

Ich drehe zwei Schrauben fest an und drehe weiter an einer Fokussierschraube, dann schaue ich wieder hindurch. Ich sehe ein klein wenig mehr, aber noch immer nicht viel. Das neblige Grau hat jetzt einige deutlich erkennbare Muster und Linien.

Ich führe das Fernrohr langsam auf und ab, sage ich.

Und was siehst du jetzt, fragt Lo.

Moment, sage ich, es dauert noch etwas.

Ich kann nicht mehr länger warten, sagt Lo, ich möchte auch einmal durchsehen.

Bitte, sage ich, aber du wirst auch nichts anderes sehen als ich.

Wo muß ich drehen, fragt Lo, und dann zeige ich ihr, wie man am Fokussierrädchen dreht.

Langsam, sage ich, gaaanz lang-sam, aber Lo dreht nicht langsam, sondern läßt die Linse vor- und zurückwandern.

Das Bild steht auf dem Kopf, sagt Lo plötzlich.

Welches Bild, frage ich.

Das Lokal, sagt Lo, und die Ober, alle stehn auf dem Kopf.

Welches Lokal, frage ich, wovon redest du denn?

Ich dränge Lo etwas unwirsch zur Seite und krümme wieder den Rücken, um durch das Sucher-Fernrohr zu schauen. Ein Lokal auf dem Kopf, sie hat recht, schießt es mir durch den Kopf. Die Kellner servieren gerade zu zweit an einem Tisch.

Ich verstehe das nicht, sage ich, was ist da los?

Ich glaube, es ist das Lokal ganz, ganz oben, sagt Lo.

Wo oben? frage ich.

Aber Pappa, sagt Lo, auf dem Fernsehturm oben, wir haben dort schon mal gegessen.

Das kann nicht sein, denke ich, es ist unmöglich, daß wir aus dieser großen Entfernung die Kellner im Höhenrestaurant des Fernsehturms sehen. Dann aber drehe ich noch einmal vorsichtig an dem kleinen, unscheinbaren Rädchen und erkenne, daß es sich um das Höhenrestaurant handeln muß. Es stimmt, flüstere ich, jetzt sehe auch ich die Kellner ganz scharf. Man kann ja beinahe die Schuppen auf ihren Schultern erkennen.

Sie bringen gerade die Suppe, sagt Lo.

Ja, sage ich, Gemüsesuppe, ganz deutlich. Ich habe ein tolles Fernrohr erworben, denke ich, ich habe gar nicht geahnt, daß es solche Fernrohre für den privaten Gebrauch überhaupt gibt.

Das war die Probe, sage ich, heute abend werden wir den Himmel erkunden.

Dann schau ich aber zuerst, antwortet Lo, weil dann alles viel schneller geht.

Am Abend nehmen wir uns vor, mit der Betrachtung des Mondes zu beginnen. Diesmal lasse ich Lo den Vortritt, die auch sofort damit beginnt, am Fokussierrädchen zu drehen.

Nun mach schon, sage ich, ist was zu erkennen?

Man sollte am Fernrohr nicht zapplig werden, sagt Lo, das hast du heute mittag gesagt.

Ja, schon gut, antworte ich, ist was zu erkennen?

Es ist ziemlich neblig, sagt Lo, ich sehe nur weißen Nebel.

Laß mich mal, sage ich, es könnte sein, daß ich jetzt mehr Glück habe.

Du mußt nicht so zimperlich drehen, denke ich, Lo hat am Mittag sehr entschlossen gedreht, beinahe so, als wäre sie mit dem Instrument schon vertraut. Diese Vertrautheit war wirk-

›278‹

lich erstaunlich, selbst Galilei, sagt man, soll bei den ersten
Versuchen nicht sehr entschlossen gewesen sein.

Siehst du auch nur weißen Nebel, fragt Lo.

Nein, sage ich, es ist mehr, es ist anders als Nebel, Moment,
aber das kann doch nicht sein, ich glaube beinahe, ich bin
jetzt auf dem Mond.

Wo bist du, fragt Lo.

Ich bin da, sage ich, ich meine, ich habe den Mond entdeckt,
sage ich weiter und klammere mich mit beiden Händen am
Objektiv fest. Es ist beinahe ein Schock, so nah ist die Oberfläche des Mondes zu sehen, ein gewaltiges Körperrelief, das
von einer in seinem Innern strahlenden Lichtflamme erhellt
wird. Ich sehe große Krater in Weiß und weites, gelbbraunes
Gelände mit schweren Schatten, es ist, als käme das alles
sehr langsam, aber unaufhaltsam immer näher.

Was ist, Pappa, fragt Lo.

Dieser Anblick hat Galileis Leben verändert, sage ich.

Wovon sprichst du, Pappa, fragt Lo.

Ich verstehe jetzt, warum dieser Anblick ein Leben verändert, sage ich.

Darf ich jetzt auch mal verändern, fragt Lo.

Bitte, sage ich, aber vorsichtig und langsam, es ist ein sehr
ungewohnter Anblick.

Als Lo hindurchschaut, sehe ich, wie sie beim ersten Anblick
des Mondes zurückweicht. Sie läßt das Fernrohr auch sofort
los und schaut mich an, als suchte sie mich.

Hier bin ich, sage ich, es ist alles in Ordnung, hab keine Angst.

Ist das wirklich der Mond, fragt Lo.

Ja, sage ich, es ist wirklich der Mond.

Ich bekomme Herzklopfen, wenn ich ihn sehe, sagt Lo.

Ich auch, sage ich.

Ich schaue noch einmal ganz kurz hindurch und dann lieber
nicht mehr, sagt Lo und hält sich beim Durchschauen an
meiner Hand fest.

Ich bemerke, wie sie ein wenig zittert und ihr Mund sich plötzlich öffnet. Für einen Moment scheine auch ich den Überfall der Kälte zu spüren, denn ich ziehe die Schultern plötzlich sehr hoch.

Genug, sage ich, ich glaube, für heute ist es genug.

Er ist riesengroß, sagt Lo, wie ein großes Stück Brot, in das man hineinbeißen kann.

Ja, sage ich, es ist beinahe, als holte das Fernrohr ihn zu uns herunter.

Er soll aber da oben bleiben, sagt Lo.

Natürlich, sage ich, er bleibt auch da oben.

Ganz sicher, fragt Lo.

Ganz sicher, antworte ich.

Wir haben dann nicht mehr vom Mond gesprochen, aber jeder für sich weiter an ihn gedacht. Beim Ins-Bett-Gehen haben wir Mond-Gedichte vermieden und nur Gedichte von der Erde gelesen. Und erst als Lo tief schlief und der Mond sie nicht am Schlafen zu hindern schien, ging ich noch einmal nach draußen, drehte am Fokussierrädchen und saß stundenlang, sehend und lauschend, als machte das Bild eine ferne Musik.

Ansichten eines Clowns

Der Wanderzirkus hat sein kleines Zelt am Waldrand aufgeschlagen. Die Wohnwagen stehen in bunten Gruppen daneben, und wenn man tagsüber vorbeikommt, sieht man Tiere und Artisten auf der nahen Lichtung, wie auf einem gemalten Bild.

An den Nachmittagen kann man die Tiere besuchen. Man

geht von Käfig zu Käfig, streichelt die Pferde und schnuppert Zirkusluft, diese unverwechselbare Mischung aus Sägemehl, Stroh und getrocknetem Mist, der von den Zirkuskindern immer wieder beiseite gekehrt wird.

Lo und Lu gehen oft hin, denn das bunte Leben im Freien gefällt ihnen. Manchmal sieht man Akrobaten ihre Balanceakte üben, man sieht Messerwerfer und Kunstreiter, und wenn man großes Glück hat, taucht der große Dompteur in schweren Stiefeln auf und macht sich an den Käfigen zu schaffen.

Eine Weile schauen wir uns alles an, dann lade ich Lo und Lu zu ihrem ersten Zirkusbesuch ein.

Der Zuschauerraum ist nicht sehr groß. Er besteht aus kleinen Logen rund um die Manege und einigen Sitzreihen dahinter, die sich ins Dunkel verlieren. Wenn man ganz vorne sitzt, erlebt man die Tiere sehr nah, die Pferde touchieren einen beinahe mit ihrem Schweif.

Als der erste Tusch ertönt, gehen die Scheinwerfer an und tauchen alles in ein hellrotes Licht. Der Zirkusdirektor schlüpft durch einen schmalen Spalt im Vorhang in die Manege, verbeugt sich und knallt mit der Peitsche, worauf ein Pulk von Pferden hereintrabt und sofort beginnt, seine Runden zu drehen.

Warum schlägt er sie mit der Peitsche, flüstert Lu, der rechts von mir sitzt und mich am Ärmel zupft.

Er schlägt sie nicht wirklich, flüstere ich zurück, er läßt die Peitsche nur knallen.

Aber warum knallt er so laut, fragt Lu weiter.

Er macht es nur so, nur zum Spaß, sage ich.

Und wenn er sie doch einmal trifft, fragt Lu.

Er trifft sie nie, sage ich, die Peitsche ist nur dazu da, um die Pferde zu führen.

Er schlägt sie ja richtig, flüstert Lo etwas lauter, die links von mir sitzt und mich am anderen Ärmel zupft.

Nein, sage ich, ich habe es Lu gerade erklärt, die Peitsche ist nur dazu da, die Pferde zu führen.

Und wenn er sie doch einmal trifft, fragt Lo.

Er trifft sie nie, sage ich.

Eben hat er sie aber getroffen, sagt Lo.

Die Peitsche hat den Rücken der Pferde höchstens gestreift, sage ich.

Was ist, fragt Lu, hat er sie jetzt doch gepeitscht?

Nein, sage ich, er hat nicht gepeitscht, die Peitsche hat sie nur gestreift.

Tut das nicht weh, fragt Lu.

Nein, sage ich, kein bißchen, die Pferde spüren es gar nicht.

Die armen Pferde laufen dauernd im Kreis, sagt Lo laut.

Sie sollen aufhören, im Kreis zu laufen, sagt Lu.

Sie hören gleich auf, sage ich, seht ihr, jetzt stehen sie still.

Sie haben Angst, sagt Lu, sie zittern.

Nein, sage ich, sie sind nur etwas unruhig.

Weil sie manchmal gepeitscht werden, sagt Lo.

Jetzt schaut einmal zu, sage ich, anstatt soviel zu reden.

Die Pferdenummer ist kein großer Erfolg. Die ganze Zeit spüre ich, wie schwer es Lo und Lu fällt, sie bis zu Ende zu sehen. Wenn die Peitsche besonders laut knallt, stöhnt Lo leise auf und Lu preßt die Hände fest gegeneinander. So bin ich beinahe erleichtert, als der Pferdepulk endlich hinaus darf und die Trapezkünstler erscheinen. Es sind zwei starke Männer und eine Frau, sie verbeugen sich lächelnd, dann halten die Männer die Strickleiter, und die junge, zierliche Frau klettert zu ihrer Schaukel hinauf.

Sind die Männer sehr böse, fragt Lu.

Aber nein, sage ich, wie kommst du denn darauf?

Weil sie das Mädchen die Leiter hoch treiben, sagt Lu.

Sie treiben es nicht, sage ich, sie geht freiwillig hinauf, sie ist eine große Seiltänzerin.

Und wenn sie abstürzt, fragt Lu.

Dann fangen die Männer sie auf, sage ich.

Auch die Trapezkünstler sind aber kein großer Erfolg. Als die junge Frau zu schaukeln beginnt, hält Lu sich an meinem Ärmel fest, und als man ihr später die Balancierstange reicht, fragt mich Lo, ob die Männer sie damit ärgern wollen. Die ganze Zeit habe ich Mühe, ihnen auszureden, daß die Männer Böses im Sinn haben. Meine beruhigenden Worte erzielen aber kaum eine Wirkung, denn immer wieder kommen Lo und Lu darauf zurück, als handelte es sich um eine Art Zwangsidee.

Daher atme ich durch, als der kleine Clown endlich erscheint. Der kleine Clown, denke ich, bedeutet keine Gefahr, er wird uns ablenken, und es gibt endlich etwas zum Lachen.

Der kleine Clown aber ist laut. Er rast durch die Manege, springt auf die Umrandung, bläst in seine Trompete und wirft sich zu Boden.

Was macht er, fragt Lo.

Es ist der Clown, sage ich, er macht Späße.

Kann er denn gar nichts, fragt Lo.

Doch, er kann viel, aber er zeigt es noch nicht, sage ich.

Warum ist er so albern, fragt Lo.

Er ist einfach lustig, sage ich, gut gelaunt, er hat Humor.

Was hat er, fragt Lu von der anderen Seite.

Es ist der Clown, sage ich, er bringt uns zum Lachen.

Wieso denn, fragt Lu, er ist doch traurig.

Aber nein, sage ich, das sieht nur so aus. Er spielt Traurig-Sein, in Wirklichkeit ist er sehr fröhlich.

Warum spielt er Traurig-Sein, fragt Lo. Wenn er Traurig-Sein spielt, ist es doch nicht zum Lachen.

Jetzt hört einmal zu, was er sagt, sage ich, dann werdet ihr schon verstehen.

Der kleine Clown kaspert herum. Er stolpert über seine zu großen Schuhe, bläst erneut in die Trompete und erklärt, daß er so traurig ist, weil er uns so gern etwas auf der Trompete vorspielen würde, die Trompete aber leider verhext ist. Nur wenn ein Zuschauer es schafft, ihr ein paar richtige Töne zu entlocken, hört die Hexerei auf, und er kann wieder spielen. Als der kleine Clown mit seiner traurigen Rede fertig ist, schaut er sich um, und genau in diesem Moment weiß ich, daß er mich, ausgerechnet mich, zu sich in die Manege holen wird. Ich weiß nicht, wie ich darauf komme, ich spüre es nur, es ist ein Gefühl leiser Bedrohung, ein kurzer Schauer, der mir den Rücken hinaufjagt. Noch hat der kleine Clown mich gar nicht gesehen, er hat sich nicht einmal in meine Richtung gedreht, und doch sehe ich ihn schon auf mich zukommen und mich mit festem Griff an sich ziehen.

Was tue ich, denke ich und spüre auch gleich, daß ich anfange, panisch zu denken. Aufstehen und mich rausschleichen, denke ich weiter, doch sofort kommt mir dieser Gedanke lächerlich vor. Was ist denn schon dabei, von einem kleinen Clown in die Manege geholt zu werden, saust es mir durch den Kopf, Lo und Lu werden ihren Spaß daran haben. Sollte es allerdings peinlich werden, so gibt es kaum eine Möglichkeit, der Manege rasch zu entkommen, schließlich schreiben die ungeschriebenen Zirkusregeln einem in die Manege geholten Zuschauer vor, den Zirkusspielen auch bis zum Ende zu folgen.

Es ist klar, denke ich, und es durchfährt mich plötzlich sehr heftig, es ist klar, ich fürchte mich davor, zu versagen. In der Manege werden einem Aufgaben gestellt, leichte, harmlose Aufgaben, aber es sind Aufgaben, die ein gewisses Mitspiel-Talent durchaus erfordern. Sollte ich an den Aufgaben oder meinem Mitspiel-Talent scheitern, so werde ich hilflos und ohnmächtig in der Manege stehen, und daran werden Lo und Lu gewiß keinen Spaß haben. Zum Schlimmsten, was Kindern widerfahren kann, gehört das Erlebnis des elterlichen Versagens in der Öffentlichkeit, sage ich mir, denn die Bilder solchen Versagens gehen einem ein Leben lang nicht mehr aus dem Kopf und untergraben das elterliche Vorbild für immer.

Ich gehe einmal kurz auf die Toilette, will ich flüstern, doch da sehe ich schon, daß der kleine Clown sich umzuschauen beginnt. Wenn ich jetzt aufstehe, um mich davonzustehlen, wird er gleich auf mich aufmerksam werden und mich sofort drannehmen, denke ich und ziehe den Kopf etwas ein.
Der kleine Clown trägt seine Trompete jetzt traurig umher. Er zeigt sie allen Kindern, streichelt sie und versucht wieder, ihr ein paar Töne zu entlocken, aber sie ist ja verhext und gibt keinen Ton von sich. Ich höre, wie er verzweifelt das Mundstück traktiert, und beuge mich tief nach unten, wo ich mir die Schuhriemen öffne, um sie dann langsam wieder zubinden zu können. Wie ich weiter höre, hat der kleine Clown jetzt ein Kind in die Manege gelockt, es darf zwei-, dreimal blasen, dann bringt der kleine Clown es zurück an seinen Platz und nimmt ein zweites Kind dran, während ich, um sicher zu gehen, den linken Schuh ganz ausziehe und schräg kippe, als müßte ein Stein herausgeschüttelt werden.
Auch das zweite Kind gibt sich Mühe, aber man hört nur ein dumpfes Prusten und Röhren, einige Kinder lachen sogar, aber ich vermute, daß Lo und Lu nicht einmal lächeln. Kurz schaue ich zu ihnen auf, ich sehe Los mitleidiges Starren in die Manege und Lus traurigen Blick, mein Gott, denke ich, so schnell gehe ich mit ihnen nicht mehr in einen Zirkus, als ich den Finger sehe, der genau auf mich deutet, ein Zeigefinger ist es, und er deutet aus der Manege auf mich.

Jetzt muß mir ein Erwachsener helfen, höre ich den kleinen Clown sagen, und dann sehe ich, wie er zu mir kommt und sich elegant vor mir verbeugt. Er legt die Hände flehend zusammen, als wollte er mich inständig bitten, und dann streckt er eine Hand aus, um mir über die Umrandung zu helfen.

Moment bitte, möchte ich sagen, aber der kleine Clown will nicht warten, sondern zieht mich, wie ich befürchtet hatte, zu sich in die Manege, wo ich nach drei, vier Schritten mit einem Paar offener Schuhe, deren Schuhriemen lose herumbaumeln, ankomme.

Mit diesem Paar offener Schuhe bin ich verloren, denke ich, denn mit diesem Paar bin ich selbst ein Clown. Der kleine Clown wird keinen anderen Clown neben sich dulden, daher wird er meine halbe Clowns-Existenz auslöschen, was ihm gewiß nicht schwerfallen wird.

Der kleine Clown hat meine offenen Schuhe aber zum Glück noch nicht bemerkt, er tänzelt noch durch die Manege, er führt noch einmal seine Trompete spazieren, so daß ich den kurzen Moment nutze, um mir die Schuhriemen zu schnüren. Als ich mich aber in die Hocke begebe, steht Lu neben mir.

Pappa, sagt Lu, komm schnell hier raus.

Aber Lu, sage ich, geh zurück auf deinen Platz, ich spiele nur kurz mit dem lieben Clown.

Der Clown ist nicht lieb, sagt Lu und zieht mich am Ärmel.

Setz dich auf deinen Platz, Lu, sage ich, ich komme gleich wieder zurück.

Da aber hat der kleine Clown uns gesehen.

Ah, sagt er und eilt sofort heran, wen haben wir da? Der kleine Mann vermißt wohl seinen Pappa? Wie heißt er, der kleine Mann?

Er heißt Lu, sage ich schnell, doch ich sehe gleich, daß der kleine Clown nicht mit mir, sondern mit dem kleinen Mann sprechen will.

Der kleine Mann sagt mir selbst, wie er heißt, sagt der kleine Clown, und ich beginne, seine überholten Spiele zu hassen.

Wie heißt du, fragt der kleine Clown noch einmal nach, doch Lu antwortet nicht. Er steht vielmehr neben mir und hält mich so am Ärmel, daß es beinahe so aussieht, als beschützte er mich.

Ah, der kleine Mann will mit mir nicht reden, wackelt der kleine Clown mit dem Kopf, und ich denke, wenn du jetzt ein einziges falsches Wort sagst, setze ich dich in den nächstbesten Mistfladen, und ich schwöre dir, dann haben wir endlich alle etwas zum Lachen.

Lu aber starrt den kleinen Clown nur feindselig an, und als der kleine Clown sich herabbeugt und ihm eine Hand entgegen streckt, streckt Lu ihm die seine entgegen und greift nach der Trompete.

Ah, sagt der kleine Clown wieder, der kleine Mann will mir helfen, das ist aber fein.

Ich sehe Lu plötzlich sehr nahe, er macht sich von mir los und drückt die Trompete an seinen Bauch. Wenn jetzt irgendwas schief geht, denke ich, kommt dieser Clown nicht mehr heil hier raus, doch dann denke ich weiter, was soll denn schiefgehen, was treibt dich die ganze Zeit eigentlich um? Es ist das hellrote Licht und die kreisrunde Manege, sage ich mir, das alles verfremdet die Szene, und man wird darüber zu einem Pferd, das die Peitsche spürt, oder zu einer Seiltänzerin, die von zwei Männern gejagt wird. Ja, wirklich, es stimmt, das bloße Stehen in der Manege verändert einen sofort, man kann nicht mehr ruhig stehen, sondern muß sich bewähren, man nimmt Haltung an oder stolpert komisch umher, schon das Sägemehl läßt einen ja stolpern und herumtappen, das ist sein ganzer Zweck. Ich hätte nie in diese Manege gehen dürfen, denke ich noch, schon das hellrote Licht signalisiert die Gefahr, doch jetzt bin ich eingetaucht in diese brennende Zone und reiße Lu noch mit hinein.

Es ist aber nichts mehr zu machen, denn der kleine Clown deutet nun auf die Trompete, und während ich noch überlege, ob ich sie Lu abnehmen soll, steht plötzlich Lo neben mir und zupft mich am Ärmel.

Ah, sagt der kleine Clown, jetzt kommt auch noch die Schwester, um dem kleinen Mann zu helfen, der gekommen ist, seinem Pappa zu helfen, der gekommen ist, mir zu helfen.

Bravo, denke ich, nicht einmal schlecht, aber paß auf, was du sagst, kleiner Clown.

Wie heißt denn du, fragt der kleine Clown Lo jetzt sehr freundlich, und Lo geht einen Schritt auf ihn zu und antwortet, ich heiße Lo.

Bravo, sagt der kleine Clown, Lo kann ja sprechen, dann darf auch sie es einmal versuchen, jeder von euch hat noch einen Versuch und zum Schluß dann der Pappa.

Lu schaut jetzt Lo an, dann gibt er die Trompete sofort an sie weiter. Lo nimmt sie und zögert nicht umständlich oder lange, sondern setzt sie an den Mund und macht sogar einige Faxen, so, wie sie der kleine Clown noch eben gemacht hat.

Dann bläst sie in das Mundstück, und dann bläst auch Lu, und beide tänzeln ein wenig um den kleinen Clown und den Pappa herum, jetzt kommt es auf dich an, denke ich, während man im Zuschauerraum bereits lacht und auch klatscht, jetzt kommt es auf dich an, denke ich weiter, als ich bemerke, daß der kleine Clown sich zu mir herabbeugt und mir zuflüstert: Drücken Sie sanft auf den obersten Knopf.

Ich nicke stumm, und dann nehme ich mir die Trompete und blase kräftig hinein, während ich sanft auf den obersten Knopf drücke, und es trompetet durchs ganze Zelt, daß der kleine Clown auf und davon springt und so tut, als sei er wahrhaftig erschrocken. Beifall brandet jetzt im Zuschauerraum auf, und der kleine Clown kommt auf mich zu, um mich zu umarmen, wunderbar hat mir der Pappa geholfen, schluchzt er theatralisch, meine Trompete spielt wieder, hört, wie meine Trompete jetzt spielt.

Wir treten alle einen Schritt zurück an die Umrandung der Manege, denn der kleine Clown spielt jetzt im Scheinwerferlicht, und als er fertig ist, klatscht das ganze Zelt, und wir drehen hinter dem voranmarschierenden Clown noch eine Ehrenrunde.

Willst du mir jetzt sagen, wie du heißt, fragt der kleine Clown dann noch einmal Lu, aber Lu sagt: Drücken Sie sanft auf den obersten Knopf.

Was hast du gesagt, fragt der Clown, aber da greift Lu noch einmal nach der Trompete und drückt sanft den obersten Knopf und bläst hinein, was das Zeug hält, und alles lacht, klatscht und feiert uns jetzt, wir vier sind jetzt eine Nummer, denke ich, als hätten wir vier zusammen geprobt, und dann nimmt uns der Clown auch gleich mit durch den Vorhang hinaus, als gehörten wir jetzt zu ihm, und als wir draußen sind, sagt er: Sie waren die Nummer, nicht ich, vielen Dank! Bitte, sage ich, es war uns ein Vergnügen, und dann verbeugen wir uns, und ich nehme Lo und Lu an der Hand, und wir spazieren davon, hinaus aus dem Zirkus, als spielten wir Charlie Chaplin und zögen auf einer einsamen Landstraße auf und davon.

Der Ernst des Lebens

Was muß ich denn alles können, fragt Lo, die im Auto hinter mir sitzt, während ich mit ihr zur Einschulungsuntersuchung fahre.

Es handelt sich nur um ein paar einfache Tests, antworte ich,

sie werden dich messen und wiegen, dann gibt es einen Hör-
und einen Sehtest, und vielleicht lassen sie dich auch ein Bild
malen.

Aber das ist ja ganz einfach, sagt Lo, muß man nichts richtig
Schweres dort machen?

Nein, sage ich, das Schwere kommt dann in der Schule, jetzt
wollen sie nur sehen, ob du auch schultauglich bist.

Bin ich schultauglich, was meinst du, fragt Lo.

Absolut, sage ich, du bist oberschultauglich, du kannst die
ersten Schultage ja kaum noch erwarten.

Na ja, sagt Lo, so wild ist es auch wieder nicht.

Ist es nicht, frage ich, aber du redest doch jeden Tag von der
Schule.

Ja, das schon, antwortet Lo, was man eben so redet.

Neinnein, sage ich, nicht was man eben so redet. du freust
Dich auf die Schule, das ist es, du freust Dich sogar sehr, das
kannst Du der Ärztin dann ruhig sagen.

Untersucht mich eine Ärztin, fragt Lo.

Ja, ich glaube schon, sage ich.

Aber ich bin nicht krank, sagt Lo.

Natürlich nicht, sage ich, du bist nicht krank und du warst
nicht krank, im Grunde warst du in Deinem ganzen bisheri-
gen Leben kaum einige Tage krank.

Ich hatte nur manchmal Grippe, sagt Lo, und Husten, und
Schnupfen, und Windpocken, die hatte ich auch, und dicke
Beulen, weißt du noch, wie ich die ganz dicke Beule am Knie
hatte?

Das ist längst vorbei, sage ich, vorbei und vergessen, du warst
im Grunde jahrelang völlig gesund.

Aber ich habe es nicht vergessen, sagt Lo, ich erinnere mich
sogar sehr gut.

Ja, ich weiß, sage ich, nur wollen wir es jetzt für einige Stunden vergessen, damit die Ärztin nicht denkt, du seist nur
krank gewesen.

Ich war nicht immerzu krank, sagt Lo, wirklich nicht.

Aber auf gar keinen Fall, sage ich.

Nur manchmal ein bißchen, sagt Lo.

Nur ganz selten ein klein wenig, sage ich, und dann ist es soweit, und wir betreten das große Gesundheitsamt an der dicht befahrenen Straße.

Nehmen Sie bitte im Wartezimmer Platz, sagt eine junge, freundliche Frau und zeigt uns das Wartezimmer. Im Wartezimmer sitzen drei Gruppen, immer ein Kind mit einem oder zwei Elternteilen, in einem Fall ist anscheinend sogar noch eine Oma dabei. Die drei Gruppen sitzen still, niemand redet ein Wort, alles wirkt sehr bedrückend, und die Anspannung erscheint so groß, als sollten die Kinder gleich hingerichtet werden.

Diese Stille ist furchtbar, denke ich, sie macht den Kindern ja Angst, am besten, du fängst sofort an, diese Stille in ein leises Parlando zu überführen.

Da sind wir, sage ich, aber Lo antwortet nicht.

Siehst du, sage ich, es sind noch andere Kinder da, aber Lo nickt nicht einmal.

Kinder mit ihren Eltern, sage ich und lächle versuchsweise in die Runde.

Tut es sehr weh, fragt Lo.

Aber nein, sage ich, es tut überhaupt nicht weh.

All das Messen, Wiegen und die vielen Tests, das tut sicher weh, sagt Lo.

Auf keinen Fall, sage ich, außerdem bin ich dabei, da kann gar nichts passieren.

Hast du Pflaster dabei, fragt Lo.

Pflaster brauchen wir nicht, sage ich, es geht alles vollkommen schmerzlos. Am besten ist, du zeichnest schon einmal eine kleine Zeichnung, dann freut sich die Ärztin.

Jetzt gleich, fragt Lo.

Ja, sage ich, am besten jetzt gleich. Hier ist ein Blatt, und hier sind die Stifte, fang einfach mal an.

Was soll ich denn zeichnen, fragt Lo.

Was du willst, sage ich, was Ddir Spaß macht, du hast ja immer so gute Ideen.

Aber jetzt fällt mir nichts ein, sagt Lo.

Daß dir nichts einfällt, ist noch nie vorgekommen, sage ich.

Dann kommt es eben jetzt vor, sagt Lo.

Nein, sage ich, warum denn gerade jetzt? Sonst hast du tausend Ideen und malst Bild für Bild.

Mir fällt jetzt einfach nichts ein, sagt Lo.

Dann mal dieses Zimmer, sage ich, wie wir alle hier warten.

Das ist langweilig, sagt Lo.

Mal es für mich, sage ich, zur Erinnerung.

Willst du es einkleben, fragt Lo.

Ja, sage ich, ich klebe es in mein Tagebuch ein.

Gut, sagt Lo, wenn es so ist, male ich dir eben das Bild.

Als Lo zu zeichnen beginnt, kramt auch ein anderes Elternpaar ein Blatt und Zeichenstifte hervor. Noch immer spricht aber niemand, nur manchmal flüstert ein Erwachsener einem anderen Erwachsenen etwas Knappes, Andeutendes zu. Hast du die Parkuhr bedient, höre ich, und die Antwort ist ›Ja‹. Fährst du mich noch zur Wäscherei, höre ich, und die Antwort ist ›Klar‹.

Zum Glück leert sich das Zimmer recht schnell. Schon nach wenigen Minuten ist Lo dran, die ersten Untersuchungen finden in einem hellen, klinischen Raum statt. Eine ältere Frau in weißem Kittel begrüßt Lo, fragt, ob ich der Vater sei, und läßt uns vor ihrem Untersuchungstisch Platz nehmen.

Du heißt Lo, fängt sie an.

Ja, sagt Lo, ich heiße Lo.

Ein schöner, ungewöhnlicher Name, lächelt sie.

Ihr Bruder heißt Lu, sage ich, Lo und Lu, das geht leicht von der Zunge.

Ist das Ihr Ernst, tut sie erstaunt.

Mein völliger Ernst, Frau Doktor, sage ich, Lo und Lu, Lu und Lo, meine Frau und ich haben lange darüber gebrütet, das kann ich Ihnen sagen.

Interessant, wiegelt sie ab.

Die knappen Namen ergeben ein vokalisches Klingen, Frau Doktor, sage ich, außerdem garantieren sie eine temporeiche Kommunikation. Ich verstehe die Eltern nicht, die ihre Kinder Konstantinos oder Sarakalunda nennen, bis man so einen Namen ausgesprochen hat, ist ja die halbe Kindheit vorbei.

Sarakalunda, fragt sie nach, gibt es so etwas?

Im Kindergarten meiner Tochter gibt es eine Sarakalunda, sage ich, sie wird aber längst Sara gerufen, was den Eltern allerdings angeblich nicht recht ist.

Nun gut, antwortet sie, wie auch immer ... Hat Lo schwerere Krankheiten gehabt?

Nein, Frau Doktor, antworte ich, keine einzige. Es ist alles vollkommen in Ordnung, sie ist gesund, war gesund und wird es auch hoffentlich bleiben.

Masern, Mumps, Röteln, hakt sie nach.

Windpocken, sagt Lo, ich hatte mal Windpocken und diese Beulen, manchmal hatte ich dicke Beulen.

Beulen, fragt die Ärztin, welche Beulen?

Nichts von Bedeutung, sage ich, kleinere Beulen am Knie, winzige, völlig unbedeutende Beulen, der Rede nicht wert.

Allergien, fragt die Ärztin weiter, ist Lo allergisch?

Nicht im geringsten, sage ich.

Allergisch vielleicht gegenüber bestimmten Nahrungsmitteln oder Insekten oder Medikamenten, fragt sie weiter.

Auch das nicht, antworte ich, Lo ist einfach rundum gesund.

Ist sie unruhig, zappelig oder umtriebig, fragt sie.

›293‹

Wo denken Sie hin, antworte ich, Lo ist die Ruhe selbst.

Hört Lo manchmal nicht zu, wenn Sie etwas mit ihr besprechen, macht sie weiter.

Sie ist immer ganz Ohr, sage ich, vollkommen Ohr, ich führe das auf den Musikunterricht zurück, den sie seit zwei Jahren erhält.

Treibt sie Sport, fragt sie noch.

Sie fährt Rad, schwimmt, turnt, sie klettert und klimmt, antworte ich.

Sie klettert und klimmt, fragt sie zurück.

Ja, sage ich, in der Nähe unseres Hauses gibt es einige steile Felsen und sogar einige Höhlen, Bärenhöhlen, wenn Sie verstehen, was ich jetzt meine.

Ich verstehe Sie, ehrlich gesagt, nicht ganz, antwortet sie.

Es sind Höhlen, in denen die Bären schlafen, sagt Lo, sie wetzen da ihre Krallen, man kann die Spuren sehen, wenn man darauf wartet, daß Ali-Baba vorbeigeht.

Lo ist wohl sehr phantasievoll, fragt die Ärztin.

Sie ist voller Phantasie, antworte ich, aber doch auch nicht zu voll, ich meine, sie ist nicht überdreht, wenn Sie das meinen, ich will sagen: Sie kann Phantasie und Realität durchaus trennen.

Na schön, sagt die Ärztin, dann wird Lo jetzt noch gewogen und auch gemessen, und dann bekommt sie von mir ein Blatt Papier und malt ein schönes Haus und einen Baum.

Das wird ihr Spaß machen, sage ich, sie ist nämlich eine wirklich begabte Zeichnerin, ganz ausgezeichnete Bilder zeichnet sie ohne jede Anleitung, die sollten Sie einmal sehen.

Ich werde ja gleich Gelegenheit dazu haben, antwortet sie, und es klingt, wie ich finde, etwas spitz.

Lo wird gewogen und auch gemessen, dann werden wir in einen Nebenraum geführt, wo Lo ihre Zeichnung anfertigen soll.

Ein schönes Haus und einen Baum, sage ich, das ist ja ganz leicht, hier sind die Stifte, nun leg los.

Ein großes Haus oder ein kleines, fragt Lo.

Irgendein Haus, sage ich, groß oder klein spielt keine Rolle.

Und was für einen Baum, fragt Lo, einen bestimmten oder irgendeinen.

Keinen bestimmten, antworte ich, einfach irgendeinen.

Also irgendein Haus und irgendeinen Baum, fragt Lo weiter.

Was fragst du denn so, frage ich, du fragst doch sonst nicht so genau, sondern legst einfach los.

Mein Bild wird der Frau nicht gefallen, sagt Lo.

Wie kommst du denn darauf, frage ich, natürlich wird dein Bild ihr gefallen, kaum ein Kind zeichnet schließlich so ausgezeichnet wie du.

Das sagst ja nur du, daß ich ausgezeichnet zeichne, sagt Lo, die Erzieherinnen sagen es zum Beispiel nicht.

Die Erzieherinnen dürfen so etwas auch gar nicht sagen, sage ich, sonst sind die anderen Kinder traurig, daß sie nicht auch gelobt werden.

Vielleicht lobst du mich ja auch zuviel, sagt Lo.

Nein, sage ich, ich lobe dich gerade richtig, aber was soll das, wovon sprechen wir, leg doch einfach los, ein schönes Haus und einen Baum.

Auf dem Tisch liegen einige Blätter beratendes Material, ich nehme die Blätter an mich und tue so, als begänne ich, darin zu lesen. Ich muß jetzt still sein und doch konzentriert, sage ich mir, meine Konzentration kann sich dann leicht auf Lo übertragen. Auf keinen Fall darf ich ihr dreinreden oder sie sonst anzuleiten versuchen, sie bewältigt eine solche Aufgabe mühelos von ganz allein. Nur einen kurzen Blick werde ich ab und zu auf ihre kleine Skizze werfen, um meine Anteilnahme zu dokumentieren und nicht gleichgültig zu erscheinen.

Warum malst du das Haus denn so klein, frage ich nach dem ersten kurzen Blick.

Es ist eben ein kleines Haus, antwortet Lo.

Kleiner als der danebenstehende Baum, frage ich.

Ja, sagt Lo, viel kleiner.

Ich finde den Baum etwas zu groß, sage ich, er überragt das kleine Haus ja um das Vielfache.

Soll ich den Baum ausradieren, fragt Lo.

Nein, sage ich, ausradieren ist ganz schlecht, das verdirbt nur den Eindruck.

Soll ich das Haus größer machen, fragt Lo.

Wie soll das gehen, frage ich, du hast das Dach ja schon gemalt.

Ich setze einfach noch ein zweites Dach drauf, sagt Lo.

Nein, sage ich, um Gottes willen, ein Haus mit zwei Dächern, das macht keinen sehr guten Eindruck. Herrgott, warum hast du nicht solche Häuser gemalt, wie du sie sonst immer malst? Noch nie hast du so ein kleines, unscheinbares Fitzliputzli-Häuschen gemalt.

Weil du gesagt hast, irgendein Haus, antwortet Lo, ich male sonst nie irgendein Haus, sondern nur ganz bestimmte Häuser, zum Beispiel unser Haus oder das Haus von Tine.

Weißt du was, sage ich, du malst einfach noch ein kleines Mädchen zwischen das Haus und den Baum, genau in die Mitte. Dann fällt es nicht so auf, wie klein das Haus und wie groß der Baum ist.

Irgendein Mädchen, fragt Lo, oder doch ein bestimmtes?

Ein bestimmtes, sage ich, am besten du malst einfach dich selbst.

Oh, sagt die Ärztin, als sie das Bild wenig später betrachtet, das ist aber wirklich ein sehr schönes Bild.

Das Haus ist zu klein, und der Baum ist zu groß, antwortet Lo, deshalb habe ich mich noch dazwischen gemalt.

War das deine Idee, fragt die Ärztin.

Letztlich war es ihre Idee, falle ich ein, aber wir haben uns kurz darüber verständigt.

Es war Pappas Idee, sagt Lo, aber wir haben uns darüber verständigt.

So war das also, sagt die Ärztin und schaut mich an, als hätte ich gerade ein Verbrechen begangen.

Lo ist einfach daran gewöhnt, dies und das mit mir zu besprechen, sage ich, damit kann man nicht von heute auf morgen aufhören.

Natürlich nicht, sagt die Ärztin und lächelt auf eine Art, die mir nicht sehr gefällt.

Haben Sie etwas auszusetzen an Los Bild, frage ich, um dieses Lächeln zu unterlaufen.

Schau mal, Lo, sagt sie, als ignorierte sie mich, du hast etwas vergessen. Bei dem kleinen Mädchen, das du gemalt hast, fehlt noch etwas Wichtiges.

Was soll denn fehlen, frage ich, es ist doch alles dran, Kopf, Bauch, Hände, Füße, sogar die Zöpfe sind ganz deutlich zu sehen.

Schau mal hin, Lo, macht sie weiter, als ignorierte sie mich jetzt erst recht, es fehlt etwas sehr Wichtiges.

Augen, Nase, Mund, alles da, sage ich, die Ohren sind unter den Zöpfen versteckt, wenn Sie die Ohren meinen.

Es fehlen die Finger, sagt Lo, ich habe die Finger vergessen.

Bravo, sagt die Ärztin, es geht also auch ohne Hilfe.

Reg dich jetzt nicht auf, sage ich mir, diese Ärztin hat es auf einen Machtkampf mit dir angelegt. Letztlich kannst du bei so etwas nur den kürzeren ziehen. Tue so, als bemerktest du nichts, oder versuche, die angespannte Situation durch einen kleinen Scherz zu entkrampfen. Vor allem aber solltest du ruhiger werden, du bist ja noch aufgeregter als Lo, die das alles ohne dich wahrscheinlich sehr leicht bewältigen würde.

Warum mischst du dich auch dauernd ein, warum läßt du diese Ärztin nicht einfach gewähren? Lehne dich etwas zurück, zeig demonstrativ, wie gelassen du bist, das dürfte sie überzeugen.

Ich lehne mich zurück, ich schlage ein Bein übers andere, ich blättere etwas in dem beratenden Material, auf dem sie einem lauter ärztliche Hilfestellungen für die schlimmsten Krankheiten anbieten, ich zeige demonstrativ, wie gelassen ich bin.

In meinem Innern aber brodelt es so, daß ich bei dem Hörtest, den Lo gerade hinter sich bringt, wahrscheinlich lauter Fehler machen würde. Lo aber hört gut, sie unterscheidet tiefe und hohe Töne, und sie hüpft dann ganz leicht über einen geraden Strich auf dem Boden, den ich von einem kurzen Test anläßlich einer Führerscheinkontrolle her ebenfalls kenne.

Es ist phantastisch, denke ich, wie leicht und souverän Lo sich hier bewährt. Sie hört wie ein Luchs, sie hüpft wie ein Eichhörnchen, und sie kann Zahlenreihen nachsprechen, an deren Länge andere Kinder wahrscheinlich hoffnungslos scheitern. Im Grunde ist so ein Einschulungstest eine sehr gute Sache, denke ich weiter, denn erst jetzt wird man gewahr, was Lo alles kann und wie gut sie auf den Ernstfall vorbereitet ist.

Als die Tests vorbei sind, erhebe ich mich langsam von meinem Platz und nicke der Ärztin noch einmal freundlich zu.

Sind Sie zufrieden, frage ich.

Ja, sagt sie, es ist alles in Ordnung.

Alles in Ordnung, sage ich, das trifft es nach meinem Dafürhalten nicht.

Wieso denn nicht, fragt sie.

Ich finde, es war ganz außergewöhnlich, sage ich, hervorragend und außergewöhnlich. Oder hatten Sie einen anderen Eindruck?

Nein, sagt sie, es war alles in Ordnung, bestens, ich bin zufrieden.

Komm, Lo, wir gehen, auch Loben will anscheinend gelernt sein, antworte ich, und dann geben wir der Ärztin kurz und entschlossen die Hand und wollen hinaus.

Moment noch, sagt die Ärztin, Lo darf ihr Bild mitnehmen, zur Erinnerung an diesen Morgen.

Danke, sage ich knapp und wende mich wieder ab.

Das Bild ist übrigens ganz außergewöhnlich, sagt die Ärztin, und ich wende mich ihr wieder zu.

Finden Sie, frage ich ruhig, zu Hause hat sie noch viel bessere Bilder gemalt.

Mag sein, antwortet die Ärztin, es ist dennoch ganz außergewöhnlich. Und wissen Sie auch warum?

Meinen Sie die kompositorischen Qualitäten, frage ich, das kleine Haus, das etwas größere Mädchen, der sehr große Baum, diese Staffelung ist schon außergewöhnlich.

Nein, sagt die Ärztin, das meine ich nicht.

Dann bin ich aber gespannt, sage ich, ich weiß nicht, was Sie meinen.

Es sind drei Blumen auf dem Bild, sagt die Ärztin.

Ah, das meinen Sie, antworte ich, und diese drei Blumen finden Sie außergewöhnlich.

Ja, sagt die Ärztin, weil es nämlich nicht irgendwelche Blumen sind.

Sind sie das nicht, frage ich und schaue mir das Bild genauer an. Sie haben recht, sage ich, es sind erkennbare Blumen.

Ja, sagt die Ärztin, zwei Tulpen und ein Vergißmeinnicht, ganz deutlich, in allen Einzelheiten.

Sie haben schon wieder recht, sage ich, zwei Tulpen, ein Vergißmeinnicht, sehr detailliert.

Sehen Sie, sagt die Ärztin und lächelt jetzt so, daß mir ihr Lächeln über die Maßen gefällt, dieses Detaillierte ist außergewöhnlich, Kinder verwenden im allgemeinen in diesem Alter noch keine Sorgfalt auf die Details.

Sie haben völlig recht, antworte ich, im allgemeinen verwenden Kinder darauf keine Sorgfalt, höchstens in besonderen Fällen. In Los besonderem Fall kommt die Besonderheit daher, daß Lo schon eine recht gut Botanikerin ist, Sie sollten sie sehen, wie sie sich für Blumen begeistert, sie kümmert sich beinahe liebevoll um die kleinsten Blumen in unserem weiten Gartengelände.

Das dachte ich mir, sagt die Ärztin und bringt uns zur Tür.

Lo ist ein sehr aufgeschlossenes Mädchen, sagt sie zum Abschied, so daß ich mich zwingen muß, sie zum Schluß nicht zu umarmen.

Draußen aber ist mir nach Laufen, nach schnellem Rennen, nach Sprinten und Eilen, und so nehme ich Lo fest an der Hand, und dann laufen, rennen, sprinten und eilen wir so schnell wir nur können, als müßten wir die ganze Anspannung auf einmal aus uns herauslaufen.

Als wir erschöpft sind, sagt Lo: Die Ärztin war nett, findest du nicht auch?

Sie war einfühlsam und großartig, sage ich, da hatten wir Glück.

Ich habe es ihr lieber doch nicht gesagt, sagt Lo.

Was hast du ihr nicht gesagt, frage ich.

Es sind gar keine Tulpen, und es ist auch kein Vergißmeinnicht, antwortet Lo.

Natürlich nicht, sage ich, das hatte ich mir schon gedacht.

Es ist eine Dahlie, eine Lilie und Blaukissen, wie bei uns, im vorderen Beet, antwortet Lo.

Natürlich, sage ich, wie bei uns im vorderen Beet.

Du hast es gewußt, fragt Lo.

Selbstverständlich, sage ich, aber es wäre nicht gut gewesen, es der Ärztin zu sagen und sie zu verbessern.

Nein, sagt Lo, dann hätte sie ja nichts wiedererkannt.

Genau, sage ich, und dann fangen wir plötzlich lauthals an zu lachen und laufen noch einmal, so schnell wir nur können, eine kleine Strecke zu zweit.

Lu verschwindet

Wo ist Lu, frage ich Lo, aber sie zuckt nur mit den Schultern.

Wo ist Lu, frage ich ein zweites Mal, aber Lo antwortet nur: Eben stand er noch hier.

Wo ist Lu, frage ich aufgeregt, es kann doch nicht sein, daß er einfach verschwunden ist, aber Lu ist nicht zu sehen, anscheinend ist er wirklich verschwunden.

Es ist Samstag früh, wir befinden uns auf dem großen Wochenmarkt vor dem Rathaus, eben habe ich ein Kilo Tomaten gekauft und meine Geldbörse aus der Gesäßtasche gezogen, da ist Lu, ohne auf uns zu achten, weitergegangen und im Menschengetümmel verschwunden.

Lo, rufe ich, warum hast du denn nicht auf Lu geachtet? Ihr standet doch die ganze Zeit dicht nebeneinander.

Ich weiß nicht, sagt Lo und beginnt zu weinen, ich habe einen kleinen Moment nicht nach Lu geschaut.

Das gibt es doch nicht, rufe ich laut, Lu ist verschwunden, das ist doch unmöglich, eben stand er doch noch dicht neben uns.

Was haben Sie denn, fragt der Tomatenverkäufer.

Lu ist verschwunden, sage ich, eben stand er noch hier, hier, neben Lo, Sie haben ihn doch sicher auch noch gesehen.

Nein, sagt der Tomatenverkäufer, nicht daß ich wüßte, aber Ihre Tochter, die habe ich gleich gesehen.

Es geht nicht um meine Tochter, es geht um Lu, sage ich und rufe so laut ich kann: Lu ..., wir sind hier.

Wie alt ist er, fragt der Tomatenverkäufer.

Er wird bald fünf, sage ich.

Ein bißchen jung, um verlorenzugehen, sagt der Tomatenverkäufer.

Mein Gott, antworte ich, das weiß ich selbst. Meinen Sie, es wäre mir recht, daß er verschwunden ist?

Das ist die Eile, sagt der Tomatenverkäufer, die verdammte Hast, die meisten Leute nehmen sich kaum noch Zeit, über den Markt zu gehen.

Was hat das denn mit Lus Verschwinden zu tun, sage ich, wir waren weder eilig noch hastig, ich habe lediglich Ihre Tomaten bezahlt, und in diesem Moment ist Lu verschwunden.

Eben, sagt der Tomatenverkäufer, weil es hier zu hastig zugeht, weil keiner mehr einen Augenblick ruhig stehenbleiben kann.

So ein Unsinn, sage ich, Lu ist die Ruhe selbst, Sie sollten einmal sehen, wie ruhig er ist.

Wie soll ich das sehen, sagt der Tomatenverkäufer, schließlich ist er ja verschwunden.

Komm, Lo, mit diesem Trottel reden wir nicht weiter, sage ich, wir müssen Lu auf dem ganzen Markt suchen, irgendwo muß er ja sein.

Überlegen Sie gut, was Sie sagen, sagt der Tomatenverkäufer, ich habe meine Kinder jedenfalls noch nie verloren.

Komm, Lo, sage ich, gehen wir, Tomaten haben wir hier zum letzten Mal eingekauft.

Der Wochenmarkt ist ein Markt mit vielen Ständen und lauter schmalen geraden Wegen, die an den Ständen entlang führen. An diesem Samstagmorgen sind die schmalen Wege überfüllt, und vor den Ständen stehen dichte Trauben von Menschen, um sich mit Gemüse und Obst zu versorgen.

Laß uns jetzt einmal ruhig nachdenken, sage ich zu Lo, wo, meinst du, könnte Lu denn jetzt sein?

Ich weiß nicht, sagt Lo und beginnt wieder zu weinen.

Wein jetzt nicht, sage ich, das bringt uns nur durcheinander.

Laß uns lieber genau hinschauen, vielleicht steht Lu selbst irgendwo weinend herum und wartet auf uns.

Der arme Lu, sagt Lo und weint weiter.

Lo, sage ich, wenn du so weinst, muß ich am Ende auch weinen, und dann weinen wir beide, und Lu weint vielleicht auch, dann macht das Weinen uns noch alle verrückt und führt am Ende nur dazu, daß wir einander nicht sehen.

Lo greift nach meiner Hand, und als ich sie halte, spüre ich, wie kalt sie ist. Lu ist verschwunden, denke ich, und es ist meine Schuld. Ich hätte ihn im Auge behalten müssen, aber ich habe versagt.

Wir müssen die Mamma anrufen, sagt Lo.

Auf keinen Fall, sage ich, die Mamma rufen wir auf keinen Fall an. Erst suchen wir weiter, und erst wenn wir Lu gefunden haben, sagen wir es der Mamma.

Und wenn wir ihn nicht finden, fragt Lo.

Wir finden ihn, sage ich, wir müssen ihn finden.

Wir gehen den ganzen Wochenmarkt ab, Reihe für Reihe, aber Lu bleibt verschwunden. Als wir einmal durch sind, überfällt mich plötzlich die große Angst. Lu ist fort, denke ich, Lu ist wahrhaftig fort. Ich sehe ihn allein eine dicht befahrene Straße entlang gehen, er geht, ohne sich umzuschauen, er geht geradeaus, immer weiter, ich sehe Lu gehen, als ginge er weit von uns fort und hörte nicht mehr auf, von uns fortzugehen.

Mein Herz klopft so stark, daß ich stehenbleiben muß. Mein Gott, sage ich, Lu ist wahrhaftig verschwunden.

Jetzt fang nicht an zu weinen, Pappa, sagt Lo, die nun meine Hand hält.

Nein, sage ich, ich fange nicht an zu weinen, ich habe nur große Angst.

Ich auch, sagt Lo, komm, wir gehen noch einmal durch alle Reihen.

Ja, sage ich, das tun wir, er muß doch irgendwo stehen, wieso steht er denn nicht irgendwo, er kann sich doch denken, daß wir ihn suchen, aber wie sollen wir ihn finden, wenn er nicht irgendwo steht? Was würdest du denn machen, frage ich Lo, wenn du uns nicht mehr fändest?

Ich würde zurück zum Auto gehen, sagt Lo.

Das ist *die* Idee, sage ich, natürlich, das ist vernünftig. Lu ist sicher zurück zum Auto gegangen, es sind ja nur ein paar hundert Meter bis hinüber zum Parkhaus.

Ja, sagt Lo, sicher steht Lu jetzt neben unserem Auto, er steht doch oft so daneben, wenn er im Parkhaus vorausgelaufen ist.

Er wartet immer neben dem Auto, sage ich, jedes Mal, es ist ein Spiel, daß er vorausläuft und dann neben dem Auto steht. Komm, Lo, sage ich, ein wenig erleichtert, Lu wartet sicher an unserem Auto.

Als wir das Auto in der Tiefgarage des Parkhauses erreichen, sehen wir gleich, daß Lu dort nicht wartet. Blaß und staubig steht das Auto da, es macht einen hoffnungslos vereinsamten Eindruck. Lo und ich gehen langsam um es herum, obwohl doch längst klar ist, daß wir Lu hier nicht finden.

Vielleicht hat er sich ja versteckt, sagt Lo.

Nein, sage ich, diesmal bestimmt nicht. Lu versteckt sich zwar sonst gerne, aber diesmal wird er keine Freude daran haben, sich zu verstecken.

Der arme Lu, sagt Lo, wo er bloß ist?

Lo, bitte, sage ich, sag nicht immer ›Der arme Lu‹, das macht alles nur schlimmer.

Wenn er wieder da ist, schenke ich ihm etwas Schönes, sagt Lo, wieder kurz vor den Tränen.

Er ist bald wieder da, sage ich, er muß ja bald wieder da sein, ohne Lu geht es ja nicht.

Was geht nicht ohne Lu, fragt Lo da.

Ohne Lu, sage ich und komme mit dem Reden nicht weiter.

Pappa, fragt Lo, was ist?

Nichts, sage ich, mir ist nicht gut. Wenn wir Lu nicht mehr finden, ist es aus.

Was ist dann aus, fragt Lo nach.

Ach Lo, sage ich, ich bin durcheinander, ich rede ja völlig wirr. Wir müssen uns jetzt beide beherrschen und Lu weiter suchen, es hilft alles nichts.

Wir finden ihn, Pappa, glaubst du nicht auch, fragt Lo.

Wenn er sich bloß nicht zu weit entfernt, sage ich, wenn er bloß nicht versucht, zu Fuß allein nach Hause zu gehen.

Das tut er nicht, antwortet Lo, ich weiß genau, daß er so etwas nicht tut.

Warum bist du dir da so sicher, frage ich.

Weil Lu, wenn er nicht weitergehen will, sich immer irgendwohin setzt, sagt Lo.

Da hast du recht, sage ich, wenn er bockig ist, setzt er sich immer irgendwo hin.

Lu ist nie bockig, sagt Lo.

Nein, sage ich, ist er natürlich nicht, ›bockig‹ ist jetzt das falsche Wort.

Wir gehen zum Markt zurück und beginnen, die schmalen Reihen noch einmal abzusuchen. Je mehr Zeit vergeht, um so schlimmer wird es, denke ich, hoffentlich ist er nicht zur Hauptstraße hin abgebogen. Am Ende hat ihn irgendein Schurke aufgegabelt, nein, ich darf so etwas nicht denken. Lu, denke ich, laß jetzt die Scherze, Lu, komm bitte sofort zurück. Lu, fängt da Lo an zu murmeln, Lu, komm jetzt zurück. Lu, wir haben jetzt lange genug nach dir gesucht, Lu, bitte komm!

Ich weiß nicht mehr weiter, sage ich, wir sollten zur Polizei gehen, die Wache ist ganz in der Nähe.

Vielleicht wartet Lu da, sagt Lo, vielleicht hat ihn jemand zur Wache gebracht.

Natürlich, sage ich, wohin denn sonst? Irgend jemand hat Lu bestimmt entdeckt, wie er allein irgendwo stand. Komm, wir laufen zur Wache!

Als wir die Wache betreten, erkenne ich am Blick des Beamten sofort, daß Lu hier nicht ist.

Lu ist verschwunden, sage ich, wir suchen ihn schon seit zwei Stunden.

Beruhigen Sie sich, sagt der Beamte, jeden Samstag verschwinden auf dem Markt zwei, drei Kinder, und jeden Samstag landen sie irgendwann hier auf der Wache.

Das mag sein, antworte ich, es beruhigt mich aber nicht.

Setzen Sie sich, sagt der Beamte, trinken Sie ein Glas Wasser, ich benachrichtige meine Kollegen, die die Umgebung absuchen.

Ich kann mich nicht setzen, antworte ich, es geht einfach nicht. Es ist immer dasselbe, sagt der Beamte, und es hört sich an, als hielte er einen für einen Wirrkopf.

Wie alt ist der Junge, fragt der Beamte.

Beinahe fünf Jahre, sage ich.

Und wie groß ist er, fragt er weiter.

Außergewöhnlich groß für sein Alter, antworte ich, er sieht aus, als wäre er acht.

Und was hat er an, fragt der Beamte mit einem leichten Seufzer.

Einen blauen Anorak und eine schwarze Hose, antworte ich.

Gut, sagt der Beamte, das wär's, ich gebe es weiter.

Wollen Sie kein Protokoll aufnehmen, frage ich.

Nein, sagt der Beamte, wir finden den Jungen.

Mein Gott, sage ich, Ihre Geduld möchte ich haben.

Ja, sagt der Beamte, dazu kann ich Ihnen nur raten.

Komm, Lo, sage ich, wir suchen weiter, hier können wir ja nichts tun, und dann sage ich dem Beamten noch, daß ich jede Viertelstunde anrufen werde.

Alle halbe Stunde reicht auch, sagt er gelassen, doch ich wende mich ab und laufe mit Lo zurück auf den Markt.

Zum Glück ist Lu sehr groß für sein Alter, sage ich mir, und zum Glück ist er auch stark. Aber er ist auch zum ersten Mal ganz allein, da weiß man nicht, wie er reagiert. Lu weint selten in der Öffentlichkeit, denke ich weiter, ich kann mir nicht vorstellen, daß er sich irgendwo hinstellt und weint, das paßt einfach nicht zu ihm. Wie ich seinen blauen Anorak und die schwarze Hose jetzt im Kopf habe, es ist kaum erträglich, wie eine Halluzination! Ja, ich glaube Lu beinahe wirklich zu sehen, so sehr wünsche ich mir, daß ich ihn sehe! Aber sein Bild ist das Bild des ruhig gehenden Lu, ich sehe Lu noch immer auf und davon gehen, seit dem ersten Angstmoment ist das so, ich verstehe es nicht.

Gibt es hier irgendeinen Ort, den Lu mag oder den er gut kennt, frage ich Lo.

Den Spielwarenladen, sagt Lo.

Aber natürlich, sage ich, das ist *die* Idee, er ist in den Spielwarenladen gegangen, der liegt ja direkt am Markt.

Aber schon als wir den Spielwarenladen betreten, weiß ich, daß Lu sich auch hier nicht aufhält. Er wird nicht die Ruhe aufbringen, sich hier umzusehen, sage ich mir, das solltest du wissen. Du stellst ihn dir immer noch zu sehr als Spaziergänger vor, dabei ist er ein fünfjähriger Junge mit einer vielleicht namenlos großen Angst. Aber wohin zieht es diese Angst, was macht sie mit ihm?

Wie lange, murmle ich vor mich hin, ach, wie lange ist Lu

nun schon fort, und da behauptet dieser Beamte, daß sie ihn finden.

Der Polizist will uns nicht helfen, stimmt's, fragt Lo.

Doch, sage ich, schon, er ist solche Fälle vielleicht zu sehr gewohnt, er kann die Angst, die wir haben, nicht verstehen.

Wir müssen jetzt die Mamma anrufen, sagt Lo, es ist schon spät.

Nein, sage ich, auf keinen Fall, die Mamma rufen wir erst an, wenn Lu wieder da ist.

Aber wir können sie doch nicht den ganzen Tag warten lassen, sagt Lo.

Nein, sage ich, das können wir nicht.

In der nächsten Stunde kreisen wir weiter über den großen Markt, der gegen Mittag noch voller wird. Ich überwinde mich sogar, den Tomatenverkäufer noch einmal zu fragen, ob er Lu in der Zwischenzeit gesehen hat, aber der Tomatenverkäufer grinst nur und antwortet, er habe heute schon Hunderte von Menschen gesehen und könne sich an kaum einen richtig erinnern.

Dann rufen wir noch zwei-, dreimal bei der Polizei an, doch der Polizist erklärt nur immer wieder, daß wir uns beruhigen sollen.

Es ist vorbei, denke ich schließlich, es ist wahrhaftig vorbei, Lu bleibt verschwunden. Jetzt wird immer wahrscheinlicher, daß ihm etwas zugestoßen ist, mit jeder Minute wird das ja wahrscheinlich. Ich gehe jetzt zurück auf die Wache und verlange, daß ein Suchtrupp sich auf den Weg macht, ich lasse mir diese Kaltschnäuzigkeit nicht länger bieten.

Komm, Lo, sage ich, wir sind am Ende, wir gehen noch einmal zur Polizei.

Ich habe so furchtbare Angst, daß etwas passiert ist, sagt Lo.

Es ist nichts passiert, sage ich, es kann ja gar nichts passiert sein, Lu passiert einfach nichts.

Der Beamte grinst, als wir die Wache betreten, und ich weiß sofort, daß er mir sagen kann, wo Lu sich befindet.

Sie haben ihn, stimmt's, frage ich und plötzlich kommen mir nun doch die Tränen.

Ja, sagt er, wir haben ihn, es ist alles in Ordnung, ich habe es ihnen doch immer wieder gesagt.

Mein Gott, sage ich, wenn Sie wüßten, was in mir vorgegangen ist!

Es ist jede Woche dasselbe, sagt der Beamte, es passiert immer beim Bezahlen, wenn die Geldbörse aus der Gesäßtasche gezogen wird, achtet kein Mensch mehr auf die Kinder, immer dasselbe.

Wo ist er, frage ich, wer hat ihn gefunden?

Sie werden mir sicher nicht glauben, wenn ich es Ihnen erzähle, sagt der Beamte, aber Sie können sich ja selbst überzeugen.

Ist was passiert, frage ich.

Er sitzt im Ratskeller, sagt der Beamte, er hat sich offenbar ein Wiener Schnitzel mit Pommes frites bestellt und behauptet, sein Vater komme gleich nach. Und dann hat er alles aufgegessen und brav gewartet, bis Sie kommen.

Das ist nicht wahr, sage ich.

Ein Kollege wird Sie in den Ratskeller begleiten, sagt der Beamte, der Kellner hat uns benachrichtigt, weil das Kind nicht bezahlen konnte.

Das ist nicht wahr, sage ich.

Lu sitzt an einem Tisch und lacht, als er uns sieht. Vor ihm stehen ein leergegessener Teller und zwei leergetrunkene Gläser.

Lu, schreie ich, da bist du, mein Gott, Lu, wir haben dich ja stundenlang gesucht.

Ich euch auch, antwortet Lu, wo seid ihr denn nur geblieben? Wir wollten hier doch zu Mittag essen.

Aber Lu, schreie ich, zu Mittag essen … Wer konnte bei all der Sucherei denn noch an ein Mittagessen denken? Ich nicht und Lo nicht, kein Mensch!

Lu aber schaut uns nur freundlich an und lacht weiter, und erst als ich ihn von seinem Sitz hebe, an mich drücke und vor wilder Freude durch die Luft kreisen lasse, spüre ich, daß er sich vor heftigem Weinen zu schütteln beginnt.

Lu, sage ich, es ist ja vorbei, alles vorbei! Ich schwöre dir, das passiert uns nie wieder. Komm, stammle ich weiter, jetzt ißt du ein großes Eis, und Lo bestellt sich auch etwas zu essen, und ich …, nein, ich kann jetzt nichts essen.

Ich auch nicht, sagt Lo, höchstens ein großes Eis.

Gut, sage ich und gehe hinüber zum Kellner.

Sie haben ihn also entdeckt, frage ich ihn.

Ja, sagt er, er saß da ganz ruhig und hat sich etwas bestellt, und da ich ihn ja von früher her kenne, habe ich ihm vertraut, als er sagte, der Pappa komme gleich nach.

Stundenlang haben wir ihn gesucht, sage ich.

Er hat ganz ruhig gegessen, antwortet der Kellner, und dann hat er die Kinderspeisekarte bemalt, und als ich ihn gefragt habe, wo denn der Pappa bloß bleibt, hat er gesagt, der Pappa kommt gleich.

Hat er nicht geweint, frage ich, er muß sich so allein doch gefürchtet haben.

Nein, sagt der Kellner, er hat nicht geweint, nach außen hin war er ganz ruhig.

Mein Gott, sage ich, o mein Gott!

Und dann bestelle ich drei große Eis, und wir nehmen an Lus Tisch Platz, und es ist, als müßten wir drei jetzt hier noch einmal stundenlang sitzen, um endlich zu begreifen, daß Lu wieder da ist.

Die Entdeckung der Geologie

Im großen Museum mit seinen vielen Funden aus frühsten Zeiten schaut Lu sich die Skelette der Dinosaurier an, die auf gewaltigen Hinterbeinen stehen und ihre langen Hälse beinahe bis unters Dach recken.

Welche magst du am liebsten, fragt er mich.

Schwer zu sagen, antworte ich, ich finde sie alle nicht besonders anziehend.

Die mit den großen Rückensegeln sind doch schön, sagt Lu, die sehen beinahe aus, als trügen sie einen Fächer spazieren.

Du meinst den Spinosaurus, sage ich mit einem Blick auf eine Tafel, der Spinosaurus lebte in Afrika, und das Rückensegel diente wohl dazu, die Sonnenwärme zu speichern.

Und der hier, sagt Lu, der erinnert ein bißchen an ein riesiges Nashorn.

Ja, richtig, sage ich und orientiere mich rasch weiter, der Triceratops hatte eine Art Kopfschild und sehr scharfe Hörner, das erklärt auch seinen Namen, Triceratops heißt nämlich Dreihorngesicht.

Und das ist der größte, sagt Lu und tritt gleich zwei Schritte zurück, ich glaube, der frißt sogar Fleisch und die anderen Dinosaurier gleich mit.

Richtig, sage ich, das ist der gewaltige Tyrannosaurus Rex mit seinen sechzig Zähnen, der alle anderen Dinosaurier jagte und sie durch Blitzangriffe überraschte.

Gab es den Tyrannosaurus auch hier bei uns, fragt Lu.

Nein, sage ich, ich glaube nicht, aber so ganz sicher bin ich mir da nicht.

Gab es hier bei uns überhaupt keine Dinosaurier, fragt Lu.

Aber ja doch, antworte ich, hier steht sogar, daß man gar nicht weit von unserem Haus entfernt fossile Spuren gefunden hat.

›311‹

Was sind fossile Spuren, fragt Lu und schaut mich an.

Fossile Spuren sind versteinerte Knochen oder Zähne oder Abdrücke, sage ich, manchmal findet man in großen Steinen noch Fußabdrücke von Dinosauriern.

Und man findet sie ganz nahe bei uns, fragt Lu nach.

Die Geologen haben sie dort gefunden, sage ich, vor vielen Jahren.

Und warum sucht jetzt niemand weiter, fragt Lu.

Weil schon alles abgesucht ist, sage ich und ahne plötzlich, warum Lu so eindringlich fragt.

Man kann aber doch gar nicht alles absuchen, sagt Lu, das kann doch keiner.

Wieso nicht, frage ich.

Das kann keiner, sagt Lu, die Erde um uns herum ist doch viel zu groß, als daß man alles absuchen könnte.

Man hat schon sehr gut gesucht, sage ich, sehr gründlich.

Aber nicht alles, sagt Lu, das gibt es doch nicht, daß man alles absuchen kann.

Nun gut, sage ich, vielleicht nicht jeden Stein und jede Erhebung, aber doch schon die wichtigsten Ecken.

Sicher haben sie zu schnell gesucht, sagt Lu, einfach zu schnell, nicht langsam genug.

Wie kommst du denn darauf, frage ich.

Ich weiß es eben, sagt Lu, und dann sagt er, worauf ich die ganze Zeit warte: Ich möchte auch suchen, und zwar langsam.

Was möchtest du, frage ich und stelle mich etwas dumm.

Dino-Knöchel suchen, sagt Lu, bei uns in der Nähe. Wo fangen wir an?

Moment mal, sage ich, wir sind keine Geologen, so etwas will gelernt sein, und für dich kommt es etwas zu früh. Wenn du fünf oder sechs Jahre älter bist, können wir solche geologischen Arbeiten angehen.

Ich warte nicht fünf oder sechs Jahre, sagt Lu, dann habe ich

›312‹

keine Lust mehr. Jetzt habe ich Lust, und deshalb gehe ich jetzt auch Dino-Knöchel suchen. Und wenn du nicht mitgehst, gehe ich eben allein.

Na gut, sage ich, wenn du unbedingt willst, machen wir einen kleinen Versuch.

Wo versuchen wir es, fragt Lu.

In der großen Schlucht, sage ich, wo man die Gesteinsschichten überblickt.

Gut, sagt Lu, dann gehen wir jetzt aus dem Museum raus und sofort nach Haus und fangen gleich an.

Zu Hause weise ich Lu darauf hin, daß die Geologen für ihre Arbeit bestimmte Spezialgeräte verwenden, aber Lu hört nicht mehr zu. Er schleppt seinen kleinen Rucksack herbei, geht in den Keller und packt ein, was er zu benötigen glaubt: Hammer, Zange, Raspel, Schraubenzieher und sogar eine Säge. Ich versuche, ihm zu erklären, was er verwenden könnte und was nicht, aber es ist, als habe er eine genaue Vorstellung davon, was ein Geologe macht.

Obwohl wir nur ein paar hundert Meter gehen, bittet er mich dann noch, etwas zu essen und zu trinken mitzunehmen, und so brechen wir mit zwei Rucksäcken zu unserer ersten geologischen Erkundungstour auf.

Bei den gut überschaubaren Gesteinsschichten in der nahen Schlucht handelt es sich um einen großen Gesteinssattel, an dem man die Faltung des Gesteins studieren kann. Ich habe kaum eine Ahnung, um welches Gestein es sich dabei handelt, nur daß der weiche, poröse, helle Stein so etwas wie Muschelkalk sein könnte, wäre immerhin möglich. Zur Sicherheit habe ich ein kleines geologisches Wörterbuch dabei, aber mir ist klar, daß ich nicht bei jedem Stein hineinschauen kann, sonst würde Lu meinen Ansichten über geologische Zusammenhänge nicht mehr vertrauen.

›313‹

Als wir in die Schlucht hineinklettern, übergibt Lu mir seinen schweren Rucksack, damit er sich besser bewegen kann. Unten angekommen, bemerke ich plötzlich, wie schlecht ich auf die kommenden Aufgaben vorbereitet bin.

So, Pappa, sagt Lu, jetzt fangen wir an! Womit geht es los?

Tja, sage ich und krame in meinem Rucksack nach dem geologischen Wörterbuch, tja, ich zeige dir am besten einmal anhand einiger Fotografien, wie die Geologen so arbeiten.

Aber warum zeigst du es mir nicht selbst, fragt Lu.

Geologen sind Fachleute, sage ich, die können das besser als ich.

Ich will aber keine Fotos sehen, antwortet Lu, ich will anfangen, gleich, wenn du es mir erklärt hast.

Na gut, sage ich, wir könnten ja einmal versuchen, mit dieser Raspel, die übrigens eine Holzraspel ist, in eine winzige Lücke zwischen zwei Gesteinsschichten zu stoßen, etwa so.

Ich nehme die Holzraspel in die Rechte und stoße sie mit einigen energischen Bewegungen in das Gestein, das sofort wie ein schwerer Regen aus der Wand bröselt.

Iii, sagt Lu, du machst ja alles kaputt.

Die Stelle war ungünstig gewählt, sage ich, ich sollte etwas höher ansetzen, da, wo die Wand grauer ist.

Ich setze noch einmal an, diesmal bleibt die Holzraspel in der Wand hängen, und als ich sie wieder herausziehen will, fallen ein paar winzige graue Splitter zu Boden. Ich bücke mich gleich und lese sie auf.

Aha, sage ich, sehr interessant.

Was ist, fragt Lu.

Es handelt sich um eine Art von Granit, sage ich.

Ist das von einem Dino, fragt Lu.

Nein, sage ich, das nicht, es ist nur Granit, aber immerhin doch Granit.

Laß mich mal, sagt Lu und versucht es mit der schweren

Raspel. Jedes Mal kollern kleine Gesteinsregen zu Boden, die Lu dann vorsichtig untersucht.

Das ist Granit, sagt er, eindeutig.

Ja, sage ich, das ist Granit.

Und was ist das Helle hier, fragt Lu, ist das von einem Dino?

Nein, sage ich, auch nicht, es ist Muschelkalk.

Granit und Muschelkalk, sagt Lu, und wiegt die Gesteinssorten in beiden Händen.

Ja, sage ich, soweit sind wir.

Aber wir haben noch nichts von einem Dino gefunden, sagt Lu.

Noch nicht, sage ich.

Und wie findet man etwas, fragt Lu.

Die Dino-Schichten sitzen tief im Innern der Wand, sage ich, da kommen wir so einfach nicht dran.

Kommen wir schon, sagt Lu und kramt einen schweren Hammer aus seinem Rucksack.

Vorsicht, sage ich, du kannst doch nicht einfach mit dem Hammer auf die Wand losgehen.

Klar kann ich, sagt Lu und schlägt auch gleich zu. Diesmal aber gibt das Gestein kaum etwas nach, der schwere Hammer springt vielmehr klirrend ab.

Das tut ja weh, sagt Lu.

So geht es nicht, sage ich, man operiert die Gesteinsschichten ganz vorsichtig heraus.

Mach mal vor, sagt Lu und tritt ein paar Schritte zurück.

Ich hole ein kleines Stemmeisen aus dem Rucksack, setze es an und klopfe mit dem Hammer ganz vorsichtig darauf.

Du kommst ja gar nicht voran, sagt Lu.

Man kommt eben nicht schnell voran, sage ich, nur millimeterweise. Es erfordert große Geduld.

Gib mal her, sagt Lu, nimmt das Stemmeisen, kramt ein kleineres Hämmerchen hervor und fängt an, sich millimeterweise in die Wand vorzuarbeiten.

Sehr gut, sage ich, so macht man es.

Es wird lange dauern, sagt Lu.

Wir sollten es ein ander Mal versuchen, sage ich, wenn wir ausgeruht sind.

Ich bin ausgeruht, sagt Lu, setz dich ruhig hin, ich arbeite jetzt ein paar Stunden.

Ich setze mich hin und denke, ich gebe ihm ungefähr zehn Minuten, dann wird er es leid sein. Ich hole etwas zu essen und zu trinken heraus, aber Lu schaut nicht hin. Vielmehr starrt er ununterbrochen auf ein winziges Loch in der Wand, das sich durch seine Schläge unendlich langsam vergrößert.

Ich esse und trinke etwas und biete ihm etwas an, aber er hämmert und klopft. Ich lege mich auf den Rücken und schaue zu den Baumwipfeln hinauf, während die Waldesruhe von seinem unermüdlichen Schlagen gestört wird. Ich versuche, die Augen zu schließen und etwas zu dösen, aber die Schläge schlagen auch in meinen Kopf ein, so daß ich mich wieder aufrichten muß.

Nun gut, sage ich laut, erste Fortschritte haben wir jedenfalls heute gemacht.

Ich bin noch längst nicht fertig, sagt Lu, es dauert noch mehrere Stunden.

Soviel Zeit haben wir heute nicht, sage ich.

Ich habe ganz ganz viel Zeit, antwortet Lu, du kannst schon nach Hause gehen, ich arbeite hier weiter.

Ich schweige und blättere in meinem geologischen Wörterbuch. Unter »D« und »Dino« gibt es keine einzige Eintragung, statt dessen stoße ich nur auf so seltsame Worte wie »Diskordanz« oder »Dislokation«.

Du kommst gut voran, Lu, sage ich laut, aber ich glaube, es handelt sich um eine Dislokation.

»Dislokation« läßt Lu seine Arbeit zum ersten Mal unterbrechen. Er wischt sich den Schweiß aus dem Gesicht und

schaut mich an. Ich gehe zu ihm hin und gebe ihm etwas zu
trinken.

Was ist eine Dislokatron, fragt er.

Eine Lagerungsstörung des Gesteins, sage ich.

Und was macht man mit so einer Störung, fragt Lu.

Man bohrt sie gleichsam an, entnimmt ihr eine Probe und
läßt sie dann ruhen, sage ich.

Und warum läßt man sie ruhen, fragt Lu.

Um ihre Veränderungen einige Tage später genau beobachten zu können, sage ich.

Und die Proben, fragt Lu.

Die nimmt man mit nach Hause, sage ich, und stellt sie zu
einem Probenteppich zusammen.

Hilfst du mir dabei, fragt Lu.

Natürlich, sage ich, am besten, wir nehmen sehr kleine Ge-
steinsstücke, von hier und von dort, in allen Farben.

Dann brauche ich hier nicht weiter zu hauen, fragt Lu.

Nein, sage ich, nicht weiter, wir benutzen jetzt eine neue
Methode, die Dislokations-Methode.

Etwa zwei Stunden später gehen wir mit einem schweren
Rucksack voller Steine zurück. Lu läuft stumm neben mir
her. Ich vermute, daß er erschöpft ist, ich bin es übrigens
auch, und deshalb rede ich nicht mehr viel.

Schade, sehr schade, sagt Lu plötzlich.

Was ist schade, frage ich.

Soviel Arbeit und gar keine Dino-Knöchel, sagt Lu und bleibt
stehen, um gegen die aufkommenden Tränen zu kämpfen.

Aber Lu, sage ich, was ist denn? Du hast mich falsch verstanden, natürlich haben wir Dino-Knöchel gefunden, wir haben
ja sogar einen ganzen Rucksack davon.

Aber wo denn, fragt Lu, wo sind denn die Dino-Knöchel.

Ich bleibe stehen und setze den Rucksack ab. Ich hole einige
Gesteinsbrocken heraus und lege sie nebeneinander ins Gras.

Schau her, sage ich, schau ganz genau hin. Hier, diese klitzekleine Kerbe, das ist der Zahnabdruck von einem Stegosaurus ... Und diese winzige Rille hier, schaust du, die graue, kleine Rille, das ist ein Teil von einem Knochenplättchen eines großen Triceratops.

Ist das wahr, fragt Lu und wischt sich die Augen.

Lu, sage ich, ich bin zwar kein Fachmann, aber doch so etwas wie ein Kenner, das heißt also, ich kenne mich aus, du hast es doch sicher gemerkt.

Ja, sagt Lu, du kennst dich mit der Dilotron aus, aber woher weißt du, welcher Abdruck von welchem Dinosaurier ist?

Es ist ganz einfach, sage ich, du brauchst nur genau hinzuschauen, wenn du die Köpfe und Füße der einzelnen Dinosaurier im Kopf hast, fällt es dir sehr leicht, die Abdrücke zu erkennen.

Meinst du, ich kann es auch, fragt Lu.

Natürlich, mit ein wenig Übung, sage ich und packe die Steine wieder ein und gehe mit Lu endgültig nach Haus.

Wir wollen bald zu unserer zweiten geologischen Exkursion aufbrechen, vorher aber wollen wir uns noch etwas vorbereiten, um die Abdrücke der verschiedenen Dinosaurier rascher zu erkennen. Wenn ich jetzt manchmal am Haus sitze, kommt Lu von unserem Hang herbeigeeilt und hält mir etwas zur Prüfung hin. Es handelt sich um etwas Sand oder um winzige Kieselsteine oder um etwas Grauwacke.

Schau, Pappa, sagt Lu und hält mir ein mikroskopisch kleines Teil hin, eindeutig Brachiosaurus, stimmt's.

Stimmt haargenau, sage ich dann, solche Zähne hat nur der Brachiosaurus.

Aber das hier, sagt Lu, das ist neu, da weißt selbst du nicht, was es sein könnte.

Zeig her, sage ich, da bin ich aber gespannt.

Lu zeigt mir ein winziges Schneckenhaus, kaum größer als ein Daumennagel.

Das ist keine Schnecke, sagt er, das ist es nicht, nur ich weiß, was es ist.

Und was ist es, frage ich.

Natürlich das Auge von einem Ichthyosaurus, sagt Lu und zwinkert mir zu.

Wahrhaftig, sage ich und drehe die kleine Schnecke dicht vor meinem eigenen Auge, wahrhaftig, Lu, du hast recht, such nur weiter, wo der Ichthyosaurus war, war nämlich die Riesenschildkröte nicht weit.

Und Lu starrt mich an und zwinkert noch einmal und hüpft den steilen Hang rasch hinauf, um in den alten Meeren zu tauchen.

Bei den Indianern

Lo hat bald Geburtstag, natürlich will sie ordentlich feiern.

Wen laden wir ein, frage ich.

Auf jeden Fall Tine, sagt Lo. Und dann noch Peter, Mareike, Konstantinos …

Stop, sage ich, wir überlegen es uns besser genau.

Was gibt es da denn zu überlegen, fragt Lo.

Ob die auch alle zusammenpassen, sage ich. So eine kleine Geburtstagsrunde sollte sich gut verstehen. Wenn da auch nur ein Blödel drunter ist, ist die Sache gelaufen.

Meine Freunde sind keine Blödel, sagt Lo.

Entschuldige, sage ich, natürlich nicht, ich möchte nur, daß du dir alles gut überlegst.

Hab ich ja längst, sagt Lo. Was denkst du denn, worüber ich die ganze Zeit nachdenke.

Also gut, sage ich, Tine, Peter, Konstanos ...

Konstantinos, sagt Lo, warum kannst du dir den Namen nie merken?

Kann ich natürlich, sage ich, ich mache nur einen Witz.

Mit Namen macht man keine Witze, sagt Lo, Namen sind etwas Ernstes.

Na ja, sage ich, da übertreibst du ein wenig.

Wollen wir streiten, fragt Lo, über Namen?

Um Gottes willen, sage ich, über sowas streiten wir nicht und vor allem nicht jetzt. Wir haben schließlich etwas zu tun, wir planen dein Fest.

Am liebsten würde ich die ganze Klasse einladen, sagt Lo.

Das wär schön, die ganze Klasse. Und dann würden wir eine große Wanderung machen, mit dir.

Das wäre ja wie beim Schulausflug, sage ich.

Nur so ähnlich, sagt Lo. In Wahrheit aber viel besser. Schulausflüge sind langweilig, mit dir würde es ein richtig guter Schulausflug. Dir fällt ja immer was ein.

Danke, sage ich, da fühle ich mich aber geschmeichelt.

Was ist geschmeichelt, fragt Lo.

Lassen wir das, sage ich, die ganze Klasse laden wir ein ander Mal ein, wenn das Wetter besser ist.

Was ist geschmeichelt, fragt Lo.

Gebauchpinselt, sage ich, ich fühle mich anerkannt, gelobt, ich bin stolz, daß dir meine Einfälle gefallen.

Welche Einfälle, fragt Lo. Bis jetzt hattest du noch keinen, bis jetzt plane ich meinen Geburtstag noch ganz allein.

Moment mal, sage ich, ich habe mir natürlich was überlegt. Wir gehen zu den Indianern.

Zu den Indianern?

Genau, zu echten Indianern natürlich.

Zu echten?

Zu ganz echten. Im Museum gibt es eine Ausstellung über echte Indianer, mit echten Federn und echtem Schmuck.

Moment mal, sagt Lo. Was ist daran denn echt?

Alles, sage ich. Die Indianer aus Nordamerika sind nach Stuttgart gekommen und haben lauter schöne Sachen mitgebracht. Kleidung, Schmuck, Arbeitsgeräte, Waffen.

Ich mag keine Waffen, sagt Lo.

Die Indianer haben andere Waffen als wir, sage ich. Es sind schöne Waffen, bunt bemalt, und sie brauchen sie auch nur, um Tiere damit zu töten.

Welche Tiere, fragt Lo.

Bisons, sage ich. Indianer leben fast ausschließlich von Bisons.

Du willst also mit uns ins Museum, sagt Lo.

Nicht zu lang, sage ich. Vielleicht eine Stunde. Wir schauen uns die wunderschönen Indianersachen an, wir zeichnen sie, wir schreiben uns etwas auf, und dann gehen wir nach Hause und basteln nach, was wir gesehen haben.

Basteln? fragt Lo.

Nicht zu lang, sage ich. Wir basteln uns Schmuck und allerhand schöne Sachen, und damit spielen wir dann.

Wie lange? fragt Lo.

Am längsten, sage ich. Wir spielen natürlich am längsten.

So richtig lange, sagt Lo.

Genau, sage ich.

Lo ist einverstanden, wir werden ins Museum gehen, uns die Indianer anschauen, basteln und sehr lange spielen. Wir einigen uns auf zehn Kinder, acht Gäste plus Lo und Lu. Zehn Kinder sind viel, im Museum wird man zwei Gruppen bilden müssen. Ich hasse es, Gruppen bilden zu müssen, Gruppenbildungen sind fast immer ein Grund für Streit, die eine Gruppe beobachtet die andere, es kann zu Übergriffen kommen, Gruppen sind meist schon von vornherein etwas Fieses. Ich habe zum Beispiel nie in Gruppen gelebt … oder übertreibe ich jetzt?

Wahrscheinlich übertreibe ich, man soll auch nicht immer gleich schwarz sehen. Gruppen bedürfen der Führung, der Anleitung, dann kommt es nicht zum Streit.

Ich sollte ins Museum gehen, vorher, um mir die Ausstellung anzuschauen.

An einem Vormittag gehe ich ins Museum, Lo ist in der Schule, Lu im Kindergarten. Natürlich habe ich nicht allzu viel Zeit, ich hätte den Museumsbesuch auch improvisieren können. Manchmal gehen solche Improvisationen aber völlig daneben, das will ich mir nicht antun, außerdem möchte ich mir, wie man so sagt, später keine Vorwürfe machen. Kindergeburtstage bleiben in der Erinnerung haften, am stärksten bleiben die schlimmen Geburtstagsfeiern haften, bei denen alles danebengeht und am Ende mindestens zwei Kinder weinen, das Geburtstagskind und die Zu-Kurz-Gekommene, die keinen Preis bekommen hat. Auf Geburtstagsfeiern weinende Kinder sind etwas Gräßliches, man möchte die Feier sofort abbrechen und davonlaufen oder noch einmal von vorne beginnen.

Im Museum ist es sehr dunkel. Die echten Gegenstände der echten Indianer liegen in Glasvitrinen und sind kunstvoll beleuchtet. Im Hintergrund läuft Indianermusik, eine Frauenstimme singt allein und sehr wehklagend, für meinen Geschmack etwas zu hoch und zu dauerhaft. Der Gesang beginnt nach einer Weile von vorn, ich lese nach, es handelt sich um Erntelieder, anscheinend ist es eine sehr magere Ernte gewesen.

Zum Glück gibt es einen fast echten Indianerbau. Kein Zelt, sondern einen richtigen Bau, aus Holz und Lehm, eine Art Hütte. Man kriecht auf allen vieren hinein und verteilt sich dann im erstaunlich großen Innenraum. Leider ist der Innenraum leer, die Kinder werden es nicht lange hier aushalten.

Ich könnte sie im Kreis Platz nehmen lassen und eine Indianergeschichte vorlesen. Besser wäre noch, wenn ich eine Geschichte auswendig wüßte und sie dann frei erzählte, wie ein alter Indianer. Geschichten erzählen gilt unter Indianern noch heute als große Kunst, lese ich auf der großen Schautafel draußen vor der Hütte. Viele Indianer haben ihre eigenen Geschichten, die von anderen Indianern keineswegs nacherzählt werden dürfen.

Am schönsten ist der Jahreszeitenraum. Vier große Vitrinen, und in jeder Vitrine Gegenstände, die in einer Jahreszeit gebraucht werden. Pflanzen im Frühjahr, ernten im Sommer, auf die Jagd gehen im Herbst und rumdösen im Winter, die Wintervitrine ist etwas schwach besetzt.

Also gut, ich weiß jetzt, wie ich es angehen werde. Auch in der Cafeteria singt die etwas zu hohe Stimme ihr Erntelied. Ich trinke einen Espresso und lese noch etwas im Katalog. Am meisten gefällt mir Häuptling Mató Tópe, das heißt »Vier Bären«. Mató Tópe hatte sieben Frauen und kämpfte mit der Kraft von vier Bären. Auf den Bildern, die ein europäischer Maler vor mehr als einhundertfünfzig Jahren von ihm gemalt hat, blickt er so eitel in die Ferne, als sähe er sich schon in einem Hollywood-Film.

Die Kinder kommen gegen 14.30 Uhr. 14 Uhr ist etwas zu früh, 15 Uhr zu spät, die meisten Kindergeburtstage beginnen um 14.30 Uhr und enden gegen 18.30 Uhr, vier Stunden, die es in sich haben.

Zum Glück kommen sie nacheinander, mit einigem Abstand, so daß die Geschenke in Ruhe übergeben werden können. Wir packen die Geschenke jetzt aber nicht aus, nein, das tun wir nicht, sondern legen sie dorthin, dort-hin, auf den kleinen Tisch, zu den Blumen, das sieht richtig schön aus, all die Geschenke auf dem kleinen Tisch, was für eine Freude, sage ich etwas gehetzt.

Setzt euch jetzt bitte alle, auch du Konstantinos, sagt La Mamma dann mit ihrer freundlichen Stimme, und ich stehe etwas unruhig daneben und präge mir insgeheim die Namen ganz genau ein, es ist wichtig, die Kinder später mit ihren Namen anreden zu können, fehlerfrei, du darfst sie um Himmels willen nicht verwechseln. Lechts und rinks darf man nicht verwechseln, sage ich laut, während ich die Runde mache und allen etwas Apfelsaft in die bunten Gläser gieße. Sie lachen, die meisten lachen, das ist in Ordnung, sie sollen ruhig merken, daß ich gut gelaunt bin, meine gute, leichte Laune soll ansteckend wirken.

Lo kennt den kleinen Witz aber bereits, sie kennt auch noch andere Jandl-Gedichte.

Ottos Mops kotzt, sagt Lo, Otto: komm, Mops, komm!

Das hätte sie jetzt nicht sagen sollen. Einige Kinder überschlagen sich vor Lachen, Peter bleibt der Kuchen schon im Halse stecken, andere blicken irritiert: Was ist denn hier los? Spinnen die alle?

Ich gieße weiter den Apfelsaft ein und versuche, etwas Luft raus zu lassen. Ich freue mich schon auf die Indianer, sage ich. Das wird toll, wenn wir zu den Indianern gehen.

Wir gehen zu echten Indianern, stimmt das, fragt Nora.

Zu ganz echten, sage ich, zu echten Indianersachen von echten Indianern.

Wie groß sind die Indianer, fragt einer, dessen Name mir jetzt nicht einfällt. Sind auch Kinder dabei?

Leider nicht, sage ich.

Oooh, klagen zwei beinahe gleichzeitig.

Ist nicht so schlimm, sage ich, wir haben auch so genug zu tun.

Was denn? fragt Peter.

Wir wollen uns alles ganz genau anschauen, sage ich. Und dann zeichnen und malen wir, was wir gesehen haben.

Ich male nicht gern, sagt Peter. Malen finde ich langweilig.

Echte Indianersachen zu malen ist nicht langweilig, sage ich lächelnd, du wirst schon sehen.

Nach Kuchen und Apfelsaft brechen wir auf. Jeweils fünf Kinder quetschen sich in ein Auto, die beiden Autos fahren hintereinander, die Kinder winken sich laufend zu. In dem Auto, das ich steuere, schreien alle ganz laut, als hätten sie die Kinder im anderen Auto noch nie gesehen. Ich sage nichts, ich werde mich jetzt nicht dadurch unbeliebt machen, daß ich sie bitte, leiser zu sein. Außerdem hört uns ja schließlich niemand, nur ich, ich höre dieses große, wilde Geschrei, ein Gebrüll, als hätten sie eine Herde Bisons entdeckt.
Ihr brüllt, als wärt ihr Indianer und hättet eine Herde Bisons entdeckt, sage ich.
Da jauchzen sie auf und schreien noch lauter. Bisons, Bisons, rufen sie den Kindern im anderen Auto zu, ihr seid Bisons, ihr Dummen!
Gruppenbildungen haben ihre Tücken, deshalb mache ich jetzt auf den Verkehr aufmerksam. Schaut mal, wie der vor uns fährt, sage ich, das kann doch nicht wahr sein.
Fahr ihn doch einfach über den Haufen, sagt Peter.
Ja, brüllen die anderen, fahr ihn über den Haufen.
Pscht, sage ich leise, pscht … Ich pirsche mich leise an ihn heran, ich bin schon auf seiner Fährte. Aber ihr müßt etwas leiser sein, damit er uns nicht hört.
So geht es, sie werden wahrhaftig leiser. Als wir auf den Parkplatz einbiegen, ruft noch einer, du darfst ihn nicht entkommen lassen, beim Aussteigen haben wir den vor uns aber schon längst vergessen.

Vor dem Museum nehmen wir auf der Freitreppe Platz. Setzt euch mal einen Moment hin, sage ich, ich will euch etwas erklären.
Ich muß Pipi, sagt Nora, wo kann man hier Pipi machen.

Gleich, sage ich, ich möchte jetzt etwas erklären, dann machst du Pipi, drinnen, auf der Toilette.

Ich muß dringend, sagt Nora.

Das ist das Museum, sage ich, laut und deutlich. Jeder von uns bekommt jetzt von mir einen Block und einen Bleistift mit einem Radiergummi. Wir gehen dann rein, und ich zeige euch, was ihr zeichnen sollt. Die Indianer freuen sich, wenn ihr ihre Sachen zeichnet. Zeichnet möglichst genau, zu Hause wollen wir einige von den Sachen, die ihr gezeichnet habt, basteln.

Ich bastle nicht gern, sagt Peter.

Ich muß dringend, sagt Nora.

Alle erhalten einen Block und einen Bleistift, dann beeilen wir uns, hineinzukommen und warten in der Vorhalle, bis Nora Pipi gemacht hat.

Im Museum ist es noch dunkler als sonst, oder bilde ich mir das jetzt nur ein. Auch die Vitrinen wirken ganz anders als bei meinem ersten Besuch, viel kälter, sehr fremd.

Wo sind denn die echten Indianer, fragt Mareike.

Das sind die echten Indianersachen von den echten Indianern, sage ich.

Und wo sind die echten Indianer, fragt Mareike.

Die können nicht die ganze Zeit hier herumstehen, sage ich, aber vielleicht kommen sie noch.

Wenn wir gut malen, kommen sie bestimmt, sagt Konstantinos, am liebsten würde ich dem kleinen, freundlichen Burschen wegen dieses hilfreichen Satzes jetzt über das Haar streichen.

Konstantinos hat recht, sage ich. Die Indianer werden schon noch kommen, fangen wir einfach mal an.

Da ist ein Zelt, sagt Peter, ein richtiges Indianerzelt.

Das ist eine Hütte, sage ich, eine Indianerhütte, aus Holz und Lehm, da gehen wir später mal rein.

Nein sofort, schreit Peter, und sofort laufen alle hinter ihm her, um auf allen vieren in die Hütte zu kriechen.

Na bitte, sagt La Mamma, ich habe es dir gleich gesagt. Und was machen wir jetzt?

Wir kriechen hinterher, sage ich.

Drinnen ist es viel zu eng für alle, die ersten wollen wieder hinaus und stoßen mit mir zusammen.

Moment, rufe ich auf allen vieren, wir bleiben noch etwas drin, ein Indianer wird euch eine Geschichte erzählen.

Au ja, ruft Peter, endlich ein echter Indianer.

Verteilt euch im Kreis, sage ich, als ich endlich auch drin bin und bemerke, daß La Mamma es vorzieht, draußen zu bleiben. Es gibt auch nichts zu verteilen, alle sitzen dicht beieinander, es ist beinahe zu dunkel, da beginnt die wehklagende Stimme plötzlich mit ihrem Gesang.

Ich hab Angst, sagt Nora, ich will wieder raus.

Halt, sage ich, du brauchst keine Angst zu haben. Ein Indianer erzählt euch jetzt eine Geschichte, eine Indianergeschichte.

Huk, mato, hau: Ich bin der Häuptling Mató Tópe!

Bist du nicht, ruft Peter und krümmt sich vor Lachen.

Ich erzähle euch eine Geschichte, sage ich.

Du bist der Pappa von Lo, sagt Konstantinos und grinst.

Das bin ich auch, aber nun bin ich Mató Tópe und erzähle euch eine Geschichte, sage ich.

Ich muß schon wieder Pipi, sagt Nora.

Du warst gerade erst, sage ich ruhig, aber bestimmt.

Es kitzelt aber, sagt Nora.

Ich erzähle jetzt eine Indianergeschichte und dann kannst du Pipi machen, sage ich.

Dann mach aber schnell, sagt Nora und rollt mit den Augen.

Ich heiße Mató Tópe, sage ich, ich begrüße euch Bleichgesichter auf meinen Jagdgründen. Ich bin ein großer Häuptling, der größte Häuptling, den mein Stamm je gehabt hat.

Mató Tópe heißt »Vier Bären«, mein Stamm hat mir diesen Namen verliehen, weil ich so stark bin wie vier Bären. Ich habe sieben Frau … Pferde, sieben Pferde, ich galoppiere mit allen sieben gleichzeitig los und kann im Galopp von einem aufs andere springen und dabei noch meine Pfeile abschießen.

Mir ist zu warm, sagt Peter. Ich schwitze.

Ich auch, sagt Konstantinos.

Ich muß jetzt ganz dringend, sagt Nora.

Gut, sage ich, wir kriechen jetzt leise, wie gute Indianer, nach draußen. Ich erzähle die Geschichte dann später weiter.

Bis Nora zum zweiten Mal Pipi gemacht hat, ist es zu spät, die Geschichte weiter zu erzählen. La Mamma und ich haben zwei Gruppen gebildet, jeder von uns begleitet eine der Gruppen in einen der Räume und führt sie von Vitrine zu Vitrine. Es ist besser, nicht viel zu erklären, ein paar Andeutungen genügen. Natürlich dürfen die Kinder zeichnen, was ihnen gefällt, obwohl ich vorgehabt hatte, ihnen präzise Zeichenaufträge zu geben. Die spitzen Speere aus Weidenholz sollten sie eigentlich nicht zeichnen, da sie später zu Hause auf die Idee kommen könnten, spitze Speere aus Weidenholz basteln zu wollen.

Die Speere sind klasse, sagt Peter. Damit kann man gut Bisons jagen.

Das schon, sage ich.

Etwa nicht, fragt Peter.

Doch, sage ich, kann man schon. Die bunten Ketten und Schuhe gefallen mir aber noch besser.

Mir nicht, sagt Peter. Ketten und Schuhe sind was für Mädchen.

Na ja, sage ich.

Nach einer halben Stunde setzt Nora sich auf den Boden. Sie ist müde, sie hat genug.

Ich bin müde, sagt sie, noch einmal, und gleich wiederholen zwei andere Kinder den Satz.

Wir gehen noch alle zusammen in den Jahreszeitenraum, sage ich, zu den Jahreszeitenvitrinen. Jeder zeichnet zum Schluß noch einen Gegenstand aus jeweils einer Vitrine.

Aber nur einen, sagt Nora.

Vier, sage ich, es gibt vier Jahreszeiten, für jede Jahreszeit einen.

Das ist blöd, sagt Peter, ich mag nicht mehr. Wann kommen denn die echten Indianer.

Die kommen nicht, sage ich, die haben sich vor uns versteckt.

Wo, wo denn, wo, rufen alle.

Bei uns zu Hause, sage ich, viel zu schnell, und beiße mir auf die Lippen.

Jetzt wollen sie alle zu uns nach Haus, denn bei uns zu Haus sind die echten Indianer. In aller Eile zeichnen sie vier Gegenstände aus den vier Jahreszeitenvitrinen in ihre Blöcke, fahrig und lustlos, so wie ich es mir nicht vorgestellt hatte. Die wehklagende Stimme hat zum wievielten Mal begonnen, das Lied der miserablen Ernte zu singen. Es klingt mir noch draußen, auf der Freitreppe des Museums, in den Ohren, als verfolgte es mich wie ein Fluch.

Zu Hause liegen bunte Perlen und Federn bereit, man kann wunderbare Indianerketten daraus machen. Nora und Mareike fangen zum Glück auch gleich damit an, während die Jungs sich noch etwas Zeit lassen. Peter hat im Schrank ein »Mensch ärgere dich nicht« entdeckt und es auch gleich ausgepackt. Zwei Mädchen, deren Namen mir gerade nicht einfallen, haben sich in eine Ecke zurückgezogen, die eine liest der anderen jetzt etwas vor.

›329‹

Basteln wir oder basteln wir nicht, fragt Lo drohend.

Wir basteln, ganz klar, sage ich.

Und was machen die da, fragt Lo, noch etwas drohender.

Einen Moment ausruhen, das ist gestattet, sage ich.

Aber dann wird endgültig gebastelt, sagt Lo.

Es gibt Mädchen, die in Windeseile vorzüglich basteln und im Handumdrehen etwas Wunderbares zusammengebastelt haben. Nora ist so ein Mädchen, und ich verzeihe ihr sofort alle Pipi-Gänge des Tages. In einer Viertelstunde hat sie zwei Ketten zustandegebracht, mit Perlen und Federn. Sie malt die Kordeln indianerfarben an und streift sie auch gleich über den Kopf.

Das lockt auch die andern heran. Für eine kleine Weile sitzen sie wahrhaftig alle an einem Tisch und basteln: Ketten, spitze Speere, Kopfschmuck mit großen Federn, ein Halsband aus Bärenkrallen.

Ich höre dauernd diese Musik, sagt Tine.

Ich auch, sagt Mareike, ich habe schon Kopfschmerzen davon.

Hier ist keine Musik, sagt Lo, das bildet ihr euch nur ein.

Na wer weiß, sage ich und beiße mir ein zweites Mal auf die Lippen.

Nach einer halben Stunde ist das Basteln zu Ende. Alle haben sich mehr oder minder geschickt verkleidet und schwärmen aus, um nach Bisons zu suchen. Fast alle Türen stehen offen, hier und da gibt es Zeichen und Spuren, die eine Fährte andeuten. Die ersten stoßen auf ein kleines Geschenk, das unauffällig, schön indianderfarben verpackt, unter einer Decke oder einem Kochtopf liegt.

Ich finde bestimmt nichts, sagt Lu, ich finde nie etwas bei solchen Spielen.

Schau mal im Kinderzimmer, flüstere ich. Ich könnte mir denken, daß die Indianer an deinem Bett waren.

Nichts verraten, sagt Lu, wenn du mir etwas verrätst, schmeiß ich meinen Preis aus dem Fenster.

Ich verrate doch nichts, sage ich, habe ich jemals etwas verraten?

Bald haben alle ihre Preise gefunden und beginnen, sie auszutauschen. Ich will deins, du kannst meins dafür haben, halt, nein, ich will seins.

Einige haben wieder begonnen, »Mensch ärgere dich nicht« zu spielen, andere haben sich erschöpft auf ein Sofa gelegt und erzählen sich Schulgeschichten.

Na bitte, sage ich zu La Mamma, die auf die Uhr schaut und schon daran denkt, die Würstchen und den Kartoffelsalat vorzubereiten, na bitte, wie habe ich das organisiert?

Was hast du? fragt La Mamma.

Organisiert, sage ich, oder willst du etwa bestreiten, daß ich …

Wir streiten uns jetzt auf gar keinen Fall, sagt La Mamma, und ich überlege, ob ich mich für den gelungenen Nachmittag mit einem kleinen kühlen Bier belohnen sollte.

Zu Würstchen mit Kartoffelsalat brauche ich aber ein Bier, sage ich.

Später, sagt La Mamma, bitte später. Noch ist der Nachmittag nicht gelaufen.

Aber was soll denn noch schiefgehen? frage ich. Schau sie dir an, wie friedlich sie miteinander auskommen, wie gut sie sich verstehen, diese Harmonie ist ja beinahe schon unheimlich.

Da kommt Lo zu uns in die Küche, sie weint.

Aber Lo, sage ich, wein bitte nicht an deinem Geburtstag, das kann ich nicht haben. Und außerdem gibt es keinen Grund, jetzt zu weinen.

Dann geh ich eben wieder, weint Lo.

Bleib hier und erklär mir, warum du weinst, sage ich.

Weil Nora gesagt hat, du hast geschwindelt, es gibt bei uns zu Haus gar keine echten Indianer, weint Lo.

Nora ist vorlaut, sage ich.

Aber sie hat ja recht, weint Lo, du hast etwas versprochen und nicht gehalten. Das macht man nicht, und jetzt stehen wir eben da und alle lachen mich aus.

Dich lacht niemand aus, sage ich, auf gar keinen Fall.

Eben doch, weint Lo.

Eben nicht, sage ich, weil der echte Indianer, weil der Häuptling Mató Tópe nämlich noch kommt.

Er kommt wirklich? fragt Lo und hört auf zu weinen.

Er kommt, sage ich, warte nur ab, aber sprich mit niemand darüber.

Du bist wahnsinnig, sagt La Mamma, als Lo wieder draußen ist. Was willst du denn jetzt machen?

Ich werde mich in aller Eile verkleiden, sage ich.

So ein Unsinn, sagt La Mamma, wir haben gar nichts da zum Verkleiden.

Da hättest du auch mal dran denken können, sage ich. Warum muß ich immer an alles denken?

Es reicht, sagt La Mamma und geht hinüber zu den Kindern, um mit ihnen etwas zu spielen.

Im Schlafzimmer gibt es einige alte Decken und einen vergilbten Poncho. Ich wickle mir die bunten, muffigen Decken um den Bauch und ziehe den Poncho über. Dann setze ich mir Großvaters Zylinder auf den Kopf und streue einige weiße Federn aus dem alten zerfetzten Kissen darauf, das einen breiten, offenen Schlitz hat, den es Lu, dem Sachensucher, verdankt. Die weißen Federn auf dem schwarzen Zylinder, das sieht nicht schlecht aus, ich muß die Federn nur ankleben, mit etwas Tesafilm. Im Bad liegt La Mammas alte Brille, auch die ist sehr hilfreich. Und dann ... natürlich! ..., die müde, jahrelang nicht mehr benutzte Trommel, die uns wer weiß wer aus Südamerika mitgebracht hat und die neben dem Wäscheschrank steht. Komm her, du häßliches Ding!

Draußen ist es ganz ruhig geworden, die kleine Runde sitzt bei Würstchen mit Kartoffelsalat. Da öffnet sich knarrend die Tür, und Mató Tópe erscheint.
Guten Abend, Kinder, sage ich leise. Ich bin Mató Tópe, der Häuptling mit den sieben Pferden. Ich wandle umher als unruhiger Geist, weil ich euch meine Geschichte nicht zu Ende erzählen durfte.
Aber Pappa, ruft Lo und schüttelt den Kopf.
Hallo Mató Tópe, ruft Peter, dann erzähl uns deine Geschichte.
Ja, rufen zwei, drei begeisterte Stimmen, erzähl doch, erzähl!
Und Mató Tópe nimmt Platz auf der Erde, schmiegt sich noch dichter in seinen Poncho, lüftet kurz den Zylinder und beginnt, mit einem gewissen matten und leicht wässrigen Glanz in den Augen, vom Leben der Indianer zu erzählen ...

Der Ernst des Lebens II

Willst du hören, was ich gleich so mache, fragt Lo, als wir uns zu zweit auf ihren Schulweg begeben.
Ja, sage ich, erzähl mal, was machst du denn gleich.
Also ..., sagt Lo, wir treffen uns gleich auf dem Schulhof, das heißt, wir rennen noch ein bißchen herum, oder wir spielen fangen, es kommt ganz darauf an, wir rennen also noch ein bißchen herum, aber dann stellen wir uns zu zweit auf, ich stehe immer neben Maria, und wir wissen immer genau, wo

wir stehen müssen, weil auf dem Boden an der Stelle, wo wir immer stehen, ein Kaugummi klebt, und daran ist dann ganz leicht zu erkennen, wohin wir uns stellen müssen, verstehst du?

Ja, sage ich, ich verstehe, der Kaugummi ist eine gute Hilfe, sonst wüßtest ihr vielleicht gar nicht, wohin ihr euch stellen müßtet, stimmt's?

Ja, sagt Lo, ganz genau, ohne Kaugummi wüßten wir es nicht und ständen vielleicht an der falschen Stelle, und das geht natürlich nicht.

Nein, sage ich, das geht nicht, jeder braucht schließlich seine Stelle, sonst ständen alle ja wild durcheinander.

Genau, sagt Lo, und das wäre furchtbar. Also ..., wir stehen dann zu zweit an unserem Kaugummi-Platz, und dann kommt Frau Hauff, und dann geht es los, dann gehen wir nämlich zu zweit die Treppen hinauf und oben ins Klassenzimmer, und da stellen wir unseren Schulranzen hin, und Frau Hauff sagt: Guten Morgen, liebe Kinder, und wir stehen alle da und rufen im Chor: Guten Morgen, Frau Hauff.

Das ist ein guter Start, sage ich, im Chor-Rufen ist ein richtig guter Beginn.

Finde ich auch, sagt Lo, wir müssen uns ja schließlich begrüßen, anders geht es ja nicht.

Und dann setzt ihr euch hin, rede ich weiter.

Und dann singen wir meist ein Lied, sagt Lo, Frau Hauff hat nämlich immer eine Gitarre dabei, die holt sie raus, und dann singen wir ›Der Frühling kommt wieder‹, das geht so, aber du kennst es, nicht wahr, ja na klar, du kennst es natürlich, beinahe hätte ich jetzt vergessen, daß du es ja auch ganz genau kennst ... Das singen wir also oder auch ein anderes Lied, wir singen natürlich nicht immer dasselbe Lied, das wäre ja furchtbar.

Schon verstanden, sage ich, jeden Morgen ein schönes Lied und meist ein anderes Lied.

Ganz genau, sagt Lo, meist ein anderes. Und danach, da haben wir Unterricht, das ist klar, irgendwann müssen wir ja auch mal was tun, wir können schließlich nicht immer nur begrüßen und singen, das geht nicht. Ich setze mich also an meinen Tisch, und links neben mir sitzt Maria und rechts Max, Maria schwätzt immer so viel mit mir, dauernd redet sie, mir ist das gar nicht recht, denn ich muß natürlich antworten und dann auch reden, und das geht eigentlich nicht. Da ist Max mir schon lieber, Max ist übrigens richtig gut in der Schule und weiß auch immer so ganz schwierige Sachen, das kommt daher, daß er schon lesen kann, Max liest sehr viel, ich glaube, er hat neulich drei Bücher von Harry Potter hintereinander gelesen, tausend Seiten. Ich habe ihn doch neulich einmal besucht und wollte mit Max spielen, weißt du, aber Max hat nur ein kleines bißchen mit mir gespielt, und dann hat er sich gleich wieder eines der Bücher genommen und darin gelesen, und ich habe ihn gefragt, was ist los, Max, warum spielen wir nicht, und Max hat gesagt, ich muß das Buch erst zu Ende lesen. So ist das also mit Max, der ist ein sehr guter Schüler, vielleicht heirate ich ihn auch einmal, was meinst du?

Max ist eine sehr gute Wahl, sage ich, den würde ich an deiner Stelle im Auge behalten.

Gut, sagt Lo, mach ich. Aber jetzt weiter: Ich setze mich also an meinen Tisch zwischen Maria und Max und beantworte Marias Fragen und schaue rüber zu Max, der in einem Buch blättert, und dann geht es los. Hinter uns stehen die Stehordner, und in denen sind unsere Hefte und Bücher, und jedes Kind hat da sein Fach, da gehen wir dann also hin und holen Hefte und Bücher heraus, was wir gerade so brauchen, Frau Hauff sagt es ganz genau, denn sie steht vorn an ihrem Pult in der Nähe der Tafel, und sie fängt an, uns zu unterrichten. Ich sitze so, daß ich während des Unterrichts rausgucken kann, das große, schöne Fenster ist nämlich genau gegenüber von

meinem Platz, und durch das Fenster kann ich den Fernsehturm sehen, stell dir vor, ganz genau, und den Wald, die Hügel
und alles, ich kann das richtig sehen. Wenn ich aber keine Lust habe, den Fernsehturm anzusehen, kann ich mir die
Baumkunde ansehen, denn neben den Stehordnern hängen
große weiße Blätter mit Schattenrissen von allerhand Bäumen, und dann kann man raten, welcher Baum das gerade ist,
das sieht man sehr schnell, was also eine Birke ist oder eine
Buche oder eine Eiche oder eine dicke Kastanie, das sieht man
sehr schnell. Und so lernen wir schön bis zur großen Pause.

Ah, sage ich, die große Pause, da klingelt's, stimmt's, es klingelt, und ihr dürft ganz schnell raus, die Treppen runter und
hinaus auf den Schulhof ...

Falsch, sagt Lo, ganz ganz falsch, so geht es nicht, natürlich
nicht. Es klingelt, das ist richtig, aber wir dürfen dann noch
nicht raus, sondern Frau Hauff schickt den Kakao-Dienst
nach unten, und auch der Sprudel-Dienst geht dann runter,
um die Sprudel-Kisten zu holen, es gibt auch einen Aufräum-Dienst, der muß jetzt alles zusammenräumen, und der
Tafel-Dienst wischt die Tafel ganz sauber, ich bin übrigens
ein ganz schöner Dienst, ich bin nämlich der Blumen-
Dienst, und deshalb gieße ich jetzt die Blumen, in der einen
Hand die Gießkanne und in der anderen mein Brot, so gehe
ich jetzt reihum und gieße die Blumen.

Den Blumen-Dienst fände ich auch am schönsten, sage ich,
jedenfalls fände ich ihn viel interessanter als den Aufräum-
Dienst oder den Tafel-Dienst.

Der Kalender-Dienst ist auch ganz schön, antwortet Lo, da
reißt man jeden Morgen ein Kalender-Blatt ab, das ist auch
ein sehr schöner Dienst.

Ist auch nicht schlecht, sage ich, der Kalender-Dienst, trotzdem wäre der Blumen-Dienst mir noch etwas lieber.

Klar, sagt Lo, der Blumen-Dienst ist natürlich das Beste, aber
man darf immer nur eine Zeitlang Blumen-Dienst sein,

schließlich möchten ja auch andere Kinder einmal, und ich muß auch einmal den Aufräum-Dienst machen, das ist klar.

Völlig klar, sage ich, auch der Aufräum-Dienst will schließlich getan sein.

Ganz klar, sagt Lo, sowas muß man einfach machen, sonst läge ja alles herum, und das wäre ganz eklig.

Also gut, sage ich, jetzt ist alles aufgeräumt und die Blumen begossen und der Kakao getrunken …

Und der Sprudel …, sagt Lo.

Und der Kakao und der Sprudel getrunken …, sage ich.

Aber Pappa, sagt Lo, entweder Kakao oder Sprudel, doch nicht beides zugleich …

Also entweder Kakao oder Sprudel, sage ich, jedenfalls geht ihr dann hinaus auf den Schulhof.

Genau, sagt Lo, dann gehen wir langsam runter auf den Schulhof und spielen da ein bißchen ganz schön. Wenn man keine Lust hat, runter zu gehen, kann man sich auch in die Lese-Ecke setzen, auch die Lese-Ecke ist nämlich sehr schön.

Die Lese-Ecke scheint eine sehr gute Erfindung zu sein, sage ich, sowas hätte ich früher auch gern in meiner Schulklasse gehabt.

In der Lese-Ecke gibt es ein sehr schönes Sofa, sagt Lo, auf das kann man sich setzen und lesen, oder man legt sich hin, auf eine Matte, und liest, das ist alles möglich, aber es dürfen nur sechs Kinder hinein in die Leseecke, jedes Kind nimmt sich ein Kärtchen und steckt es vorn in den Halter, und dann kann man erkennen, wieviel Kinder gerade drin sind, also immer nur, höchstens, sechs Stück, denn mehr geht einfach nicht.

Mehr wäre auch nicht gut, sage ich, die würden sich sonst ja stören.

Genau, sagt Lo, die würden sich furchtbar stören, und beim Lesen darf man nicht stören, sonst liest man ja nicht, ist doch völlig klar.

›337‹

Klar, sage ich, das ist klar.

Eben, sagt Lo, also ...: Nach der Pause stehe ich wieder mit Maria auf meiner Kaugummi-Stelle, und dann geht es wieder rauf, manchmal liest Frau Hauff uns dann etwas vor, und das ist sehr schön, ich mag es sehr, wenn sie uns etwas vorliest. Im Augenblick lesen wir gerade ›Ronja, Räubertochter‹, wir lesen immer ein kleines Stück, meist direkt nach der Pause, und das ist wirklich schön.

Ist eine tolle Idee, das Vorlesen, sage ich, ich hätte auch gern eine Lehrerin gehabt, die uns vorgelesen hätte, aber solche Lehrerinnen gab es noch nicht, als ich in die Schule ging.

Welche gab es denn, fragt Lo.

Solche, die einen ausschimpften und sagten, setz dich hin und halt jetzt Ruhe, von denen gab es sehr viele, sage ich.

Die kenne ich auch, sagt Lo, aber Frau Hauff ist eben nicht so eine Lehrerin, verstehst du, Frau Hauff liest uns immer was vor und hat auch sonst lauter gute Ideen. Wenn wir Lust haben, dürfen wir in den Freiarbeitsstunden zum Beispiel frei rechnen, ganz allein, ohne daß Frau Hauff etwas sagt, wir gehen einfach dahin, wo das Freiarbeitsmaterial liegt, und da gibt es Taschenrechner und andere Rechen-Sachen, aber es gibt natürlich auch andere Spiele und Bücher, dürfen wir alles, stell dir vor, Frau Hauff erlaubt es uns einfach.

Herrlich, sage ich, in so eine Schule wäre ich auch gern gegangen, das sage ich dir.

In welche bist du denn gegangen, fragt Lo.

In eine sehr dunkle, sage ich, es gab nur sehr kleine Fenster, und einen Fernsehturm konnte man auch nicht sehen. Wir saßen alle hintereinander und nicht so im Kreis wie bei euch, und wenn jemand geflüstert hat, gab's eins auf die Finger oder man wurde an den Ohren gezogen.

Aber Pappa, sagt Lo, jetzt schwindelst du.

Nein, sage ich, leider nicht, es gab eins auf die Finger, mit einem Lineal, sehr fest auf die Finger, oder man wurde an den Ohren oder an den Haaren hier über den Ohren nach oben gezogen, daß man sich vor Schmerzen auf die Zehenspitzen stellte und mit roten Ohren nach Haus kam.

O Gott, sagt Lo, das war aber eklig in deiner Schule.

Ja, sage ich, es war im Grunde auch gar keine Schule, es war eine Art Erziehungsanstalt.

Völlig eklig, sagt Lo, da wäre ich nicht hingegangen, und ich gehe ja auch nicht in so etwas, ich gehe in eine sehr schöne, helle Schule, und Frau Hauff sorgt dafür, daß wir keine roten Ohren bekommen, von niemand.

Ich glaube, die Zeiten mit den roten Ohren sind so ziemlich vorbei, sage ich, da hast du Glück.

Ein bißchen Glück muß man haben, sagt Lo, da bist du doch einverstanden?

Völlig, sage ich, aber wie geht es weiter?

Na, sagt Lo, wir haben dann wieder Unterricht, und man kann aus dem Fenster zum Fernsehturm schauen und dabei im Kopf etwas rechnen, oder man schreibt ein schweres Diktat, oder man guckt sich die großen Wandtafeln an, die Hunderter-Tafel und das große ABC in Schreibschrift, kann man sich alles anschauen, während der Unterricht weitergeht und wir richtig was lernen.

Und dann ist es aus, sage ich, aus, Schluß, vorbei, ihr dürft nach Hause.

Nein, sagt Lo, zum Schluß singen wir natürlich noch einmal ein schönes Lied, wir schmettern es dann richtig laut, denn wir freuen uns schon darauf, nach Hause zu gehen, und das führt dann zum Schmettern, und dann stellt Frau Hauff sich in die Tür, und wir gehen hinaus, und sie gibt jedem Kind noch die Hand, jedem Kind, stell dir vor, sie gibt jedem Kind einzeln die Hand.

Jedem Kind, frage ich, wirklich jedem Kind?

Jedem Kind einzeln, sagt Lo, das macht sie.

Ich gehe wieder in die Schule, sage ich, ich will auch noch

einmal vier Jahre hinein, dann freue ich mich jedes Mal darauf, daß Frau Hauff mir zum Schluß die Hand gibt.

Aber Pappa, sagt Lo, hat man dir damals nicht die Hand gegeben?

Wo denkst du hin, sage ich, an der Tür stand ein Knüppel, und bevor wir gingen, bekamen wir einen Mordshieb in den Rücken oder direkt auf den Po.

Aber Pappa, sagt Lo, jetzt schwindelst du wirklich.

Stimmt, sage ich, jetzt schwindle ich stark, aber die Hand gab es kein einziges Mal zum Abschied, ich glaube, ich habe die Hand meiner Lehrerin in vier Jahren nie berührt, wie ich überhaupt gerade bemerke, daß wir kaum etwas berührt haben, wir durften einfach gar nichts berühren, auch mitbringen durften wir nichts, du darfst doch oft etwas mitbringen, eine Blume, ein Blatt, und dann macht ihr so schöne Sachen damit, wie heißt es noch gleich …

Eine Blumen-Ausstellung, eine Wald-Ausstellung …, sagt Lo.

Genau, sage ich, das meinte ich, sowas gab es bei uns jedenfalls nie, Schule war damals etwas ganz anderes, glaube ich, jetzt würde mir Schule auch sehr gefallen, sogar ganz unglaublich, ich gehe jetzt einfach mit dir hinein und setze mich neben dich, und dann lerne ich alles noch einmal von vorn.

Das wäre lustig, sagt Lo, dann würden wir heimlich zusammen schwätzen und uns gegenseitig helfen, wenn der eine etwas nicht weiß.

Ja, sage ich, ich würde dir beim Mathe-Test helfen und du mir beim Zeichnen und Basteln, ich zeichne und bastle doch grausam, das weißt du, und da könntest du mir einige Tricks verraten.

Das würde ich, sagt Lo, das wäre ja kein Problem, und wenn ich auf die Toilette müßte, kämst du jedes Mal mit, dann hätte ich auch einen, den ich mit zur Toilette nehmen kann, weil wir immer zu zweit gehen, der eine wartet dann vor der

›340‹

Toilette, und der, der muß, stellt die Ampel auf rot, es gibt nämlich eine Ampel, rot-grün, damit man weiß, ob gerade wer draufsitzt, auf dem Klo.

Sehr gut, sage ich, das würde ich machen, dann wäre ich eben der Klo-Dienst.

Aber Pappa, sagt Lo, so heißt es doch nicht.

Egal, sage ich, ich würde es trotzdem tun und wäre sehr fleißig und würde auch meine Aufgaben machen …

Halt, sagt Lo, die machen wir natürlich zu Haus.

Natürlich, sage ich, ihr gebt Frau Hauff die Hand und dann geht ihr nach Haus …

Abdüsen heißt das, sagt Lo, und dann düsen wir ab und düsen nach Haus und düsen durch unsere Hefte …, und dann ist Lu da oder du oder ihr beide, und dann ist Zeit, schön zu spielen.

Ja, sage ich, und dann ist Zeit, und jetzt weiß ich, wie's weitergeht.

Dann erzähl mal, sagt Lo, jetzt bist du dran, wie geht's weiter, aber erzähl richtig, nacheinander und ohne Witze, erzähl einfach so wie ich gerade, dann weißt du, wie's gemacht wird, genau so, dann ist es schön …

Styling III

Am frühen Abend setze ich mich auf den Heimtrainer und beginne zu treten. Die Lenkstangen sind nach vorne gebogen, ich packe sie fest, und während ich gegen den Radwiderstand antrete, starre ich auf den kleinen Computer, wo jetzt ein winziger, roter Hase aufleuchtet, der mein Tempo anzeigt, in Meilen oder in Kilometern, ganz nach Belieben.

Ich trete, und der kleine rote Hase hetzt nun davon, und die

Leuchtziffern melden mir auch, wie weit ich bin, denn ein roter Punkt wandert gleich über dem Hasen Runde für Runde, so daß ich verfolgen kann, wo ich im Stadion bin, am Start, in der Kurve, auf der Gegengeraden oder am Ziel.

Zu Beginn denke ich meist, daß es ganz leichtfallen dürfte, etwa dreißig Minuten zu treten, ich trete an, und es fällt mir auch leicht, und ich schaue hinaus in den Garten, wo ich an schönen, sonnigen Tagen wie heute meist jemanden erkenne, Lo und Lu spielen dort oder liegen jetzt im Schatten unter dem Apfelbaum oder gehen mit La Mamma rund um das große Beet, wo sie allerhand angepflanzt haben.

Ich sehe sie also draußen im Garten, und wenn ich antrete, kommt mir ihr Bild so fern vor und freundlich, daß ich manchmal ganz erstaunt hinschauen muß, das sind Lo und Lu, denke ich dann, und das ist meine Frau, sage ich mir, als wüßte ich nicht ganz genau, daß es so ist. Daß ich es mir aber so sage, kommt daher, daß das Bild wohl zu schön ist, es wirkt wie das Bild eines französischen Films, der im Süden, in irgendeiner Provence, spielt und in dem Schauspieler durch Lavendelfelder flanieren, während ich mit offenem Mund im Zuschauerraum sitze.

Wenn ich weiter trete, verschwindet das schöne Bild dann auch meist, ich habe einfach keine Ruhe mehr, hinaus in den Garten zu schauen, denn die Anstrengung, gegen den Radwiderstand antreten zu müssen, fordert mich so, daß ich nur auf den Computer starre, auf dessen Schaubild sich jetzt dicke Stangenbalken aufbauen. Jede Stange gibt durch ihre Höhe das notwendige Tempo vor, durch mein Treten arbeite auch ich an so einer Stange, sie muß die Höhe der vorgegebenen bald erreichen, und dann muß ich diese Höhe zu halten versuchen, so daß auf dem Computerschaubild zwei gleich hohe Stangen erscheinen.

Meist schaffe ich es nur kurz, die beiden Stangen gleich hoch zu halten, meine rechte Stange sackt oft in sich zusammen, und dann muß ich energischer treten, mit all meiner Kraft, um die rechte Stange langsam wieder ansteigen zu lassen.

Während ich trete und trete, spüre ich schon die Mühe, am liebsten würde ich absteigen und die Sache beenden, aber ich weiß, daß mein Puls hochgehen sollte und daß es darauf ankommt, ihn einige Zeit rasch schlagen zu lassen. So bin ich auch meist schon nach wenigen Minuten versucht, den Puls zu messen, man umschließt dabei mit beiden Händen die Kontakte des Puls-Monitors und wartet zehn, fünfzehn Sekunden, und dann leuchten die Ziffern auf und steigen langsam an, über hundert und hundertzwanzig hinaus, während ein rotes Herz darunter wie rasend schlägt und ein kleines, wild brennendes Feuer signalisiert, daß ich jetzt Fett verbrenne und Kalorien.

Wenn ich richtig trete und richtig in Fahrt bin, verbrenne ich etwas Fett, aber es dauert sehr lang, bis es soweit ist, eine Tabelle sagt mir jedenfalls, daß erst etwas Fett verbrannt wird und dann lange Zeit gar nichts mehr und dann wieder ein wenig, bis zur maximalen Fettverbrennung ist es jedenfalls noch unglaublich weit, und ich trete und trete und weiß genau, daß ich es soweit nie bringen werde.

Doch der kleine Hase rast auf der Stelle und der rote Punkt wandert Runde für Runde, und ich packe jetzt mit beiden Händen die Außenkontakte des Puls-Monitors, an soviel muß man auf einmal denken, es bringt mich manchmal ganz durcheinander. Wenn ich so durcheinander gerate und mich fragen muß, wo ich bin, und die breiten Stangen wieder einmal nicht gleich hoch sind, gerät mein Blick manchmal ins Schwimmen, ich schweife dann wohl etwas ab und starre nicht mehr so intensiv und manisch auf den kleinen Computer, sondern gebe mich den Bildern hin, Traumbilder sind es oft, die in mir aufsteigen, ferne Erinnerungsbilder, vom Baden mit Lo und Lu am italienischen Meer oder vom Aufenthalt auf dem Land.

Einmal, als ich mich ziemlich schwach fühlte und dann doch mit aller Kraft gegen den zu hoch eingestellten Radwiderstand antrat, einmal habe ich sogar einen richtigen Film sehen können, ich sah den kleinen Lu in seiner Wiege und wie ich um ihn herumschlich, und plötzlich packte mich die tiefe Sehnsucht nach den frühesten Tagen, den Tagen nach Lus Geburt oder den Tagen, als ich mit Lo in Rom allein war, und während meine Lippen vor Anstrengung zu zittern begannen, ging ich mit Lo und Lu im Kinderwagen spazieren, ich schob die beiden Wagen ruhig nebeneinander, und wir gingen hinauf zur Kunst, wohin wir jetzt kaum noch gehen.

In jedem Alter, denke ich, geht man mit den Kindern woanders hin, jedes Alter hat seinen bestimmten Raum, man verläßt alte, vertraute Räume und betritt neue, und in denen hält man sich dann monatelang auf, man wird heimisch in ihnen und muß sich dann wieder von ihnen trennen.

Das Leben mit den Kindern, denke ich weiter, während ich alle meine Kräfte mobilisiere, ist ein allmähliches Kennenlernen und Abschiednehmen, dieser innere, geheime Rhythmus bestimmt das Leben mit ihnen, aber es geschieht unsichtbar, im geheimen, und man übersieht es nur, wenn man sich weit zurücklehnt und es von außen betrachtet.

Noch kann ich kaum etwas von außen betrachten, denke ich, während der kleine Hase vor mir zu japsen scheint und der rote Punkt seine Runden dreht, noch bin ich zu sehr ein Mitspieler und eine der zentralen Figuren dieses Familiengeschehens, ich muß aushalten, denke ich, nicht nachlassen, denke ich, und wenn ich soweit bin, trete ich meist mit besonderer Kraft in die Pedale und greife zur Sicherheit nach den Außenkontakten des Puls-Monitors, der jetzt anzeigt, daß ich die Ziffer hundertdreißig langsam überschreite, halt durch, sage ich mir, einige Minuten solltest du über hundertdreißig bleiben, dann verbrennst du maximal Fett oder Kalorien oder was auch immer, halt jedenfalls durch.

Ich trete und trete, und in meinem Rücken beginnt jetzt ein kühles Rinnsal zu laufen, und mein Kopf ist sehr seltsam erhitzt und scheint zu glühen, während die Beine schwer werden und das Rad in sich hineinsummt, in mir aber der kurze Kindheitsfilm weiter läuft, ich bin mit Lo und Lu unterwegs, wir fahren Schlitten oder gehen Schlittschuh laufen auf den zugefrorenen Seen mitten im Wald, wir sind unterwegs im Museum, wir zeichnen und malen, wir spielen Klavier und singen, die Szenen schalten sich jetzt in beinahe rasendem Tempo hintereinander, und ich denke, halt an, es geht zu schnell, und atme tief durch und höre den schweren Atem, den Lo und Lu nie hören wollen, weil sie erschrecken, wenn ich so atme, denn sie denken, mit einem solchen Atem geht es mir gar nicht gut.

Es soll mir aber gut gehen, denke ich, es muß, ich trete und trete, halt durch, denke ich, während die breiten Balken jetzt ihre Höchsthöhe erreichen und zitternd nebeneinander verweilen, der Hase jagt dem roten Punkt nach, das Feuer der verbrannten Kalorien oder Fettwerte brennt, und ein kleines rotes Herz erscheint jetzt am Ende und zeigt mir an, daß ich mich seit sechs Minuten über hundertdreißig bewege, es ist gut, denke ich, es ist genug, für heute habe ich es beinahe geschafft.

Der Schweiß rinnt mir jetzt von der Stirn über die Augen durchs ganze Gesicht, es ist beinahe, als tränte ich, aber ich wische mir das Gesicht lieber nicht ab, um die Hände nicht von den Außenkontakten des Puls-Monitors zu nehmen, ich trete und trete, und plötzlich ist dann die verzögerte Zeitlupe da, die letzte, intensivste Stufe der weiten Fahrt, denn ich schaue hinaus in den Garten und sehe Lo und Lu mit La Mamma jetzt verzögert durch Gras gehen, und mein Blick verzieht sich unmerklich zu einem Lächeln, ich lächle ihnen zu, oder ich lächle in mich hinein, aber niemand sieht es, es ist nur für mich und der schönste Moment der langen Fahrt, wenn der Körper sich zu verabschieden scheint, als schlüpfte ich mit meinen Gedanken aus ihm heraus und könnte mich trennen von seiner Schwere, während ich hinaus in den Garten blicke und etwas höre, das an die Cello-Suiten von Bach erinnert, aus dem Dunkel steigt es auf und beginnt dann zu kreisen, eine brummende, leise vor sich hin singende Stimme, ein Baß, der jetzt hinausschlüpft in den Garten und sich wie ein unsichtbarer Geist zwischen die Spielenden mischt und sich dann verwandelt in die raschen Stimmen von Schumanns »Kinderszenen«, die ich so liebe, »Kinderszenen«, denke ich, das war es, »Kinderszenen« waren all diese Jahre, aber ich darf dann nicht weiterdenken und mich nicht zu lange erinnern, schließlich blicke ich noch längst nicht zurück auf eine zu Ende gebrachte Geschichte, sondern spiele sie mit, »Hasche Mann«, und dann trete ich hinter irgendeinem Baum oder einer Hecke hervor und versuche, Lo und Lu zu erschrecken, und sie machen auch mit und springen in verschiedene Richtungen auf und davon, lauf, Lo, denke ich, Lu, lauf, und für einen kurzen, den letzten Moment sehe ich das erstaunte Gesicht meiner Frau, die mich anstarrt, und unsere Blicke begegnen sich, und wir lächeln für den Bruchteil einer Sekunde beinahe zugleich …, während ich Lo und Lu schreien höre, komm, Pappa, komm, fang uns, Pappa, so fang uns doch endlich …

Immer, Liebes! gehet
Die Erd und der Himmel hält

Stuttgart,
März 1995 bis Mai 2001

(Blauer Weg II)

Inhalt

Das erste Mal 5

Die Erfindung des Films 14

Rosebud 23

Die alltägliche Arbeit 28

Kleine Ästhetik des Fahrens im Kreis 36

Expeditionen in die Fremde 45

Gäste 53

Werkstatt-Bericht 62

Die Planung des Universums 69

Experimente 77

Im Reich der Frauen 86

Styling 95

Am Meer 102

In einem andern Land 112

Bolero 120

Kleiner Abschied 126

Reprise 132

Tierleben 138

Die Anfangsgründe der Poesie 147

Mondscheinsonate 151

Zwei Zimmer 157

Antrittsbesuch 162

1 2 3 4   03 02 01

© 2001 Luchterhand Literaturverlag GmbH, München
Satz: Greiner & Reichel, Köln
Druck und Bindung: GGP Media, Pößneck
Alle Rechte vorbehalten. Printed in Germany
ISBN 3-630-87094-5

Der Glaube an Gott 173

Märchenstunde 184

Auf dem Land 192

Heimkino 200

Höhlengänge 209

Volksfest 215

Literatur nach dem Ende der Literatur 226

Rom für Kinder 234

Der Esche Stamm 245

Kinderszenen 254

Programmplanung 259

Styling II 267

Gestirnter Himmel über uns 273

Ansichten eines Clowns 280

Der Ernst des Lebens 289

Lu verschwindet 301

Die Entdeckung der Geologie 311

Bei den Indianern 319

Der Ernst des Lebens II 333

Styling III 341